인생의 절반을 지나면 누구나
철학자가
된다

MITTE DES LEBENS : Eine Philosophie der besten Jahre

by Barbara Bleisch

ⓒ 2024 Carl Hanser Verlag GmbH & Co. KG, München

Korean Translation ⓒ 2024 by Woongjin Think Big Co., Ltd.

All rights reserved.

The Korean language edition is published by arrangement with
Carl Hanser Verlag GmbH&Co. KG through MOMO Agency, Seoul.

이 책의 한국어판 저작권은 모모 에이전시를 통해
Carl Hanser Verlag GmbH&Co. KG사와의 독점 계약으로
"㈜웅진씽크빅"에 있습니다.
저작권법에 의해 한국 내에서 보호를 받는 저작물이므로
무단전재와 무단복제를 금합니다.

Mitte des Lebens

인생의 절반을 지나면 누구나 철학자가 된다

흔들리는
오십을 위한
철학의 지도

바르바라 블라이슈 지음 | 박제헌 옮김

웅진 지식하우스

추천의 말

중년의 징검다리를 건너는 당신은 행여 인생의 길을 잃고 사랑을 잃었는가. 중년의 어두운 그늘에 앉아 과거를 후회하고 미래의 발걸음을 두려워하는가. 그렇다면 지금 이 책을 읽어라. 이 책은 인생이라는 사막에서 홀로 걸어가다가 만난 낙타와 같다. 목마른 사막에서 마신 우물물과 같은 인생의 지혜서(智慧書)다. 중년의 의미와 가치를 통찰(洞察)한 이 책은 언제 어디서나 다시 시작할 수 있기 때문에 인생이라는 사실을 깨닫게 해준다. 중년의 불안과 위기는 없다. 오직 현재의 기쁨과 미래에 대한 감사가 있을 뿐이다.
_**정호승**(시인, 『고통 없는 사랑은 없다』 저자)

영화 〈보이후드(Boyhood)〉의 한 장면이 영 잊히지 않는다. 싱글맘으로 고생해서 키운 아들이 마침내 대학생이 되어 집을 떠나자 엄마는 이렇게 말하며 운다. "이제 남은 건 내 장례식뿐이잖아. 난 인생에 뭐가 더 있을 줄 알았어." 이 대사에 얼마나 공감했던지…. 영화 속 그녀, 나도 중년이었고 나는 그때 길을 잃은 느낌이었다.

육체는 진작에 '내려가는 길'로 들어서고 일터에서의 나날도 더 이상 빛나지 않는다고 느낄 때, 남은 시간이 지나온 날들보다 적게 남았을 때, 그때부터의 인생은 어떻게 살아가야 할까? 당신은 어떻게 길을 찾을 텐가? 초행길일수록 좋은 지도가 있으면 든든하지 않나. '처음으로' 중년을 맞은 당신이 이 책을 지도로 삼으면 좋겠다. '중년 선배'가 추천한다.
_**최인아**(최인아책방 대표, 『내가 가진 것을 세상이 원하게 하라』 저자)

50살이 되면 인생이 정말로 짧아지기 시작한다. 반세기 동안 가해진 중력의 무게, 줄어드는 시간의 잔고가 피부로 느껴진다. 숨 가쁘게 달려왔는데 무엇이 남았는가…. 피할 수 없는 카운트다운이라면, 이제 철학자가 되어야 할 시간이다. 『인생의 절반을 지나면 누구나 철학자가 된다』는 은총과 붕괴 사이에서 파도를 타는 중년의 마음을 두드리는 책이다.

어떤 현자는 산에서, 어떤 현자는 바다에서 지혜를 배운다지만, 인간은 단지 늙어가는 것만으로 인생의 철학자가 된다는 사실을 바르바라 블라이슈는 차근차근 들려준다. 인생은 잘 정리된 책장은 아니지만, 3분의 2의 시간을 지나오는 동안 우리는 어느새 유일무이한 경험의 자산가, 거리두기에 능한 관망가가 되었다고. 그렇게 쇼펜하우어와 한나 아렌트의 시간을 지나 이 책의 마지막 책장을 덮으며 나는 깨달았다. 내가 생의 절정을 보내고 있다는 사실을. 산다는 건 늘 그래왔듯 또 다른 매력적인 선택지를 포기하는 일이고, 더 나은 사람이 되지 못했냐고 묻는 망령을 다독이며 함께 걷는 길이라는 걸. 『모든 삶은 흐른다』의 로랑스 드빌레르를 잇는 또 한 명의 탁월한 여성 철학자가 나왔다.

_ 김지수 (문화전문기자, 『이어령의 마지막 수업』 저자)

일러두기
- 이 책은 국립국어원 표준국어대사전의 표기법을 따랐습니다.
- 본문 중 각주는 독자의 이해를 돕기 위한 옮긴이 주입니다.
- 본문 중 용어나 국내 미출간 도서는 원어를 병기했으며, 국내 번역 출간된 도서는 한국어판 제목을 표기했습니다.

J.D.에게 바칩니다.

Contents

추천의 말   4

Chapter 1 ♦ **오십의 삶을 뒤흔드는 질문들**   12

영원의 풍경, 그리고 찰나의 인생 ♦ 계속 갈 것인가, 돌아설 것인가 ♦ 중년의 위기는 존재하는가 ♦ 나이의 사회적 의미 ♦ 갑작스레 닥쳐온 겨울 ♦ 중년에 찾아온 질문들 ♦ 가장 빛나는 시기를 위한 철학 안내서

Chapter 2 ♦ **우리 모두 죽음을 향해 나아간다**   44

멈추어라, 시간이여 ♦ 이반 일리치의 죽음 ♦ 모든 인간은 죽는다는 사실 ♦ 철학은 죽음을 배우는 과정이다 ♦ 박탈 문제 ♦ 삶의 조력자, 죽음 ♦ 순간을 사는 이는 불멸이다

Chapter 3 ♦ **후회 없이 살았다고 말할 수 있을까**   80

놓쳐버린 기회들 ♦ 아니, 나는 조금도 후회하지 않아요 ♦ 스피노자와 니체의 후회 ♦ 후회와 회한의 차이 ♦ 소크라테스의 선택 ♦ 후회 없는 선택은 없다 ♦ 이 결정이 무엇을 바꿀 것인가 ♦ 죽기 전에 무엇을 후회하게 될까 ♦ 후회는 진정한 가치를 드러낸다 ♦ 불행은 행복에 도달하는 조건이다 ♦ 슬퍼하고 자부하며 감사하라

Chapter 4 ♦ 오십은 과연 인생의 정점일까   124

사진 속 주름을 보정하듯이 ♦ 나이 듦을 질병으로 생각하는 사회 ♦ 전성기에 대한 철학의 생각 ♦ 아리스토텔레스, 중년의 미덕 ♦ 모든 것에는 때가 있다 ♦ 인생 경험과 결정 지능 ♦ 인식, 나 자신을 아는 힘 ♦ 거리두기와 아이러니

Chapter 5 ♦ 숨 가쁘게 달려왔는데 무엇이 남았는가   164

톨스토이의 절망, "그럼, 그다음은?" ♦ 쇼펜하우어의 악순환 ♦ 텔릭, 목표 지향적 생활 ♦ 아텔릭, 지금 이곳의 나를 위한 일 ♦ 계획한 대로 사는 삶과 연속적인 삶 ♦ '의미 있는 삶'의 기준 ♦ 오십을 위한 성찰 프로젝트 ♦ 책임과 배려의 파급효과

Chapter 6 ♦ 설렘과 경이는 모두 어디로 갔을까   200

더 이상 처음은 없다 ♦ 생기가 없는 삶 ♦ 식어가는 사랑, 침식하는 행복 ♦ 인생의 경외감을 느끼는 여덟 단계 ♦ 놀라움의 능력을 상실하는 사람들 ♦ 열려 있는 상태

Chapter 7 ♦ 우리는 살아 있기에 길을 잃는다   232

삶이여, 기꺼이 다시 한 번 ♦ 혼돈의 골짜기 너머로 ♦ 길을 잃었음을 받아들이기

감사의 말   246
주   249

Chapter 1

오십의 삶을 뒤흔드는 질문들

우리 인생길의 한가운데에서
나는 올바른 길을 잃고
어두운 숲속에서 헤매고 있었다.[1]
_알리기에리 단테

고원의 중앙에 이르니 비로소 호수가 눈에 들어온다. 드문드문 퍼져 있는 낙엽송 숲과 험준하게 솟은 암벽이 고요하고 어두운 평원을 둘러싸고 있으며, 그 한가운데 검은 호수인 라이 나이르*가 펼쳐진다. '라이 나이르'라는 이름은 빛의 조건에 따라 금빛 갈색에서 새까만 검은색으로 반짝이는 물 색깔에서 따왔다. 스위스 엥가딘의 피츠 피소크 산기슭에 자리한 이 높은 늪지에선 2억 년 전에 해양 퇴적층이 융기하여 만들어진 동부 실브레타알프스 산맥의 풍경을 감상할 수 있다. 이 풍경의 백미는 바로 생성과 소멸이다. 식물이 죽으면 산성 토양에서 서서히 분해되어 매년 약 1밀리미터씩 자라는 이탄층**을 형성하는데, 자작나무, 소나무, 블루베리, 알프스 들장미가 자라는 이 비옥한 토양은 새들이 찾을 수밖에 없는 완벽한 서식지다.

고원으로 이어지는 길을 몇 번이나 걸었을까. 나는 어린 시절에 높이 자란 풀이 맨다리를 간지럽히던 느낌, 조심성 없이 덤불을 거닐다가 여기저기 쐐기풀에 쓸리던 느낌을 떠올린다. 그리

- 스위스 그라우뷘덴주의 엥가딘 계곡에 있는 작은 산악 호수. '라이 나이르'라는 이름은 스위스의 4개 국어 중 하나인 로망슈어로 '검은 호수'라는 뜻.
- ** 완전히 부패하거나 분해되지 않은 식물 잔해가 진흙과 함께 늪이나 못에 퇴적된 지층.

고 여름철 땀에 흠뻑 젖은 채 늪지 호수에 뛰어들었을 때의 청량함을 기억한다. 시간이 흘러 아이들과 함께 그 길을 다시 걸으며 나는 이야기를 들려주곤 했다. 이제 다 자란 아이들은 나무뿌리나 쓰러진 나무쯤은 능숙하게 뛰어넘으며 나를 앞서 걸어간다. 요즘은 나 홀로, 아니면 친구들과 함께 이 길을 걷는 일이 더 잦다. 때로는 멈추지 말고 계속 가라고 응원해줄 아이가 곁에 없으니 아쉬움마저 든다.

-

영원의 풍경, 그리고 찰나의 인생

호수에서 바라보는 풍경은 예나 지금이나 숨이 멎을 듯이 아름답다. 앞으로 나는 이곳의 아름다움을 몇 번이나 더 누릴 수 있을까? 이곳의 나이에 비하면 내가 세상에 머무는 시간은 찰나에 지나지 않는다. 가끔은 이곳에 서면 삶으로부터 거리를 두고 바라볼 수 있다는 것이 위안이 된다. 내가 맞서 싸워야 할 것, 견뎌야 할 것, 아직 처리하지 못한 것, 내버려둬야 할 것 등 나를 휘두르는 온갖 문제들이 이곳의 오래된 풍경 앞에서는 하찮게 느껴진다. 때로는 이 풍경에 비해 내 인생이 너무 짧게 느껴져서, 인생은 이토록 아름답고 하고 싶은 일도 너무 많은데 내게 시간이 얼마 남지 않았다는 생각에 낙담하기도 한다. 나는 이제 오십을 막 지났으니 내가 여든 살까지 산다면 남은 시간은 1,560주뿐. 무서울 정도로 짧은 시간이다.

친구들에게 중년에 관한 책을 쓰고 있다고 말했을 때 몇몇은 "네가 그 정도로 늙지는 않았잖아!"라며 놀라워했다. 그러나 순전히 통계로만 따지면 나는 이미 인생의 절반을 넘기고 중년의 문턱을 넘었다. 이제는 나이 들어서도 오래 살고 싶다는 사람들의 말은 그저 입바른 소리로 보인다. 특정 나이가 지나면 누구도 늙고 싶어 하지 않을 테니 말이다. 어떤 이는 내가 쓴다는 책 얘기에 당혹스러워했다. '중년의 위기(midlife crisis)'를 자가 진단하는 일종의 갱년기용 안내 책자냐는 말도 들었다. 이런 반응은 좀 놀라웠다. 지금까지 중년이라는 나이가 부끄럽거나 불쾌하다고 여긴 적은 거의 없었으니까. 오히려 불쾌했던 건 서른이 넘은 뒤로 생일파티 때마다 재치 있는 말이랍시고 생일 당사자가 이미 오래전에 지나버린 나이를 들먹이며 축배를 드는 행태다. 부모가 힘들어질 때 사춘기가 시작된다는 말이 있는데, 아무래도 중년은 자기 나이보다 젊어 보인다는 말을 칭찬으로 받아들일 때 시작되는 것 같다.

돌이켜보면 사실 나는 갓 성인이 되었을 때가 지금보다 더 힘들었다. 20대부터 30대 중반까지는 직업상 미숙하다고 할 정도로 많은 것이 열려 있었다. 내가 관심 있는 분야는 경쟁이 치열했고 내가 염두에 둔 일자리는 대개 임시직이었다. 노동 시장에서 더 많은 기회를 얻고자 해외 취업을 고민하던 나는 몇 년간의 셰어하우스 생활을 끝내고 처음 마련한 내 집에서 마음껏 자유를 즐겼다. 하지만 영원히 혼자 살 생각은 없었다. 아이를 낳아야 겠다는 생각을 하자마자 생체 시계가 주문을 외우듯 똑딱거리기 시작하며 두려움이 엄습해왔다. 동시에 해내야 할 수많은 일과 충족해야 할 요구가 집채만 하게 쌓여가는 듯했다. 그 사이에서 나는 스스로 원하는 게 뭔지 도통 알지 못한 채로 주저앉아 벌벌 떨었다.

40대를 지나 내 나이가 통계의 중심에 다다르고 나서야 내 인생의 윤곽은 선명해졌다. 몇 가지 인생의 질문에 대한 해답이 나왔고 돌이킬 수 없는 결정도 수없이 내렸다. 미국의 칼럼니스트 린지 미드는 이렇게 썼다. "중년이 된 지금, 지난 수십 년간 우리를 골몰하게 했던 많은 질문에 대한 답을 얻었다. 물론 답을 얻고 나면 문도 같이 닫히기에 이는 놀랍고도 슬픈 일이다."[2] 그러나 나는 서서히 닫히는 문 때문에 두렵거나 고통스러웠던 적은 거의 없었다. 새로운 공간으로 밀고 들어가면 닫힌 문이 뒤에 남겨지는 법이므로, 그와 동시에 그 문들이 사라진다는 사실을 기꺼이 받아들인 것이다.

그 이후에도 이런 생각은 크게 변하지 않았다. 그 사이 몇몇은 예기치 않게 일찍 세상을 떠났고 그가 간절히 그리워질 정도로 죽음에 익숙해져갔다. 친한 커플은 아이를 돌보기 위해 파티장을 일찍이 떠났고 몇 커플은 완전히 헤어져버렸기에, 이제는 누군가를 모임에 초대할 때 서로 관계가 불편하지는 않은지 꼭 따져봐야 한다. 분명 30대 때보다 지금의 삶이 연약해 보이긴 하지만 여러모로 더 깊이 있고 소중하다. 그래서 나는 최근 몇 년간 그 소중함과 깊이가 무엇으로 구성되는지, 나이가 들면 무엇을 얻을 수 있는지 자문하는 데 점점 더 몰두하게 됐다. 세월이 그저 쌓이기를 기다리는 게 아니라 세월 속에서, 그리고 무엇보다 세월을 통해 성숙하길 바라는 마음에서다. 그렇다면 중년, 인생의 절반을 지나 성숙한다는 것은 실제로 무슨 의미이며 우리는 어떤 모습으로 원숙해질 수 있을까?

중년이라는 말은 단순히 나이가 든다는 의미뿐 아니라 뚜렷한 신체 변화처럼 고통스러운 순간도 포괄한다. 50대에 밤새 파티를 즐기고 다음 날 생기 넘치는 얼굴로 책상 앞에 앉아 있을 사람이 과연 몇이나 될까? 누군가 텐트와 침낭만 챙겨 하이킹을 떠난다고 하면 그 낭만적인 발상에 괜히 불편해지기 마련이다. 마트에 갔다가 갑자기 '성숙한 중년의 피부 관리' 화장품 샘플이라도 건네받는다면 딱히 유쾌하지는 않을 것이다.

최고의 것은 맨 마지막에 온다는 말이 있다. 하지만 그 말은 인생을 클라이맥스에서 터지도록 설정한 웅장한 불꽃놀이로 여길 때만 맞는다. 충만한 인생을 사는 이들은 대개 나이 들수록 오히려 고요하고 물러진다. 그러나 충만한 인생이 그런 것이라면 인간이 열정적으로 추구할 만한 가치 있는 목표가 몇이나 되겠는가. 인생을 사랑하는 사람은 삶이 서서히, 그러나 돌이키지 못할 정도로 흘러가 버리는 것이 안타깝고 점점 비어가는 세월의 저장고를 바라보며 가슴 아파할 것이다.

계속 갈 것인가, 돌아설 것인가

'중년'은 노년기와는 확연히 구분된다. 대다수 중년에게는 아직 긴 시간이 남아 있다. 중년을 심각하게 받아들이지 않고 숫자로도 아직 많은 시간이 남았다고 여긴다면 우리의 미래에는 여전히 감동적이고 매혹적인 삶이 펼쳐질 수 있다.

물론 어떤 이는 우리 앞에 남은 긴 시간을 성가시게 여길 수도 있다. 아무 계획도 없이 긴 시간을 버티자면 집요한 의문만 생겨날 것이 뻔하기 때문이다. 이런 사람들은 마치 견고한 건물을 세우듯 계획적으로 삶의 목표를 이뤄가며 자기 인생의 풍경을 채워온 사람들일지도 모른다. 그러다 스스로 놓인 그 풍경이 더는 마음에 들지 않으면 어떡할까? 그래도 10년, 20년을 계속 버텨야 할까, 아니면 모조리 뒤집어버리고 완전히 다른 미지의 영역을 개척해야 할까? '오래된 사랑은 절대 녹슬지 않는다'는 말을 믿고 오래된 관계를 유지해도 되는 걸까? 그게 아니라면 우리를 다른 방식, 새로운 방식으로 충족시켜줄 또 다른 열망의 장소를 찾아야 할까?

우리는 때로 인생의 절반을 지나 갑자기 새로운 인생을 살기 시작한 사람들의 이야기를 접한다. 커밍아웃한 성직자, 서바이벌 오디션에서 1등을 차지한 뒤 60세에 음반 계약을 맺은 회사원, 전 재산을 팔아 세계를 떠돌다가 먼 곳에서 새 인생을 사는 부부 말이다. 마그리트 드 무어(Magriet de Moor)의 소설 『처음엔 회색, 그다음엔 흰색, 그다음엔 파란색(Erst grau dann weiß dann blau)』•에서 주인공 마그다도 그런 사람 중 하나다. 그는 한동안 집을 떠났다가 돌아온 뒤 깨달음을 얻고 확신에 차서 말한다. "우연히 내가 살게 된 삶에서 아주 가까운 곳에 세상 걱정 없는 또 다른 삶이 있다는 사실을 알았다."[3] 이처럼 '내가 완전히 다른 사람이 될 수는 없을까?'라는 질문을 던지면서 대안적 존재라는 퍼즐 조각을 맞추다 보면 해방감을 맛보게 될 수도 있다.

이론적으로는 중년도 얼마든지 전 세계를 누비고 고산 지대에서 살아보거나 새롭게 의학을 공부해볼 수도 있다. 하지만 실제로 이런 발상은 다소 막연하게 느껴진다. 어느 순간 우리는 모든 걸 뒤집어버리기엔 우리 인생에 너무 깊이 매여 있음을 깨닫게 된다. 불안정한 환경에 처하거나 사회적 약자로서 자유롭게 발전할 수단과 기회가 거의 주어지지 않았다면 더욱 그렇다. 최소한 스스로 안전한 경로를 탐색하기로 선택했다면 이는 인생에 평온을 안겨주겠지만 갑자기 그 안전한 경로가 몇 번을 돌아도 벗어날 수 없는 끈덕진 도랑처럼 느껴진다. 평온함은 이내 고통스러운 마비 상태로 변한다. 그럴 때 다시 자유로워질 힘을 찾는 방법은 무엇일까? 아니면 상황을 받아들이는 편이 더 현명한 일일까?

• 네덜란드 작가 마그리트 드 무어가 1991년 발표한 소설. 주인공 마그다는 어느 날 갑자기 바닷가 별장과 교양 있는 남편과 평온한 자신의 삶 모두를 떠난다. 그리고 다시 돌아와 자신이 집을 떠나 있던 시간에 대하여 함구한다.

이런 질문들은 모두 중년이라는 시기를 철학적으로 유의미하게 만든다. 나이 들고 있으며 수많은 선택지가 이미 사라졌다는 사실을 확실히 깨닫는 때는 언제일까? 어떤 단계에 들어서느라 다른 단계는 건너뛰거나 영원히 놓쳐버린 상황에서는 어떤 질문을 던져야 할까? 날려버린 기회 앞에서 느끼는 후회를 어떻게 생산적으로 다룰 수 있을까? 모든 걸 버리고 다른 길을 선택한다면 어떤 대가를 치러야 하고, 모든 것을 버리되 자기 자신만은 잃어버리지 않는 방법은 무엇인가? 자기 인생의 풍경에서 이질감을 느끼고 본래의 모습을 잃었다고 느낀다면, 자기 존재의 기원이 무엇인지 알지 못한다면 어떻게 해야 할까?

미국의 소설가 제임스 볼드윈은 "남겨둔 시간보다 보내버린 시간이 더 길 때 그제야 인간은 마지못해 불완전하게나마 평가를 시작한다"라고 말했다.

> 우리가 되고 싶은 것과 우리가 된 것 사이에는 절대 좁혀지지 않는 깊은 골이 있다. 그리고 이 골은 그 간극 자체를 계속 탐구하는 것밖에는 빠져나갈 방법이 없는 것처럼 보인다. (…) 적어도 우리 중 일부는 인생의 절반이 지나면 이 혼란의 지형으로 들어가도록 강요받는다.[4]

중년의 위기는 존재하는가

이 책은 중년이라는 혼란스러운 지형의 윤곽을 드러내 철학적 지도를 만들고 자신만의 길을 개척하여 더 굳건히 나아가게 하는 길잡이가 되고자 한다. 지도를 만들려면 단연코 지대에 경계부터 그어야 한다. 우리는 중년의 지대를 정확히 무엇으로 파악하고 있을까? 각 나라마다 기준은 다르지만 중부 유럽에서는 평균 40세가 조금 넘었을 때 인생의 절반을 지난 것으로 본다. 이 시점부터 중년기가 시작되는 것이다. 보통 중년기는 40세에서 65세까지 지속된다.[5] 60대 중반 즈음 초기 노년기가 오면서 중년기가 끝나고, 80세 이후부터는 인생의 마지막 단계인 노년기에 접어든다.[6]

중년이라는 개념은 14세기 이후에야 정립되었으나, 14세기 문학의 거장 단테 알리기에리(Dante Alighieri)가 이미 언급한 바 있다. 단테는 1321년 저술한 『신곡』에서 35세가 된 자신을 인생길의 한중간(nel mezzo del cammin)에 들어섰다고 표현한다. 그는 어둡고 거친 숲속에서 길을 잃는다. 단테의 표현대로 그는 길에서 벗어났고 덤불 사이에서 어떤 길을 또 가게 될지 알 도리가 없다. 어디를 둘러봐도 우뚝 솟은 무성한 가시덤불만 있을 뿐이다. 그러다 겨우 찾아낸 길에서는 설상가상으로 야생동물들이 길을 가로막고 위협한다. 이제 계속 길을 가는 것은 더는 단테의 선택지가 아니다. 오히려 그는 인생의 한가운데에서 자신이란 존재가 지닌 '혼란스러운 지형'과 타협하고 피어오르는 의문과 두려움에 맞서야 한다. 단테는 운 좋게도 로마 시인 베르길리우스를 만나는데, 그는 단테를 어두운 숲에서 끌어내주겠다고 제안한다.

단테의 서사시는 그 시대에도 중년이 실존적 격변과 관련 있었음을 증명하는 많은 사례 중 하나에 불과하다.[7] 문학 교수 존 윌리엄스가 1965년 저술한 소설 『스토너』에 등장하는 동명의 주인공 스토너는 42세에 "앞으로는 즐거울 일이 없고, 뒤로한 날에는 기억할 만한 것이 별로 없다"는 사실을 깨닫는다.[8] 그런가 하면 철학자 시몬 드 보부아르(Simone de Beauvoir)는 '50세를 넘는 것은 악몽'이라고 말하며 50세가 되면 이미 죽음이 시작된 것처럼 느껴진다고 했다. 보부아르는 "나는 중년이 그렇게 빨리 시작되고 또 그렇게 아프리란 건 몰랐다"라고 말한다.[9] 또 레프 톨스토이(Lev Nikolayevich Tolstoy)는 『고백록』에서 자신이 맞이한 중년을 가리켜 단테의 '광야에서 길을 잃은 자'와 비슷한 묘사를 한다.

> 삶의 의문에 대한 대답을 찾는 과정에서 나는 마치 숲 속에서 길을 잃은 사람 같았다. 그자는 마침내 드넓은 벌판으로 나왔고 거기서 나무 하나를 발견했으며 그 나무 위로 올라가서 사방을 둘러보았다. 하지만 그곳에는 끝없이 광활한 대지만이 펼쳐져 있을

뿐, 사람 사는 인가가 있을 수 없었고 또 실제로도 찾아볼 수 없었다. 그래서 어쩔 수 없이 다시 캄캄한 숲 속으로 걸어 들어가지만 그곳에도 온통 어둠만이 있을 뿐이며 여전히 인가는 없었다.[10]

톨스토이에게 인생의 위기는 불안하게 앞뒤를 두리번거리는 일과 같다. 뒤에는 영예로운 삶과 명성, 스스로 부끄러워하는 교만과 오만이 있다. 앞으로는 그 심오한 의미를 알 길이 없어 혐오스러운 인생이 있으며 어디에도 이런 인생을 피해 숨어들 안가(安家)는 없다. 이 같은 감정에 직면한다면 누구라도 공황에 빠지고 말 것이다.

오늘날로 말하면 톨스토이는 '중년의 위기'를 겪었다고 볼 수 있다. 중년의 위기는 1965년 캐나다 심리학자 엘리엇 자크(Elliot Jacque)가 만든 개념으로 40~60세 시기에 자신이 누구인지, 자신의 목적이 무엇인지 의문을 가지며 정신적 어려움을 갖게 되는 현상을 말한다. 실제로 화가 폴 고갱, 시인 프란츠 그릴파르처, 작곡가 루트비히 판 베토벤 등 많은 예술가가 중년에 결정적인 성격 변화를 겪으며 창의력이 저하된 사례를 토대로 진행된 연구다.[11] 그러나 이 천재들이 겪은 '중년의 위기'가 실제 통계에 잡힐 만큼 일반적인 현상인지는 의견이 분분하다. 천재들의 전기(傳記)에 위기가 없다면 왠지 덜 매끄럽게 읽힌다. 그럴 때는 약간의 타락과 극적인 사건을 추가하면 뭔가 돋보이기에 몇 번의 위기 정도는 후세에 추가되거나 미화되었을 가능성이 있다. 중년이라는 과도기는 유독 부담스럽지만, 그렇다고 중년이 인생의 다른 시기보다 스트레스가 많은 전환기라고 과학적으로 증명할 수 있는 건 아니다. 엄밀히 말하면 아동기에서 청소년기 그리고 성인기로 이동하는 인생의 모든 시기에는 도전적인 변화가 있기 때문이다.[12]

삶의 만족도에 관한 자기보고식 국제조사 데이터에 따르면 행복의 정도는 연령대에 따라 U자 곡선을 그리며 변화한다고 한다. 이 곡선에 따르면 여러 문화권에서 개인 삶의 만족도는 중년기에 최저점에 도달한 뒤 점차 상승한다. 그리고 그 상승세는 친구나 배우자가 사망하거나 자신의 건강이 현저하게 악화될 때 끝난다.[13] 40~50세에 곡선이 급락하는 이유는 바로 인생의 꿈이 다시는 이룰 수 없는 것이 되고, 과거와 비교해 미래의 장밋빛이 기대에 못 미치기 때문이다. 중년에 이르러 이혼, 심각한 질병, 해고 등의 중대한 사건을 겪고 나면 자신을 가다듬고 정비할 시간과 노력과 에너지가 들기도 한다. 게다가 대다수 중년은 여전히 직장생활을 이어가고 있으며 가정에서 자녀와 노부모를 돌봐야 하는 이중의 부담을 지니고 산다. 물론 삶의 만족도의 변화는 나이뿐 아니라 '자녀나 부모를 돌보는데 외부의 힘을 빌릴 수 있는가' 같은 사회 정치적 결정과도 관련이 있다. 이처럼 힘든 시기를 홀로 극복해야 한다면 그렇지 않은 경우보다 삶의 만족도가 급격히 떨어질 가능성이 크다.

최근 《뉴욕타임스》에서 큰 화제가 되었던 기사에 따르면 '중년의 위기'는 특히 어느 세대에 속하느냐에 따라 서로 다른 양상으로 나타난다. 이제 막 중년에 접어들기 시작한 밀레니얼 세대는 이전 세대와 달리 중년의 위기를 겪을 여력이 없다. 이 세대에게 인생의 의미에 관한 질문은 실질적 빈곤의 문제보다 중요하지 않다. 밀레니얼 세대는 불안정한 일자리, 인플레이션, 주택난에 맞서야 할 뿐만 아니라 기후위기에 대한 걱정까지 이미 충분히 괴롭기 때문이다. 그래서인지 이 기사의 설문조사에서는 많은 40대가 '중년의 위기'를 겪을 이유가 없다고 응답*했는데, 이는 영화 〈레볼루셔너리 로드〉에 나올 법한 중년의 모습과 달리 밀레니얼 세대는 총체적 과포화 상태인 부르주아적 무감각을 경험해본 적이 없기 때문이다. 그들은 쳇바퀴 같은 일상에서 탈주하여 모험과 자유를 갈망하는 대신, 지금껏 누리지 못한 평온, 확신, 안정을 원한다.[14]

이런 비판은 새로운 것이 아니다. '중년의 위기'는 매번 쇼비니즘적 핑계라는 오명이 씌워진다. 나이 든다는 사실에 불만을 품고 젊은 여성과 사랑에 빠지거나 포르쉐를 사거나 철인 3종 경기에 출전하는 부유한 중년 남성들의 핑계 말이다. 엘리엇 자크가 1960년대에 수행한 연구에서도 큰 성공을 거둔 남성들이 중년기가 되어 갑작스레 '이게 끝인가'라고 자문했다는 사례가

- 이 인터뷰에 따르면 밀레니얼 세대는 중년의 위기를 겪고 있느냐는 질문에 이렇게 답했다. "평생 최악의 인플레이션, 눈물 나는 주택 가격, 팬데믹의 불안정한 여파 사이에 끼어" "중년의 위기를 맞을 여유가 없다."

어김없이 등장한다. 어차피 이런 사례는 대부분의 사람이 실현할 수도 없는 '포화 상태의 상류층 인생'을 반영할 뿐이다.

그러나 중년기에 불안정한 상태에 놓인 사람들은 고민한다. 뼈 빠지게 고생한 보람이 없을지 아니면 전도유망한 삶이 이어질지, 재차 새로운 일을 과감하게 시도할지 아니면 시대에 좀 뒤처지더라도 최소한 안정이 보장되는 일을 계속할지 말이다. '중년의 위기'라는 개념은 뉴욕의 저널리스트 게일 쉬히가 1976년 출간한 페미니즘 베스트셀러 『패시지: 성인기의 예측 가능한 위기(Passages: Predictable Crises of Adult Life)』에서 처음 대중에게 알려졌으나 이 사실은 매번 간과되곤 한다.[15] 이 책에서 쉬히는 특히 시몬 드 보부아르를 비롯한 수많은 여성이 거듭 글을 쓰고 알려오던 중년기 여성의 의미 상실, 즉 보이지 않는 존재(invisible presence)가 되는 것에 관해 최초로 언급했다. 당시 여성과 남성이 각자 전통적 성 역할을 수행하면서 겪은 위기를 변혁과 각성의 단계이자 조정의 국면으로 재정의했다. 예를 들어 전업 주부인 수많은 여성이 가정 밖에서 다른 가치를 갈구한다면 남성은 사회적으로 많은 것을 이루고도 어쩐지 삶이 공허하다고 느끼고 낙담하는 일이 잦다는 사실을 밝혀낸 것이다.[16]

다른 한편으로는 '중년의 위기'를 굳이 모든 사람이 느낄 필요가 없는 배불러서 하는 우둔한 소리 정도로 축소해버리는 비판적 의견도 있다. 그러나 이 의견은 중년기의 실존적 문제가 무엇인지 제대로 파악하지 못한 결과다. 많은 이가 중년의 위기를 그저 미심쩍은 감정이라 느끼더라도 그저 갑자기 오토바이를 사거나 후드티 차림으로 출근하는 모습만을 두고 경솔하게 비판하기에는 훨씬 더 섬세하고 심오한 면이 있다. 왜냐하면 중년층은 과거를 회고하는 동시에 미래를 전망하는 태도로 살기 때문이다. 다시 말해 과거를 되돌아보고 성찰하는 동시에 앞을 내다보면서 미래에 어떤 새로운 방향이 열려 있는지를 검토하는 삶의 태도를 갖기 때문이다.[17]

나이의 사회적 의미

어린 시절 우리 집에는 19세기 화가 프리돌린 라이버(Fridolin Leiber)의 유명한 그림 〈남성의 인생 계단〉과 〈여성의 인생 계단〉 복제본이 걸려 있었다. 탄생에서 시작해 죽음으로 끝나는 인간의 생을 가파른 오르막과 내리막 계단으로 묘사한 작품으로,[18] 꼭대기 계단에는 '50세'라고 적혀 있었다. 그림 속 마흔 살의 남성은 종이를 하나 손에 들고 있고 거기에는 이런 문구가 적혀 있다. "40세에는 인생행로의 목표에 다다랐고 두려움 없이 남자는 말한다. 잘해냈구나." 결의에 차서 먼 곳을 응시하는 그의 시선에서 자부심을 엿볼 수 있다. 이에 반해 그림 속 같은 나이의 여성은 눈을 지그시 내리깔고 어린 자녀들을 축복한다.

그리고 쉰 살의 남성은 만족스러운 눈빛으로 자신이 올라온 계단을 내려다보며 '무엇이 다가오고 또 사라져가는지 검토'하는 반면, 쉰 살의 여성은 손주의 탄생을 기뻐한다. 여성의 인생 계단 맨 꼭대기에는 이런 문구가 쓰여 있다. "50세에 여성은 '평온'하고, 이제 그녀를 행복하게 만드는 존재는 손주다." 두 사람의 모습은 가파른 계단 정상에서 내려올 때 비로소 비슷해진다. 옷과 머리카락이 회갈색으로 변하고 기억에 남을 만한 묘사도 없다. 변화가 거의 없어 보이는 그림 속 인생의 후반부에는 오랜 세월 상실과 노쇠를 거쳐 죽음으로 향하는 과정이 숨어 있다. 이 단계는 삶이 시작하는 출생 단계와 같은 선상에 있다. 인생의 순환이 완성된 것이다.

오늘날 이런 그림은 시대착오적일 뿐만 아니라 대단히 상투적이다. 어릴 적에도 나는 그 그림이 기분 나빴다. 무엇보다 저승사자가 맨 아래 계단에서 노인을 맞이하는 무서운 장면 때문이었다. 이 그림에는 이성애 대가족이라는 당시 틀에 맞춘 전형적인 부르주아계급의 생활상만 반영되었기 때문에 실제 그림대로 사는 사람은 아주 드물었을 것이다.

시간이 흘러 인간의 삶은 광범위하게 다원화하고 개별화되었다. 계단을 오르는 길이 비교적 여유로워진 것이다. 많은 이는 안정된 일자리를 얻거나 대학에 입학하기 전 여행을 떠나거나 아르바이트를 하기도 하고 장기 고용 계약을 맺기 전에 일단 개방적이거나 변화하는 관계를 거친다. 노동시장 역시 변화하므로 지속적인 재교육이 필요하다. 한 직장에 너무 오래 재직하는 사람은 애사심이 깊은 게 아니라 새로운 도전에 나설 의지가 없는 것으로 보이는 시대다.

인생 주기에 따른 계단 그림이 암시하는 것과 달리 내리막길도 그리 가파르지 않다. 퇴직자는 시니어 컨설턴트(senior consultant)가 되어 자영업에 종사하거나 자원봉사를 하거나 장기 여행을 떠나기도 한다. 의학 발전과 수명 연장은 가파른 오르막과 내리막이 있는 계단 이미지에 의문을 제기한다. 지금은 70세가 넘어 마라톤을 하고 고산 지대로 여행을 가는 일이 그리 놀랍지 않다.

우리 시대와 문화에서 인간의 전기는 예전보다 훨씬 더 평탄해졌을 뿐만 아니라 때로는 앞뒤가 바뀌기도 한다. 예를 들면 50대 중반 남성이 배우자를 새로 만나 다시 아빠가 되어, 이미 장성한 자녀들에게 이복형제가 생길 수도 있다. 아니면 40세 은행원이 일찍이 회사를 그만두고 파이어족이 되기로 마음먹을 수도 있다. 이처럼 우리는 '나이와 상관없는 사회'[19]로 나아가는 듯하다. 인생 전기를 자기 마음대로 설계하면서 개인의 나이는 사회적 의미를 상실한다.

그러나 나이에 따른 사회규범은 앞에 소개한 그림처럼 우리 의식에 여전히 새겨져 있다. 특히 타인의 인생을 바라볼 때 질서에 따라 흔들리지 않고 이상적인 삶을 살아야 한다는 고정관념이 은연중에 드러나곤 한다. 특정 나이에 아직 부모님과 함께 살거나 정규직이 아니거나 20대 초반에 이른 결혼을 했거나 마흔 살에도 자녀가 없다고 하면 최소한 일부 계층은 눈살을 찌푸릴 것이다.[20] 1971년 개봉한 영화 〈해롤드와 모드〉에는 20세 청년 해롤드를 사랑하는 79세의 할머니 모드가 등장한다. 이런 주제는 현실에서 반길 만한 것이 아니다. 중년에 훨씬 어린 여성과 관계를 맺는 남성은 이해 내지는 동경의 대상이 되지만 젊은 남성과 두 번째 봄을 맞은 여성은 훨씬 더 비판적인 시선을 받는다. 문화 평론가이자 작가인 수전 손택이 말했듯 남성과 비교해 여성은 나이가 들면 '편파적 판단', 즉 '노화에 대한 이중 기준'이 적용되기 때문이다.[21]

이런 고정관념에 비판적인 입장이고 집 안에 더는 '인생 계단 그림'을 걸어놓지 않는다고 해도 기존 인생의 전기를 임의로 흐트러뜨리기는 어렵다. 아무리 자유화된 사회라도 모든 사람이 따르는 삶의 과정이라는 것이 있다. 예를 들면 16~20세에 성인이 된다거나 60대 중반 즈음 정년퇴직한다는 등의 삶의 과정이 나라별로 법으로 정해져 있다. 게다가 생물학적 시계는 인간이 직접 설정할 수도 없다. 가임기가 언제 시작되고 언제 끝나는지, 세포와 조직과 뼈가 얼마나 빠르게 노화하는지는 생활 방식에 따라 차이는 있겠지만 대개 인간 유전자에 달려 있다. 삶의 많은 것이 우리가 원하는 시간에 따라 결정되지 않고 자체적으로 정해진 속도에 따라 진행되는 것이다. 무엇보다 인생의 전기 자체가 유한하다는 사실이 아주 중요하다. 모든 동물과 마찬가지로 인간도 처음 호흡하는 순간부터 나이를 먹기 때문이기도 하지만 인간만이 이러한 노화를 인지하고 근본적으로 자신의 죽음을 아는 유일한 동물이기 때문이다.

갑작스레 닥쳐온 겨울

인간은 그저 미래가 없는 현재에 머물며 과거를 잊은 채 살아갈 수 없다. 우리는 미래를 계획하고 설계하고 거부도 하며, 조정하고 희망을 품으면서 미래를 이끌어간다.[22] 예전에는 타인이 어느 정도 정해둔 계단을 단계별로 밟아나가야 했다면 지금 우리의 의사 결정과 운신의 폭은 더 넓어졌다. 하지만 자유로워진 만큼 우리는 자기 삶을 스스로 통제하고 직접 만들어갈 책임을 함께 부여받았다.[23] 인생은 '저절로' 살아지는 게 아니라 인간이 능동적으로 만들어나갈 과업으로서 주어진다.[24]

이때 시간의 차원은 언제나 존재한다. 우리가 오늘 무언가를 결정할 때는 그 결과를 고려하고 예측해야 한다. 물론 여기에는 과거에 한 일과 포기한 일에 대한 책임과 대가가 따른다. 우리 스스로 생의 시간을 구성하고 있다는 사실뿐 아니라 언젠가 생이 끝난다는 사실도 개인의 인생을 완성하는 데 큰 의미를 지닌다. 이런 시간적 제약이 없다면 생을 어떻게 살아야 하느냐는 질문에 내포된 절박함은 다소 퇴색될 것이다. 생이 짧다면 우리는 우선순위를 정할 수밖에 없고 유의미한 인생의 흔적을 남기려고 숙고하게 된다. 아직 시간이 많이 남았다면 바라고 성취하려는 모든 일을 자꾸만 나중으로 미루게 될 것이다. 인간이 죽는 존재라는 점을 염두에 둔다면 좋은 삶이란 늘 '유한한 인생을 가장 잘 사는 방법은 무엇인가'라는 질문에 맞닿아 있다.[25]

질문은 중년이 되면 두 번에 걸쳐 제기된다. 우선 중년은 대개 누군가가 바라고 노력해온 일을 성취하여 되짚어보는 시기다. 이 목표를 달성한 사람은 높은 자리에 올라 만족스러워하고 이를 효과적으로 이용할 줄도 안다. 반면 목표 달성에 실패한 사람은 인생을 되짚어보는 일이 썩 행복하지 않다. 그는 매력적이었던 자신의 사업 계획이 실패했고 결혼생활 역시 끝났으며 현재 취업 시장에서 자신이 받은 교육에 대한 수요가 없다는 사실을 점차 깨닫는다.[26] 이런 사람이 삶을 바라보는 태도는 반평생을 가난과 정신 질환에 시달렸던 프리드리히 휠덜린(Friedrich Hölderlin)이 시 「생의 절반」(1804)에서 대담하게 묘사한 것과 비슷하다. 첫 연에서 휠덜린은 나무에 노랗게 익은 배가 맺히고, 들장미가 피어나며, "신성하고 차가운 호수"에서 "고결한 백조"가 헤엄치는 부족함 없는 목가적 풍경을 묘사한다. 두 번째 연에서는 겨울이 대지를 휩쓸고 조화로운 존재를 무자비하게 때려 부수는 갑작스러운 단절이 등장한다. 이제 탄식 같은 소리가 들린다. 그리고 남은 것은 고요한 통찰이다.

노란 배가 열리고 들장미로 가득한
땅이 호수로 기울어지고

너희 고결한 백조들이여

입맞춤에 취한 채 머리를 담그네

신성하고 차가운 물속에

슬프도다, 겨울이면

나는 어디서 꽃을 구하랴

어디서 햇빛을, 땅의 그림자를 구하랴

장벽은 말없이 차갑게 서 있을 뿐

불어오는 바람 속에 깃발들이 삐걱대네.

어쩌면 갑작스레 닥쳐온 겨울은 인간의 수명이 정해져 있다는 통찰을 나타낸 것이 아닐까? 이런 의문들이 중년에 다시 떠오른다. 경력을 쌓고 배우자를 찾거나 마침내 고대하던 평온을 찾는 동안 세월은 흘러가고 인생이 유한하다는 사실을 더욱 확실하게 인지하기 때문이다. 우리가 여전히 원하고 갈망하는 것을 실현할 시간이 끝없이 주어지지 않음을 깨닫게 되는 것이다. 이런 점에서 특히 중년은 후회와 회한에 취약하다. 젊을 때 마냥 나중으로 미루던 일도 어느 순간에는 결국 단념해야 하기 때문이다.

인생이 계획대로 또는 계획보다 훨씬 아름답게 펼쳐졌기에 아무 후회 없이 만족하며 행복한 사람이라 하더라도 중년에는 일말의 공허감을 감지할 수밖에 없다. 오랫동안 미래를 가장 화려한 빛깔로 그려가며 목표를 향해 노력해왔다. 그리고 드디어 모든 걸 성취하고 다 잘 풀린 것 같은 느낌이 들었다. 그럼 이제 어떻게 될까?

중년 이전의 우리에게 삶이란 상당 기간 동안 '저절로 살아지는 것'이었다. 최소한 젊을 때는 우리가 한 일과는 무관하게 굵직굵직한 사건들이 인생을 돋보이게 했다. 예를 들어 학교 졸업, 직업 교육, 대학 졸업, 위대한 첫사랑, 자녀의 탄생 등 많은 일이 재미있었고 박수갈채를 받았다. 반면 중년에는 저절로 일어나는 일이 점차 줄어들기에 스스로 새로운 목표를 정해야 한다. 그러지 않으면 앞서 언급한 소설의 주인공 윌리엄 스토너처럼 중년기에 "즐거울 일이 없는"[27] 따분한 지루함에 빠지고 만다. 즐거움을 잃은 시점에 스토너의 결혼생활은 실패했고 불륜 관계도 끝났으며 대학 강단에서의 경력도 지지부진해졌다. 그의 앞에는 매일 똑같이 반복되는 단조로운 일상, 즉 '계속 살아간다는 것'이라는 황무지가 펼쳐져 있다. 의미를 묻는 말이 수면 위를 떠다닌다. 나는 무엇을 위해 이 삶을 살고 있으며 내게 남은 세월 동안 무엇을 하고 싶은가?

–

중년에 찾아온 질문들

이 책은 중년을 철학적으로 규명하기 위해 중년이란 우거진 숲을 뚫고 들어간다. 중년 그 자체가 실존적인 성격을 띤 질문임에도 지금까지 중년기를 다룬 철학 실용서조차 없이 불모지로 남아 있다는 점이 놀라울 뿐이다.[28] 존 스튜어트 밀의 『자서전』이나 시몬 드 보부아르의 『세월의 힘(Der Lauf der Dinge)』처럼 중년에 겪은 격랑을 개인적인 관점에서 쓴 책들이 드물게 있긴 했다. 아우구스티누스와 장 자크 루소를 보면 중년기가 사적인 고백의 시기이기도 했다. 하지만 이들의 성찰은 자문과 자전적 사색에 그쳐서 중년기의 구체적인 질문에 대해 일반적인 진술이나 보편적인 귀납 추론을 이끌어내는 데는 별 도움이 되지 않는다.

이 같은 공백은 일정 시기의 인생을 다루는 수많은 철학 도서와 뚜렷하게 대비되면서 더욱 분명해진다. 노화와 노쇠, 다가오는 죽음을 현명하게 다루는 법은 고대부터 이어진 철학의 관심사였으며 여전히 인기 주제다.[29] 지난 30년간 삶의 시작과 좋은 유년기 및 청소년기를 다룬 책도 많이 출간되었다.[30] 이에 반해 철학은 인생의 중년기에 대해서는 대체로 침묵하고 있다.[31]

물론 중년에 제기되는 소수의 실존적 의문들이 별도로 아주 세밀하게 다뤄지긴 했다. 예를 들어 좋은 삶에서 죽음의 의미, 더는 바꾸지 못하는 일을 후회하는 것이 적절하냐는 의문, 바라던 일을 마침내 이뤘을 때 생길 수 있는 공허함 등은 충분히 논의되었다. 다만 이런 질문들을 중년의 철학과 연계하여 다루지 않은 까닭은 이것들이 중년에만 국한되지 않기 때문이다. 인간은 나이와 상관없이 죽음을 성찰하거나 놓쳐버린 기회를 후회할 수 있다.

하지만 중년에는 이러한 질문이 새삼 새로운 의미를 갖게 된다는 점에서 주목할 만하다. 일례로 외부적인 사건을 계기로 생이 유한하며 우리에게 영원한 시간이 주어지지 않는다는 사실을 인지하게 되었을 때가 그렇다. 친구가 처음으로 중병에 걸리거나 부모가 쇠약해졌을 수도 있다. 어느 정도 나이가 들면 자신이 노화하고 체력이 떨어졌다는 사실을 자연스레 받아들이게 된다. 안경사가 묻지도 않고 누진 다초점 렌즈를 추천하고, 온라인 신청서를 작성할 때 자기 출생연도가 나오긴 하는 건지 의문을 품은 채 한참이나 스크롤을 내려야 한다.

많은 사람이 늦어도 중년에는 시간이 흐르고 있으며 자신이 매우 더디게 움직인다는 사실을 깨닫는다. 남은 시간이 제한되어 있음을 깨닫고 나면 스스로를 돌아보며 '내가 왜 인내하지 않았을까, 왜 더 용감하지 못했을까, 더 나은 출발선상에 서기 위해 왜 더 투자하지 않았을까?' 하는 우울감에 젖을 수도 있다. 살아온 인생이 만족스럽고 후회가 거의 없는 사람일지라도 역시 이렇게 자문한다. '앞으로 20년, 30년간 이 집, 이 도시에서 현재 직장을 다니며 똑같은 상대와 함께 식탁에 마주 앉아 얼굴을 보면서 계속 살 수 있을까?'

나아가 중년의 철학은 위기에 대한 취약성을 숙고하는 일일 뿐만 아니라 무엇이 중년을 풍요로운 충만의 시기로 만드는지 파악하는 일이기도 하다. 중년은 위태로운 시기라고 말하기도 하지만 '인생의 전성기' 내지는 '최고의 시기'라고 불리기도 한다. 고대에는 중년이 성숙에 도달할 수 있는 최고의 시기란 인식이 널리 퍼져 있었다. 그렇다면 철학적 의미에서 성숙이란 무엇이며, 그 충만함을 자신을 위해 사용한다는 것은 무슨 뜻일까? 이 질문이 중요한 이유는 개인의 성숙과 그에 따른 충만함은 저절로 오는 것이 아니라 개인의 인생 경험과 중년에 생기는 과제를 현명하게 다룰 때만 이룰 수 있기 때문이다.

–

가장 빛나는 시기를 위한 철학 안내서

이 책은 '최고의 시기를 위한 철학'을 다루지만 그렇다고 중년이 반드시 모든 사람에게 언제나 인생 최고의 시기라는 뜻은 아니다. 그러기엔 인간의 삶이 너무 다양하고 누군가는 인생의 정점에서 큰 타격을 받기도 한다. 더불어 25~30년에 이르는 중년기는 한마디로 단정 지어 말하기에는 너무 광범위하다. 오히려 우리는 모두 중년기에 좋고 나쁜 시기를 겪으면서 번창하거나 좌절하고 정체될 때도 있다.

    이 책은 중년이라는 인생의 단계를 꽃이 피어나는 '최고의 시기'로 보고 그 시기의 특성을 분석하는 데 그 목적이 있다. 그리고 그 시기의 충만함을 어떻게 활용할 수 있을지를 물을 것이다. 사실 나는 중년기에 특히 적합한 삶의 방식이나 방향이 있다고 생각한다. 그 방향은 바로 이 시기에 직면하는 도전 과제에 신중하게 대처하고 이때 발생하는 실존적 의문을 현명하고 유익하게 극복하여 인생에서 가장 자유로운 중년기를 맞이하는 것이다.

중년기는 20년 이상 지속된다. 상당히 광범위한 기간이다. 그러니 중년에 생기는 질문이 항상 모두에게 완전히 똑같지는 않을 것이다. 때로는 좁아지는 시간의 지평을 중시하기도 하고(2장), 후회와 회한의 감정과 함께 자부심과 감사함을 느끼며 그 사이에서 균형점을 찾기도 한다(3장). 혹자는 앞서 언급한 충만함을 어떻게 이해해야 하는지, 인생 경험을 통해 성숙해지고 주체성을 얻는다는 의미가 무엇인지 스스로 묻곤 할 것이다(4장). 그런가 하면 누군가는 많은 걸 이루고도 여전히 공허감에 시달리고 번잡한 일상 속에서 별 의미를 찾지 못해 괴로울 것이다(5장). 중년은 충만의 시기이기도 하지만 누군가에게는 과잉의 시기이기도 하다. 그래서 수많은 과업으로 녹초가 되고 정체된 느낌과 권태감에 사로잡혔다는 인상을 떨칠 수 없다. 삶 속으로 몸을 던졌던 화려하고 활기찬 그 시절은 어디로 갔으며 그때로 다시 돌아가는 방법은 무엇인가(6장)? 이 책에 담긴 지도를 통해 독자들은 가장 흥미롭고 설득력 있는 영역이나 장을 선택하여 파고들 수 있을 것이다. 마지막으로 길을 잃고 방황하면서 의심하고 의문을 품는 일도 인생의 정점에서 조용히 휴식하는 일과 마찬가지로 중년의 삶의 일부임을 깨달을 것이다(7장).

이 책은 중년을 생산적으로 보내고 인생의 위기에서 최대한 빨리 벗어날 방법을 알려주는 안내서가 아니다. 위기감이란 피하거나 밀어내야 하는 감정이 아니라 새로운 깨달음을 얻기 위해 철학적으로 쓸모 있게 만들어야 하는 상태다. '위기(Krise)' 또는 '위험한 고비(Krisis)'라는 단어는 그리스어에서 유래했으며 원래는 '불확실성', '긴박함', '전환점'을 의미했다. 특히 의학사에서 질병 진행 과정의 정점 내지는 전환점을 가리키며, 질병이 재앙이 되어 결국 사망하거나 회복하는 시점을 의미한다. 그래서 위기란 좋든 나쁘든 중대한 일이 명백하게 드러나는 티핑 포인트(tipping point)와 같다.

생의 한가운데에서 우리는 실존적 의문과 새로운 질문에 맞닥뜨리며 근본적인 위기의 시기를 맞이한다. 중년이 철학의 대상이 될 수 있는 이유가 바로 그것이다. 루트비히 비트겐슈타인(Ludwig Wittgenstein)은 이렇게 말한다. "철학적 문제는 '나는 나 자신을 알지 못한다'라는 형식을 띤다."[32] 인생의 풍경 속에서 길을 잃고 자신을 잃어버린 채 더는 갈 길을 모른다고 느낀 그 지점에서 모든 철학적 사색과 실존적 질문, 탐색이 시작된다. 길을 잃었을 때 우리는 고독한 존재가 되며 그보다 더 철학적인 순간은 없다.

어떤 일에 완전히 실패했을 때 우리는 종종 '끝장이 났다'고 말한다. 위기 속에서 또는 위기로 인해 실패한다는 건 결국 인간과 삶의 근원에 이르렀다는 의미일 수도 있다. 그러면 상실로부터 새로운 충만함, 즉 앞으로 다가올 미래를 굳건하게 살아나가는 법을 깨닫게 될 것이다.

나는 이 책이 안내서가 아니라 지도 본연의 모습으로 남기를 바란다. 지도는 경로를 표시하지 않고 그저 길, 암석 지대, 숲, 설원, 강이나 바다를 보여주며 등고선은 풍경의 지형을 나타낼 뿐이다. 이 지형에서 자신만의 길을 찾는 것은 개인에게 달린 일이다. 정신의학자 칼 구스타프 융(Carl Gustav Jung)은 1933년 자신의 환자에게 이런 글을 썼다.

> 당신의 질문은 인간이 어떻게 '살아야 하는지'에 관한 것이므로 답할 수가 없습니다. 인간은 '살 수 있는' 대로 살아갑니다. 개인에게 규정되거나 알맞은 길이 따로 있는 게 아닙니다. (…) 하지만 당신이 자신만의 길을 가려 한다면 그 길은 어디에도 규정되어 있지 않고, 미리 알 수도 없으며, 한 걸음씩 내디딜 때마다 저절로 생겨날 것입니다.[33]

우리가 자신이 지닌 가능성의 풍경을 헤쳐 나갈 때 지도가 있다면 분명 큰 도움이 될 것이다. 물론 이 책이 안내서가 될 수도 있다. 중년기에 실존적 의문을 제기하고 무엇이 최선인지 탐색하는 사람들을 위한 안내서 말이다. 한나 아렌트(Hannah Arendt)는 "무력감을 (…) 공동의 대의로 만들어야 한다"[34]고 썼다. 나는 이 책을 통해 무력하게 탐색하는 자가 스스로 목소리를 내고 서로 대화를 나누며 철학의 소리에 귀를 기울이게 할 것이다. 이는 해결책을 제시하기보다는 자꾸 암울하고 혼란스럽게만 묘사되는 인생의 단계를 이해하려는 시도이며, 이를 통해 인생의 한가운데에 선 시기가 인생 최고의 시기가 될 수 있음을 철학적으로 탐구해보고자 한다.

Chapter
2

우리 모두　　　죽음을 향해
　　　　　　　　나아간다

우리 모두에게는 두 개의 삶이 있다.
두 번째 삶은 인간에게
삶이 단 하나뿐이라는 사실을 깨닫는 순간 시작된다.

_마리오 라울 데 모라이스 안드라데

우리가 항상 죽음의 그림자 속에서
살아간다는 말은 진부하다.
우리가 삶의 그림자 속에서
죽어간다는 말도 똑같이 진실이다.¹

_로널드 드워킨

『중년, 잠시 멈춤』을 쓴 영국의 에세이스트 마리나 벤저민에게는 자신의 딸과 함께하는 일종의 의식이 있다. 둘은 몇 주에 한 번씩 서로의 등을 맞대고 맨발로 서서 마치 도마뱀처럼 몸을 움직이며 척추를 곧게 편다. 이때 벤저민의 남편은 심판이 된 듯 모녀의 주변을 맴돈다.[2] 아직 딸이 엄마보다 키가 크진 않지만 어린아이는 엄마보다 더 커질 미래를 향해 자라는 중이다. 모녀의 키가 비슷해질수록 세탁물 가운데 티셔츠나 스웨터가 누구 것인지 헷갈리며 '정리 실수'가 잦아지고, 그래서 자꾸만 옷장에 남의 옷이 들어간다. 아이의 세상은 먹는 양, 신발 크기, 수면 시간 등 일상적인 것에서 부모의 세상에 수렴되다가 점차 서로 멀어지기 시작한다.

자녀가 있는 사람은 시간의 흐름을 계속 직시하께 된다. 집 안에서 똑바로 기지도 못하던 아들이 이제는 혼자서 자전거를 타고 친구들과 함께 수영장에 가지 않는가? 올챙이를 부화시키던 유리 수족관은 이제 먼지투성이가 되어 크리스마스 장식 보관함으로 쓰이고 있지 않은가? 다락에는 입학 선물, 작아진 신발, 안 쓰는 장난감이 여행 기념품, 마음에 안 드는 선물, 먼지 쌓인 가보와 함께 가족사의 퇴적물처럼 쌓여 있다. 가끔 물건들을 파헤

우리 모두 죽음을 향해 나아간다

치며 무언가를 찾을 때면 층층이 쌓인 물건들이 세월의 흐름을 이야기해주는 것만 같다.

아이가 없는 사람 역시 시간이 쏜살같이 흐른다는 걸 실감한다. 우편함에 도착한 동창회 초대장에는 졸업 20주년이 적혀 있고 얼마 전 서른 번째 생일 파티를 한 것 같은데 어느새 쉰 번째, 예순 번째 생일 파티에 초대받지는 않았는가? 프런트데스크나 동네 빵집에서 나누는 사소한 대화는 날씨 얘기에서 시작해 시간이 엄청나게 빨리 흐른다는 사실을 자각하는 데서 끝난다. 또 한 주, 또 한 번의 여름, 또 일 년이 지났다는 사실을 깨달을 때면 으레 한숨이 나온다.

―

멈추어라, 시간이여

우체국에서 긴 줄을 서거나 꽉 막힌 도로에 있을 때, 혹은 독감에 걸려 침대에 누워 있을 때는 심지어 시간이 더 빨리 가길 바라기도 한다. 하지만 우리는 대개 자기 수명을 되도록 길게 늘여서 세월이 좀 더 여유롭게 흐르길 바란다. 어째서 우리는 필연적으로 시간이 흐른다는 것, 그것도 너무 빨리 흐른다는 사실에 괴로워할까?

어떤 순간은 너무 소중해서 그냥 스쳐 지나가는 것만으로 서글퍼진다. 이것이 바로 '덧없음'이 주는 고통 중 하나다. 즐겁고 값진 나날을 붙잡고 싶어도 시간은 계속해서 돌이킬 수 없이 빠져나간다. 바닷가에서 보낸 여름휴가, 친구들과의 유쾌한 저녁 식사, 막 사랑에 빠진 연인과 보낸 주말이 영원하다면 얼마나 좋을까! 할 수만 있다면 시간을 멈추고 싶고, 어떤 대가를 치르더라도 이 순간의 축복이 영원하기를 바란다.

유한성이 고통스러운 것은 행복한 현재를 언제까지나 간직하고 싶어서이기도 하다. 요한 볼프강 폰 괴테(Johann Wolfgang von Goethe)의 소설에 나오는 파우스트 박사는 바로 이 행복의 감정 그리고 인생의 기쁨을 주는 원천을 잃어버렸다. 수심에 찬 파우스트 박사는 자기 존재가 너무 혐오스러워서 다시는 행복해질 수 없다는 절망감에 사로잡힌다. 그는 시곗바늘을 멈추고 싶을 정도로 인생무상의 고통에 압도당한다. 그래서 파우스트는 단 한 번만 시간을 멈춰달라고 간청하며 악마와 계약을 맺는다. 악마가 파우스트의 영혼을 마음대로 하는 데 동의한 것이다.

"'순간이여, 멈추어라! 정말 아름답구나!' 내가 이렇게 말하면 자네는 날 마음대로 할 수 있네. 그러면 나는 기꺼이 파멸의 길을 걷겠네!"

지금 이 순간에 대한 열정은 덧없음을 회피하는 모습으로 이어진다. 아이들이 회전목마가 멈추기도 전에 "한 번 더!"라고 외치면서 덧없음의 고통을 피하려고 선수를 치는 것처럼 말이다.

시간이 흐르는 것이 달갑지 않은 이유가 또 있다. 우리가 성취하고 싶은 일을 해낼 여유를 시간에 빼앗겼을 때다. 이것이 바로 우리를 괴롭히는 덧없음의 또 다른 고통이다. 우리는 정말 중요한 일에 시간이 부족할까 봐 두려워서 시간이 늘어나기를 바란다. 정확히 말해 시간을 멈추고 싶은 게 아니라 더 많은 시간을 확보하고 싶은 것이다. 누구나 일상 속에서 속절없이 지나가는 시곗바늘을 원망하며 서둘러야 했던 적이 있을 것이다. 아무리 서둘러도 정시에 회사에 도착할 수 없고 제시간에 약속 장소에 나타날 수 없으며 저녁에 평온하게 영화를 볼 수도 없었던 적이 말이다. 우리는 그 일을 절대 제시간에 끝낼 수 없고 밀린 서류 더미는 아무리 해도 사라지지 않는다! 그럴 땐 시계를 멈추고 싶은 마음이 간절해진다.

그런가 하면 중년에게 덧없음의 고통은 두 가지 형태로 나타난다. 어떤 이는 가파른 오르막을 오른 뒤 평온한 장소에 도달하여 쉬고 싶어 한다. 영원히 편안하고 평화롭게 행복 속에 파묻혀 있고 싶다. 직장에서는 흔들리지 않는 지위에 오르고 싶어 하고 자신의 아이들이 가장 힘든 고비를 넘겼기를 바란다. 그냥 지금 이대로 머물면 안 될까? 그러나 젊은 시절에는 깨닫지 못했던 일들이 점점 현실이 되어가고 있다. 바로 아직 먼 곳에 있기는 하지만 확실한 인생의 종착점이 시야에 들어오기 시작했다는 것, 그리고 그 끝을 맞이하기 전에 중년을 겪는다는 것이다.

20대 중반에 직장생활을 시작했고 이제 50대에 접어들었다면 인생의 절반을 직장인으로 보낸 셈이다. 어떤 사람에게 인생 최고의 시기는 은퇴 후에 시작된다. 의무에서 완전히 벗어나 자신의 속도대로 자기 관심사에 집중할 수 있기 때문이다. 그래서 인생 후반기에 오히려 선택의 폭이 넓어질 수 있다. 그렇다고 해도 인생의 기한이 정해져 있고 언젠가는 막이 내릴 것이라는 사실이 변하지는 않는다.

한편 어떤 이는 인생의 절반을 지나면 기회의 문이 서서히 하지만 확실하게 닫히기 시작한다는 것을 인지하고는 젊은 시절 세웠던 계획에 의문을 품으며 삶의 유한성을 원망한다. 이들은 벌써 오랜 시간이 흘렀는데도 교육을 끝마치지 못했거나 함께 가정을 꾸릴 배우자를 만나지 못했거나 목표로 했던 평온한 삶을 손에 넣지 못했다. 지금보다 더 나은 시절을 바라는 게 헛되게 느껴진다면 어떨까? 공황 발작이 일어날 듯이 정신없고 갑갑하고, 숨 막히는 시간 속에서 간절히 원하고 열망하는 것 중 극히 일부만이 허락된다면 어떤 심정일까?

철학자 알베르 카뮈(Albert Camus)는 『시지프 신화』에서 인간이 시간을 '적'으로 인지하는 시점을 서른 살로 설정한다. 서른 살 안에 자기 자신을 찾아야 하기 때문이다.

> 인간은 언젠가 자기가 서른임을 깨닫는 날이 온다. 그런 식으로 자신의 젊음을 확인한다. 하지만 동시에 그는 시간과의 관계 속에 위치하게 된다. 시간 속에 자신을 자리하게 하는 것이다. (…) 그

는 시간에 속한 존재이고, 자신을 사로잡고 있는 이 공포 속에서 최악의 적을 발견하게 된다. 내일, 그는 내일을 바라며 살면서도, 온몸으로 내일을 거부한다.[3]

중년의 많은 이에게 영향을 끼치는 것은 시간의 무상함이 아니다. 오히려 자기 인생의 유한성, 즉 회전목마를 한 바퀴 더 돌고 싶다고 아무리 애원해도 언젠가는 모든 목마가 완전히 멈춘다는 사실을 깨닫는 것이다. 데드라인을 무한정 늘릴 수만 있다면 시간이 주는 압박감은 사라질 것이다. 그러나 데드라인은 우리에게 그리 친절하지 않다. 그러므로 덧없음이 주는 고통은 엄밀히 말해 유한성의 고통이다. 우리가 잡담을 하다가도 "벌써 또 일 년이 지나버렸군!" 하며 탄식하는 이유는, 덧없는 것이 시간이 아니라 서서히 사라지다 결국 소멸할 우리와 우리의 인생임을 너무도 잘 알기 때문이다.

어린아이나 청년은 앞만 보고 열심히 노력하면 훗날 돈을 많이 벌어 집도 사고 원하는 대로 독립적인 삶을 살 수 있을 거라 생각한다. 그런데 그러기에는 시간이 마음처럼 빨리 가지 않는 것 같다. 그러나 중년에 접어들었다면 인생의 유효기한을 실감하면서 현재의 시간을 유예하고 싶어 할 가능성이 크다. 1960년대 '중년의 위기'라는 용어를 만든 정신분석가 엘리엇 자크는 중년기의 핵심이 유한성을 자각하는 것과 위기에 취약하다는 점이라고 말한다. "인생의 전성기, 즉 성취의 단계에 들어서면서 이미 전성기와 성취의 끝을 보게 된다"는 사실은 기이한 모순이고 잔인하기까지 하다.[4] 우리가 먼 길을 걸어오는 동안 경험한 모든 것을 효과적으로 이용한다면 중년은 충만해질 수 있으나, 그건 곧 우리가 점점 더 마지막에 다가가고 있다는 의미이기도 하다.

이반 일리치의 죽음

혹시 한 해의 마지막 날이 되면 슬퍼지지 않는가? 또 일 년이 지났다는 사실, 그리고 이번 해는 다시 오지 않으리란 생각 때문에 말이다. 그렇게 인지하지 못하더라도 아마 그렇게 느끼고 있을 것이다. 대부분은 한 해가 저무는 것을 보면서 안도하는 동시에 서글픔을 느낀다. 예를 들어 직장에서 심한 압박을 받으면서 일상의 평화를 되찾길 바랐거나 최악의 상황을 극복하고 싶었던 사람이라면 불쾌한 시간이 지나갔다는 사실에 기쁠 것이다. 동시에 지나간 세월이 자신의 일생에서 차감되어 모래시계의 모래 알갱이가 하나씩 떨어지듯 사라지고 있다는 사실에 애달파진다. 흘러가는 시간은 매시간, 매초 앞으로 나아갈 뿐 뒤로 물러서는 법이 없다.

 인생을 시작과 끝이 있는 직선으로 상상해보자. 조금 추상적이긴 해도 어렵지 않은 일이다. 그리고 개인의 일대기에서 자신의 현재 위치를 표시해보자. 미국의 정신과 의사 어빈 얄롬은 환자들에게 주기적으로 자기 위치를 표시해보라고 권한다. 얄롬이 수년간 관찰한 결과 특히 중년층에게 이런 연습이 크게 도움이 되었다.[5] 그런데 중년이 된다는 것은 살아온 삶과 남은 삶의 비율이 역전되어 눈금이 점점 오른쪽으로 밀려난다는 의미다. 누가 이런 결과를 눈으로 보고 싶어 할까?

 어떤 사람은 우리 사회가 인생의 종착점으로서 죽음을 그 어느 때보다 외면하고 있다고 주장한다. 그런데 죽음을 외면한다는 것이 죽음에 관해 말하지 않는다는 의미라면 이 주장은 잘못되었다. 죽음과 임종에 관해 지금처럼 많은 대중 도서가 출간된 적이 없고 인생의 무상함을 주제로 한 전시회는 거의 매년 열린다. 심지어 어떤 사람은 출산 준비 강좌를 듣듯이 '최후의 조력'에 관한 강좌에 참석한다. 부패한 시신을 존엄한 방식으로 돌봐주는 장의사, 살인 사건의 피해자를 조사하는 범죄심리학자, 죽음을 연구하는 죽음학자 등이 인기 토크쇼에 출연하기도 한다. 다원화와 세속화로 인해 죽음과 죽음을 다루는 의례가 의미를 잃고 대중의 관심에서 멀어진 것은 사실이다. 마을 주민이 죽음을 맞이했을 때 동네에 울리던 추모의 종소리나 마을을 지나는 장례 행렬을 이제는 찾아보기 어렵고, 시신을 집 안에 안치해두는 일도 아주 드물다. 그만큼 죽음은 우리 사회에서 예전보다 눈에 덜 띈다. 그래도 죽음을 금기시하지 않고 이에 관해 솔직하게 대화하는 모습은 변하지 않았다. 죽음은 우리 사회에서 결코 배제된 주제가 아니다.

배제되고 있는 것은 바로 '자기 자신의 죽음'이다. 독특하게도 사람들은 대개 삶의 종착점을 두고 자신이 아닌 다른 사람에게만 해당하는 사건인 것처럼 추상적으로 접근한다. 레프 톨스토이의 소설 『이반 일리치의 죽음』(1886)을 보자. 부유한 상인 이반 일리치는 임종 전 학교에서 배웠던 삼단논법을 떠올린다. "가이우스는 인간이고, 모든 인간은 죽는다. 따라서 가이우스도 죽는다." 일리치는 이런 논리적 결론을 내리면서도 절대 자신과 연관 짓지는 않았다. 오히려 "이는 오직 가이우스에게만 적용할 수 있는 사실로서 절대 이반 일리치 자신과는 상관없다"고 생각한다.[6] 톨스토이는 주인공 이반 일리치가 젊은 시절 작은 메달을 사서 시곗줄에 매달고 다닌 것을 비꼬듯이 묘사한다. 그 메달에는 "끝을 생각하라(Respice finem)!"라는 말이 적혀 있었다.[7] 일리치는 마치 인생에 끝이 없는 듯이 더 좋은 시간이 오기만을 기다리며 행복을 뒤로 미루다가 너무 빨리 죽어버렸다. 그렇게 행복을 놓쳐버린 것이다.

예술가 마르셀 뒤샹은 자기 묘비에 "하기야, 죽는 건 항상 다른 사람이다(D'ailleurs, c'est toujours les autres qui meurent)"라고 새겼다. 우리는 어떨까? 우리에게도 죽음은 상상할 수 없는 일이다.

모든 인간은 죽는다는 사실

우리가 죽지 않고 영원히 산다면 어떨까? 철학은 '영원히 사는 게 좋은가'라는 질문에 답하기 위해 수백 년간 머리를 쥐어짜며 고민해왔다.[8] 그 답은 영생을 어떻게 구성하느냐에 달려 있다. 영생이 계속 나이를 먹다가 결국 자신이 좋아하고 아끼는 모든 것이 사라지는 과정을 의미한다면 이런 삶이 매력적일까? 그런 영생이라면 아주 아주 나이가 많은 이는 모든 일이 힘에 부치고 모든 노력이 지루해지며 더는 의욕을 느끼지 못하는 삶에 지쳐서 결국 죽음을 갈망할 것이다. 하지만 예를 들어 마흔 살에 멈춘 채로 영원히 산다면 상황은 완전히 달라진다. 인간이 영원히 살 의무가 있는지, 아니면 언제든 생명이라는 선물을 자발적으로 반납할 수 있는지에 따라서도 불멸에 대한 평가는 갈릴 수 있다.

인간만이 신과 같은 특징을 지니는지, 아니면 모든 인간이 영원히 살 수 있는 존재인지도 상당히 중요한 질문이다. 시몬 드 보부아르는 1946년 발표한 소설 『모든 인간은 죽는다』에서 15세기 이탈리아 태생 남성이 약을 마시고 불멸의 존재가 된 이야기를 들려준다. 남자는 수백 년간 쌓은, 아무도 흉내 내지 못할 방대한 인생 경험을 토대로 이곳저곳에서 성공을 거둔다. 그러면서도 그는 매번 사랑하는 사람이 죽고 다시 혼자 남겨진다는 사실을 받아들여야 한다. 그에게는 우정이나 사랑이 남아 있지 않고 그로 인한 고통이 그를 사람들로부터 자꾸만 멀어지게 한다.

인간이 모두 똑같이 불멸한다면 불멸은 더 매력적이지 않을까? 하지만 가슴에 손을 얹고 생각해보자. 누가 정말 그렇게 되길 바라겠는가? 전 세계를 수십 번씩 여행하고 오케스트라에서 악기 연주를 배우고 도서관에 있는 책을 모두 읽을 시간이 천 년이나 주어진다면 말이다. 이것이 인간의 꿈을 이루는 일일까, 아니면 하품이 날 정도로 지루한 일일까? 신화 속의 올림포스산에 살던 신들이 겪은 고통을 생각하면 후자가 맞는 것 같다. 어떤 독설가는 불멸의 신들이 서로 머리를 내려치고, 서로의 몸에 붙어 있는 괴물을 쫓아다니며 수많은 자손을 낳은 이유가 바로 지루함 때문이었다고 주장한다. 아무리 긴 여행, 짜릿한 스캔들, 재미있는 연구 활동도 끝없이 반복되면 지루하다. 그러니 그렇게 오래 살려면 삶의 욕망을 지킬 궁리부터 해야 한다. 제아무리 최고의 경험이라 해도 반복되면 어느 순간부터는 그냥 평범한 일상이 되기 때문이나. 인간에게는 가슴 아픈 일과 고통과 실패 역시 반복된다는 점은 제쳐놓고서라도 말이다. 영화감독인 우디 앨런은 이렇게 말한다. "영원은 특히 끝으로 갈수록 시간이 늘어진다." 그의 말은 틀리지 않았다.

그래서 영국 철학자 버나드 윌리엄스(Bernard Williams)는 때로는 죽음이 커다란 불행이지만 불멸은 더 큰 불행이라고 말한다.[9] 인생을 매력적으로 만들고 인간이 계속 살아갈 이유를 제공하는 것은 무엇보다 일명 '범주적 욕망(categorical desire)•'이다. 인간은 이 욕망을 실현하려 애태우고, 이 욕망은 인간을 미래로 이끈다. 예를 들어 물리학자는 자기 공식이 옳다는 걸 증명하고 싶어 하고, 아버지는 할아버지, 심지어 증조할아버지가 되고 싶어 하며, 등산가는 해발 4,000미터대의 산을 모두 오르고 싶어 한다. 버나드 윌리엄스는 이런 개인의 정체성과 개인에게 중요한 것을 규정하는 범주적 욕망이 살아갈 이유, 삶이 계속되길 바라는 갈망으로 우리를 이끈다고 주장한다. 결국 우리에게 남는 건 아직 처리하지 않은 일이나 겪어야 할 일이다.

범주적 욕망이 좌절될 때, 즉 인생에서 계획한 일 또는 인간의 내면 깊숙이에서부터 마음을 움직이고 본질을 이룬 것이 사라질 때 죽음은 더이상 '시기상조'가 아니다. 윌리엄스는 인간의 모든 범주적 욕망이 기나긴 삶 속에서 언젠가는 분명히 실현된다고 본다. 손자와 증손자가 포함될 정도로 가족이 커지고 모든 산봉우리를 정복하는 것이다. 이후 인간을 미래로 이끄는 요인이 전혀 없는데도 영원히 살아야 하는 건 잔인한 일이다.

윌리엄스의 말에 동의하는가? 아니면 무한한 삶 속에서 매번 새로운 범주적 욕망을 만들어내면 되지 않을까? 과학자로 경력을 쌓은 후에는 어쩌면 세계 일주를 하는 사람으로 살고 싶을 수 있다. 산 정상을 등반한 후에는 온갖 강이나 바다를 헤엄쳐 건너겠다는 계획에 구미가 당길 수도 있다. 버나드 윌리엄스는 이렇

- 자기 자신이 존재하는 방식을 규정하려는 욕망 또는 자아의 실현과 완성에 대한 욕망.

게 대답한다. "인간은 물론 새로운 범주적 욕망을 만들 수 있으나 그러면 그는 다른 사람이 된다." 범주적 욕망은 인간의 정체성과 밀접하게 연관되어 있으므로 뱀이 오래된 허물을 벗듯이 단숨에 벗어버릴 수 없기 때문이다. 엄밀히 말해 영원히 사는 사람은 매번 새로운 사람일 것이다.

하지만 이런 항변조차 그리 설득력은 없다. 그러면 천천히 변화하면서 새로운 계획을 찾아내고 그걸로 권태로운 삶에서 벗어날 수는 없을까? 누구든 일단 아이를 낳아 부모가 되고 나면 아이가 성장하는 모습을 보고자 하는 욕망이 생긴다. 그러면 이 부모는 아이를 낳기 전에는 '정말' 다른 사람이었는가? 인간이 모두 영원히 산다고 가정하면, 아마도 다양한 인생의 단계가 각자 흘러가면서 서로 충분히 연결되어 안정적인 정체성을 형성할 수 있을 것이다. 그리고 그 사람이 지금보다 바로 이전에 존재한 삶의 단계를 기억할 수 있다면 개인의 정체성도 충분히 확보할 수 있을 것이다.[10]

어느 쪽으로 생각해봐도 내 삶의 유한성을 보면 결국 소설가 줄리언 반스의 말이 맞는 것 같다. 반스는 불멸의 가치에 반대하는 주장을 어느 정도 이해한다. "그럼 약간의 영생은 어떤가? 절반의 영생은? 좋다, 그럼 4분의 1 정도의 영생으로 하겠다."[11] 그러나 인간에겐 4분의 1짜리 영생조차 허락되지 않는다. 실리콘 밸리의 영민한 과학자들이 인간의 죽음을 극복하고자 연구하지만 지금까지 모든 인간이 죽었다.[12] 인류 전체 사망률은 여전히

100퍼센트다.[13]

쉰 살 무렵에 이르면 유한성에 대한 깨달음은 점점 커진다. 어떤 사람은 처음으로 갑작스레 친구를 잃고 일상이 엉망이 되거나 자신의 부모와 영원히 이별할 수도 있다. 혹은 아주 뜻밖에 심각한 질병에 걸렸다는 진단을 받고 노화와 질병과 죽음이 인생의 일부이며 삶은 틀림없이 끝을 맞이하리란 사실을 깨닫는다. 물론 어릴 때 이미 부모나 형제를 잃고 남보다 훨씬 일찍 죽음을 받아들여야 했던 사람들도 있다. 비극적인 사고나 몹쓸 질병으로 사랑하는 사람을 일찍 잃는다면 우리는 죽음에 대해 다시 생각해볼 수밖에 없다. 먼저 가버린 이들을 뒤따를 세대는 바로 우리니까. 중년이 되어서야 비로소 이런 생각이 들기 시작하는 것이다.

우리 인생은 터무니없이 짧다. 여든 살까지 산다고 치면 우리에게 주어진 시간은 기껏해야 총 4,000주뿐이다. 인생의 절반을 지나버린 우리에게는 당장 오늘부터 얼마나 오래 사는지에 따라 고작 1,500주밖에 남지 않았을 수도 있다. 1,500주라니! 마치 어릴 때 여름방학까지 남은 기간을 생각하며 침대 머리맡에 분필을 긋듯이 일주일 단위로 지나간 시간에 줄을 긋고 있는 것이다. 우주의 추정 나이가 약 137억 년이란 사실을 생각하면 우리의 생은 찰나에 불과하다.[14] 도대체 어떻게 하면 이 사실을 침착하게 받아들일 수 있을까?

철학은 죽음을 배우는 과정이다

자신의 죽음을 확실히 아는 것이 무슨 의미인지, 그리고 이 확실한 사실을 다루는 방법은 무엇인지는 철학사가 시작된 순간부터 제기된 근본 주제였다. 어느 동물이건 영원히 살 수 없고, 언젠가는 필연적으로 종말을 맞이한다. 하지만 자기 죽음을 의식적으로 성찰하고 죽음을 다루는 법을 찾으려고 하는 건 인간뿐이다.[15] 모든 철학적 사색은 바로 자신이 확실하게 죽는다는 사실을 아는 것에서 비롯되었다고 해도 과언이 아니다.

철학에서 널리 인용되는 구절 중 하나가 바로 "철학한다는 것은 죽는 법을 배우는 것이다"다. 이런 사상은 죽음과 영혼의 불멸을 다룬 플라톤(Plato)의 대화편 『파이돈』에서도 찾을 수 있다. 로마 철학자 키케로(Marcus Tullius Cicero)도 저서 『투스쿨룸 대화』에서 이 사상을 재차 다룬다. 르네상스 시대 철학자 미셸 드 몽테뉴(Michel de Montaigne)는 『에세』에서 인간이 자신의 유한성을 견디는 것을 넘어 생산적으로 다루는 법에 집중한다.

몽테뉴는 어차피 우리가 죽음을 이길 수는 없으니 죽음을 끊임없이 의식하는 것이 최선의 전략이라고 생각했다. 자기가 올라탄 말이 비틀거리거나 발 앞에 벽돌이 떨어질 때면 자신이 언젠가 반드시 죽는다는 것을 염두에 두고 아직 살아 있음을 기뻐해야 한다. 죽음은 우리가 두려워하기 때문에 중대한 문제가 될

우리 모두 죽음을 향해 나아간다

뿐이다. 몽테뉴는 죽음을 배움으로써 사는 법을 배운다는 것이 결국 죽음에 익숙해져서 죽음에 대한 두려움에서 벗어나는 것이라고 생각했다.[16] 예를 들어 그는 양배추를 심을 때처럼 일상생활을 하는 중에 죽음이 불시에 덮쳐서 스스로 야단법석을 떨 필요가 없기를 소망했다. 몽테뉴는 성당에서 미사 도중 뇌졸중으로 갑작스레 사망했다.

그러나 자신의 죽음을 알고 받아들이라는 말에서 '안다'는 표현은 좀 지나치다. 우리는 죽음이 언제 우리를 추월할지 모른 채 어둠 속을 더듬어나갈 뿐이다. 라틴 속담에서는 "죽는 것은 확실하나 그 시기만이 불확실하다(mors certa, hora incerta)"라고 한다.[17] 게다가 죽는 것이 무엇인지 정보를 얻을 도리도 없다.[18] 정확히 말하자면 죽음에 대해 알려진 모든 것은 순수한 부정으로 귀결된다. 죽은 이는 더는 생각하지도, 느끼지도, 행동하지도, 반응하지도, 계획하지도, 고통받지도, 기뻐하지도 '않는다.'

지금 이 문장을 읽고 생각하는 나 자신이 아무것도 아닌 존재로 사그라들어 존재하지 않게 된다고 생각하면 억울하고 두렵기까지 하다. 어린 시절 나는 잠들기 전에 내가 죽는 상상을 하면서 몸서리를 쳤다. 어떨 때는 내 장례식을 상상하면서 낮에 나를 따돌렸던 아이들이 내 무덤 앞에서 내게 심술부린 것을 부끄러워하고 후회하기를 바랐다(이상하게도 내가 그 아이들의 무덤 앞에서 무언가를 후회하는 상상은 한 번도 하지 않았다). 내가 죽은 후에 내 의식, 즉 내 자아가 어떻게 해체될지 생각하는 일은 훨씬 더 섬뜩했다.

온갖 상념이 소멸한다고 생각하면 일종의 실존적 두려움, 혼란스러운 자기모순이 나타난다.[19]

줄리언 반스는 죽음을 주제로 한 소설 제목을 '웃으면서 죽음을 이야기하는 방법(Nothing to be frightened of)'이라고 지었다. 이 제목을 보고 대개는 죽음이 두려울 필요가 없다는 의미로 받아들이고 안심하겠지만 실은 더 불안한 의미로 해석할 수도 있다. 바로 죽음은 절대적 허무이며 그래서 무시무시하다는 견해다.[20] 철학적인 관점에서는 후자가 다소 설득력이 떨어지지만 나는 바로 이해가 간다. 생각할 수 없는 것은 무섭지 않다는 주장은 논리적으로 동의할 수는 있지만 결코 안심은 되지 않는다. 게다가 내 죽음을 생각할 때면 일어나는 혼란도 사라지지 않는다.

종교가 있고 영생을 믿는 사람이라면 공허감에만 머물지 않고 어떻게든 삶이 계속되거나 새롭게 시작될 것이라고 생각한다. 심지어 어떤 사람은 현세보다 내세에 훨씬 더 나은 삶이 기다린다고 믿기까지 한다. 죽음이란 육체가 누리는 삶이 끝나는 것일 뿐, 정신 내지 영혼은 더 나은 환경으로 넘어간다고 여기는 것이다. 하지만 사후에 오는 삶이 좋은 삶일 거라고 누가 보장할 수 있을까? 게다가 사후의 삶을 믿는 사람 역시 언젠가는 종말을 맞이할 것이다. 결국 여행 계획, 옛사랑, 인공지능을 생각하듯 죽음을 생각하는 사람은 아무도 없는 셈이다.

우리가 죽음에 대해 아무것도 모른다면 왜 그리 많은 사람이 자신의 마지막을 생각하는 일을 불편하고 침울하게 여길까? 죽음이란 문제를 다루는 가장 확실한 방법은 우리 죽음이 자신과 상관없다는 태도를 단호하게 버리는 것이다. 우리의 삶이 언젠가 끝나는 건 당연한 진실이다. 하지만 우리는 아직 인생의 한가운데에 있다. 그렇다면 벌써부터 우리의 유한성을 곱씹을 필요가 있을까? 우리가 나중에 실제로 죽게 되더라도 죽음을 걱정할 필요는 없다. 이승에서의 삶이 끝났다고 아쉬워할 '나'는 그때 없기 때문이다. 그렇다면 우리 자신의 죽음에 대해 완전히 무관심한 것만이 합리적인 태도가 아닐까?

기원전 3세기의 그리스 철학자 에피쿠로스(Epicouros)도 같은 생각을 했다. 그는 「메노에세우스에게 보낸 편지」에서 자신의 마지막을 줄곧 놓쳐버리는 순간으로 묘사한다(여기서 에피쿠로스가 말한 것은 자기 죽음에 국한되며, 사랑하는 사람이 떠난 뒤에 혼자 남겨지는 것에 대한 두려움은 별개의 문제다).

죽음은 모든 재앙 중에서 가장 두렵고 떨리는 재앙이지만, 우리에게는 아무것도 아니다. 우리가 살아 있을 때는 죽음이 우리 곁에 와 있지 않고, 죽음이 우리 곁에 와 있을 때는 이미 우리가 존재하지 않기 때문이다. 그러므로 죽음은 산 자들과도 죽은 자들과도 관계가 없다. 왜냐면 살아 있는 자들에게는 죽음이 아직 오지 않았고, 죽은 자들은 이미 존재 하지 않기 때문이다.[21]

이처럼 에피쿠로스는 본인이 죽는 건 자신이 상관할 바가 아니라고 생각했다. 물론 그의 주장에도 분명한 약점이 있다. 예를 들어 죽음을 고대하는 사람에겐 죽음이 자신과 연관된 일이다. 너무 아픈 나머지 제발 죽어서 고통에서 벗어나길 바라는 사람이 있다고 가정해보자. 이 사람에게 "당신이 살아 있는 동안에는 죽은 것이 아니고 죽고 나면 더는 살아 있지 않으니 죽음을 걱정하지 마라"라고 말하는 것은 부적절할 수 있다.

그러나 우리가 죽고 싶지 않은데 왜 죽음을 걱정하느냐는 물음에 답할 때는 에피쿠로스의 주장이 꽤 유용하다. 나는 나의 죽음을 경험할 수 없으니 죽음은 확실히 내게 해를 끼칠 수 없고 당연히 내가 신경 쓸 필요도 없다. 이 사실이 조금은 위로가 되지 않는가?

경험의 차원에서 죽음을 두려워한다면(안전 고리가 풀릴까 봐 롤러코스터에 타지 못하는 것처럼) 에피쿠로스의 주장은 틀림없이 옳다. 우리는 죽음을 절대 경험하지 못할 것이기에 자기 죽음을 두려워하는 일은 부적절하다.[22] 경험이란 의식을 전제로 하는데 통상적인 정의에 따르면 죽음은 의식을 잃은 후에 다시 회복하지 못하는 상태이기 때문이다. 이런 점에서 죽음은 우리가 경험할 수 없는 사건이므로 자신의 죽음을 두려워할 필요가 없다. 사람들은 임종 과정(진정제를 투여하지 않거나 돌연사하는 경우)을 두려워하는 경우가 많다. 고통, 공포, 호흡 곤란, 혼미한 상태는 우리가 직접 겪어야 하고 우리를 죽음으로 내몰 수도 있는 증세이기 때문이다.

우리 모두 죽음을 향해 나아간다

그러나 중년기에 우리를 불안하게 하는 요인은 죽음에 대한 두려움, 즉 마지막 나날이나 순간에 대한 두려움이 아니다. 노년기에 자신의 종말이 더 가깝게 느껴지거나 질병으로 고통받을 때는 순식간에 죽음에 대한 두려움에 사로잡힌다. 반면 우리가 건강하고 활기찬 중년기에 있다면 하루하루 종말에 가까워진다는 사실, 즉 덧없음이 주는 고통과 점차 줄어드는 시간을 더 힘들어한다. 다시 말하면 대다수 중년층은 죽음 그 자체를 두려워하는 것이 아니라 자기 수명이 다해가는 것을 두려워한다. 이런 경향은 남은 시간이 충분하기는커녕 줄어들고 있다는 것을 인식할수록 더욱 두드러지게 나타난다.

박탈 문제

임대차 계약, 신문 구독, 도서관 출입증처럼 일상의 평범한 것들에 기한이 정해져 있는 것처럼 우리 삶에도 기한이 있다. 그래서 기한을 새로 연장할 수 없는 어느 시점이 되면 죽음이 이승의 계획을 방해한다. 죽음은 우리가 무언가를 계속 경험하는 일을 불가능하게 만들고 삶을 몰수해버린다. 삶은 항상 휘황찬란하게 빛나진 않아도 나름의 명암과 색조를 가지고 있으므로 생의 한가운데서 사는 것이 결코 지겹지 않다. 문제는 죽음이 이미 살아온 인생을 끝내는 데에 멈추지 않고 아직 살지 않은 인생을 저지하여 미래에 대한 어떤 가능성도 지워버린다는 것이다. 철학에서는 이를 '박탈(deprivation)'의 문제라고 한다. 죽음은 우리 의지에 반하여 상상할 수 있는 모든 형태의 미래를 앗아간다.[23] 죽음은 우리가 계속 살 가능성을 박탈하므로 우리에게 중대한 문제다.

중년에는 종종 일정이나 마감 기한이 압박으로 다가오더라도 인생은 아직 한창이고 오늘 불가능한 일이 내일은 가능할 수도 있다. 반면에 노년에는 남은 시간이 자꾸만 줄어드는 만큼 유의미한 목표와 계획이 함께 줄어든다. 반대로 중년에는 열망, 의도, 계획 등이 줄어드는 시간과 충돌한다. 그 충돌 때문에 우리는 이 시기에 유한성과 씨름하게 되는 것이다. 마흔아홉 살에 암으로 사망한 연극 연출가 크리스토프 슐링엔지프는 자신에게 남은 시간이 훨씬 빠르고 강렬하게 좁은 공간 속으로 빨려 들어가는 현실의 잔인함을 인상적으로 묘사했다.

> 내 생각에 최악은 미래에 애타게 바라던 꿈이 그저 꿈이고 모두 허구라는 겁니다. (…) 무언가를 생각하고 상상하고, 그것이 비록 나의 망상일지라도 그건 아주 즐거운 환각입니다. 그건 내가 행복하다고 인지하지 못하더라도 유효하죠. 이제 누군가가 마흔일곱 살이 되면 이렇게 생각해야 합니다. 살아 있다는 데 감사하고 날마다 마지막 날인 것처럼 즐기십시오. 아, 전부 쓸데없는 것들이구나![24]

철학사에서는 로마 시인 루크레티우스(Titus Lucretius Carus)의 '대칭 논증'처럼 인간의 유한성이 그리 나쁘지 않다는 주장이 반복적으로 제기되어 왔다.[25] 대칭 논증이란 죽음을 생명과 대칭적인 상태로 보는 것으로, 죽음은 우리가 태어나기 전 존재하지 않던 시절과 같다는 점에서 두려워할 필요가 없다는 논리다. 그렇다. 잘 생각해보면 우리는 언젠가 '더는 존재하지 않게' 될 뿐만 아니라 '아직 존재하지 않던' 시기도 있었다. 『롤리타』의 작가 블라디미르 나보코프는 자서전의 첫 구절을 이렇게 시작한다.

> 요람은 심연 위에서 흔들린다. 상식적으로 생각해보건대, 우리는 단지 영원이라는 두 어둠 사이 잠시 갈라진 틈을 통해 새어 나오는 빛과 같은 존재다.[26]

그러나 우리는 빛의 균열처럼 짧은 삶으로 나뉘는, 비존재 상태인 두 개의 암흑기를 완전히 다르게 평가한다. 대다수 사람은 출생 이전 자신이 살아본 적 없는 시간은 슬퍼하지 않는 반면 죽음 이후 더는 살아 있지 못하는 시간은 너무도 아쉬워 한다. 루크레티우스는 바로 이런 평가의 비대칭성이 정당하지 않다고 생각했다.

앞서 죽음이 우리 미래를 훔쳐가 버린다는 안타까운 사실을 말해주는 박탈 논증에 대해 이야기했다. 대칭 논증에 대응하여 우리가 탄생과 죽음을 완전히 다르게 평가하는 이유를 말해주는 것이 바로 박탈 논증이다. 탄생과 죽음이란 두 사건은 아주 다른 방식으로 영향을 끼친다. 탄생은 애초에 우리 삶을 가능하게 하고 얼마간의 행복을 보장하는 위대한 모험의 시작이다. 반면에 죽음은 삶을 파괴하고 엄격한 한계를 두어 어떤 시간도 지속되지 않게 한다.

중년 중 일부는 죽음이 아직 임박하지 않았음에도 이별의 그림자가 드리우는 것을 느낀다. 이들은 유한한 우리 존재의 수명이 다해가니 무슨 일이든 이미 늦었다고 여긴다. 이런 슬프고 절망적인 생각을 하는 사람이 있다면 돈을 많이 들여 훌륭한 상담가를 만나볼 필요가 있다. 살아온 세월 동안 꿈꾸던 것을 실현하지 못했는데 남은 시간마저 영원하지 않다는 사실을 깨닫는 것은 그만큼 파괴적이다. 우리에게 남은 시간이 영원하지 않다고 하면(젊을 때는 영원하다고 느끼기도 하겠지만) 똑딱거리는 시계가 더 위협적으로 느껴진다. 우리가 실제로 원하고 어쩌면 성취할 수도 있었을 인생을 살지 못했다는 사실이 두려움을 더욱 키운다.

미국의 정치철학자 로널드 드워킨(Ronald Dworkin)은 우리가 죽음의 그림자 속에서 산다는 말을 진부한 표현이라고 했다. "우리가 삶의 그림자 속에서 죽어간다"라는 말 역시 똑같은 진실이다.[27] 삶의 그림자는 지금까지 형성해온 삶의 윤곽을 드러내며, 그것이 죽음 직전에 우리에게 행복 대신 절망을 안겨줄 것이라는 두려움은 살아 있는 동안 결코 해결할 수 없다. 중년이 되면 우리는 자신을 자녀와 비교할 뿐 아니라 자신에 대한 자기 이미

지와도 비교하게 된다. 우리가 만든 자아상, 우리가 꾸었던 꿈이 패턴처럼 앞에 펼쳐진다. 우리는 현재 가진 자아상 이곳저곳을 늘리고 불필요한 부분을 잘라내 다듬을 수 있다. 그러다 어느 순간 벌어진 틈이 더는 메워지지 않아서 꿈과 자아상을 현실에 맞추는 선택지밖에 남지 않는다. 아주 씁쓸한 일이다.

우리가 원하는 만큼 성장하고 삶을 확장하고 만들어나갈 수 없을 때 현실과 자아상의 크기를 비교하는 일은 고통스럽다. 주어진 시간이 영원하다면 꿈에 그리던 모습으로 성장할 때까지 얼마든지 끈기를 갖고 새로운 힘을 낼 수 있을테지만, 시간이 부족하면 인내심이 바닥나 나중으로 미뤄두기만 했던 일을 결국 실행해야 한다는 절박감에 휩싸인다.

삶의 조력자, 죽음

20세기 초반 실존주의 철학의 근본 주제 중 하나는 자기 죽음을 깨우치는 데서 오는 절박성이었다. 실존주의 철학은 성공적인 삶에서는 자기 죽음에 관해 생각하는 일이 매우 중요하다고 주장한다. 삶을 죽음의 관점에서 생각하고 이를 통해 삶을 '주도'해야 한다. 이때 죽음은 삶의 조력자가 된다.

실존주의 철학의 선구자 마르틴 하이데거(Martin Heidegger)는 자기기만을 인생의 핵심 문제로 본다. 하이데거는 이 기만을 '비본래성(inauthencity)'이라고 칭한다.[28] 사람은 대개 '누군가'의 행동과 말, 관습, 기대, 사회적 역할 등에 자신을 맞추어 살기 때문에 '비본래적'이라고 할 수 있다. 하이데거는 우리가 이런 기만의 관계에서 벗어나 '본래성(autehnticity)' 즉, 자신의 한계와 직면하면서 삶의 의미를 창조하고 자기 운명을 책임지고 살아가는 방식을 되찾아야 선하고 가치 있는 삶을 살 수 있다고 말한다. 우리 모두가 필멸자라는 사실은 본래성을 되찾는 데에 도움이 된다. 하이데거는 우리가 필멸이라는 근본적인 종말을 심각하게 받아들여야만 현시점에서 자기 존재가 본질적으로 무엇인지 결정할 수 있다고 주장한다. 사람은 죽음을 향해 끊임없이 '달려가'[29] 자기 죽음을 인지한다. 그리고 이 인식을 계속 사고에 반영하므로 자기 죽음을 아는 일은 삶에 유용하다. 이를 두고 하이데거는 자아가 "그 자체로 존재한다"고 말한다.[30]

이러한 생각은 곧 우리가 자기 죽음과 관계를 맺을 때에만 진정으로 삶을 영위할 수 있다는 뜻이다. 하이데거는 자기 죽음에 대한 정신적 기대감이야말로 '성공인 삶의 조건'이라고 말한다.[31] 자기 인생을 잃어버린 일리치가 되지 않으려면 삶을 주도하며 자신의 가치에 맞춰야 한다. 이는 도덕적 의무가 아니다. 다른 사람의 기대에 맞춰 살지, 아니면 시간을 낭비할지 누구나 자유롭게 선택할 수 있다. 이 의무는 오히려 실용적인 의무의 문제, 즉 좋은 삶이 우리에게 소중하고 자아를 실현하도록 만들어준다는 생각에서 비롯된다.[32]

자기 죽음을 이처럼 긍정적으로 보는 관점은 죽음에 대한 공포를 없애는 것과는 전혀 상관없으며, 오히려 하이데거는 "죽음을 향하는 존재는 본질적 두려움을 품고 있다"고 했다.[33] 이는 결국 우리가 우리 자신을 영영 잃어버리느냐 아니면 우리 스스로 삶을 살아가느냐에 달려 있는 문제다. 그래서 우리는 언제 닥칠지 모를 죽음에 여지를 주지 않기 위해 죽음을 밀어내고 죽음으로부터 관심을 돌리거나 피하려 한다. 하지만 무의식적으로 남이 정한 대로 하루하루를 살아가는 것이 아니라 자신만의 삶을 살고 싶다면 이러한 두려움에 저항하고 '본래성'을 위한 결정을 내려야 한다.

하이데거는 우리가 살면서 항상 성공할 수는 없고 자꾸만 비본래성으로 기울 수밖에 없음을 인정한다. 하지만 이렇게 노력하는 것만으로도 인생은 깊이와 의미가 더해진다. 자기 죽음을 인지할 때 우리는 외부의 제약, 관습, 사회적 기대를 초월하여 스스로에게 진정 중요한 것을 깨닫게 된다. 비슷한 방식으로 19세기 중반 쇠렌 키르케고르(Søren Kierkegaard)는 시간의 흐름이라는 부정적인 지배를 긍정적인 것으로 재해석한다. 덧없음은 개인을 압박하지만 그 압박으로 인해 죽음과 관계를 맺고 자기 삶의 방향을 결정할 기회를 얻는다.[34]

앞서 에피쿠로스가 죽음이란 우리가 상관할 바가 아니라고 한 말의 배경을 생각해보면 오히려 인간이란 존재는 끝까지 '생각'하지 않으면 잘 이해할 수도, 잘 살아갈 수도 없는 존재임을 알게 된다. 한계(죽음 포함)를 망각하는 이는 자기 존재를 도박으로 내모는 위험을 감수해야 하는 것이다.

쇠렌 키르케고르와 마르틴 하이데거는 파토스(pathos)•에 애착을 보인 걸로 유명하다. 이들에게 파토스는 언제나 열정적으로 대담하게 나아가며 '자유에 대한 도전'을 받아들여 자신을 영웅처럼 새로이 구상하는 일을 의미한다.[35] 하지만 한편으로 우리는 아이러니한 단절, 놀이, 실험을 통해 자신의 행복을 찾고 유한성에 대한 불안을 떨쳐낼 수도 있다. 인생은 실존철학이 묘사하는 것보다는 훨씬 덜 극적이기도 하고, 어쩌면 그런 평범함 속에서 충만해지기도 한다.

다른 한편으로는 모든 것에서 일단 벗어나야 본래의 자아가 생긴다는 하이데거의 발상은 설득력이 떨어지는 면이 있다. 하이데거는 우리의 본래적 존재를 위해 개별적이고 틀림없는 결정, 즉 '가장 인격적으로' 자기만의 결정을 내리라고 요구한다. 관습이나 타인의 기대, '누군가' 할 일과 하지 말아야 할 일로 만들어진 껍데기를 깨고 나와 완전히 새로운 자신이 되어야 한다는 것이다. 하지만 극단적으로 말해 이런 생각은 우리가 이미 존재하며, 우리 존재는 우리를 대신해 타인이 판단한 사회적 맥락과 결정에 빚지고 있다는 사실을 오인한 결과다.

• 고대 그리스어에서 유래한 개념으로 감정이나 정서를 의미한다. 로고스(논리)와 에토스(윤리적 성격)와 함께 수사학의 설득 방법 중 하나로 꼽힌다.

하이데거는 이 점을 확실히 인지하고 우리가 사회적으로 엮여있음을 인정한다. 특히 중년은 삶이 진행될수록 완전히 새로 시작하는 게 더는 불가능하므로 삶에 대한 유화적인 태도가 필요하다. 이미 돌이킬 수 없는 인생의 사건을 많이 겪었고 때로는 기회의 창이 영영 닫혀버리기도 한다.[36] 예를 들어 이미 자녀가 있는 사람은 갑자기 자녀가 없던 '본래의' 삶을 살 수 없다. 최소한 다른 사람에게 막대한 비용을 내지 않는다면 말이다. 20대에 프로 테니스 선수 경력을 포기했다면 40대에 다시 선수 생활을 시작해도 예전처럼 성공할 가능성은 없다. 이미 본래 존재하던 방식이 있기 때문이다. 확실히 너무 늦어버린 것이다. 하지만 우리가 내린 결정으로 자기만의 삶을 찾을 수 있었기에 애석한 일은 아니며, 여러 면에서 안도감이 든다. 그렇다고 이 말을 별다른 일을 하지 말고 자기 존재의 경로에 수동적으로 머물다가 가라는 의미로 이해해서는 안 된다. 완전히 새로운 시작이라는 의미에서 완전히 다른 삶이란 언젠가는 더 이상 선택할 수 없는 것이다. 다른 삶은 다시는 최초의 역사를 써 내려갈 수 없는, 방향이 새롭게 바뀌어버린 삶일 뿐이다.[37]

우리의 유한성은 "현세의 이중생활"[38]과 같아서 사람들은 인생이 짧으니 한편으로는 서둘러야 한다고 생각한다. 중요한 계획을 너무 오래 미루면 정작 실현할 시간이 없을 테니 우리가 내면 깊숙이에서부터 원하는 것을 얻으려면 서둘러야 한다. 다른 한편 우리의 인생이 너무도 짧으니 매번 자신을 재발견하고 근본적으로 변화할 수 없다는 사실도 알아야 한다. 너무 짧은 인생에 새로운 관심사와 목표를 향해 나아가기엔 우리는 "마음만큼 빨리 또는 마음껏 멀리" 원래 껍데기를 벗어나지 못한다.[39] 우리는 살면서 과거에 우리가 창조하고 이룬 일에 자꾸 의존하게 된다. 그러니 이제는 더욱 마음대로 진로를 설정하지 못하는 삶에 진입했음을 인정해야 한다. 중년기에는 현재 자신의 모습에 대해 근본적으로 의문을 가지는 것이 거의 불가능하거나, 지금까지와는 다른 행동을 정당화한다 하더라도 큰 대가를 감수해야 한다.

어떻게 보면 실존주의 철학자들이 전개하는 유한성의 관점은 '죽음과 삶의 통합'을 과장된 방식으로 각색한 것이다. 죽음과 삶의 통합을 좀 더 쉽게 말하자면, 자신의 유한성을 깨달으면 충분히 중대한 결정을 내리게 된다는 의미다. 그러면 개인의 유한성은 일종의 볼록렌즈가 되어 자신에게 중요하고 얼마든지 시간을 투자해도 좋은 일이 무엇인지 드러내준다. 자신의 시간이 한정되었다는 사실이 분명해지면 내가 어떤 삶을 살아야 하는지, 중요한 일에 더 깊이 관심을 기울이는 법은 무엇인지 묻게 된다.[40] 자신의 유한성을 떠올릴 때 우리는 '본질에 집중'하고, '불필요한 것을 비우고 과도한 것을 흘려보내'는 정도의 주체성을 얻게 된다.[41] 하지만 이 주체성은 저절로 원하는 방향으로 발전하지 않는다. 그래서 인생이 짧다는 사실에 직면하면 얼어붙거나 허망함 또는 강박 상태에 쉽게 빠질 수 있다. 그러므로 인생이 짧다는 사실은 우리에게 시간을 현명하게 쓰라고 경고하지만 이를 보장해주진 않는다.

순간을 사는 이는 불멸이다

앞서 덧없음이 주는 두 번째 고통, 즉 빠르게 흐르는 시간 앞에서 우리가 더 이상 바라는 대로 삶을 채우지 못할 것이라는 근심을 언급했다. 인생은 짧고 시간이 얼마 남지 않았음을 안다면 우리가 정말 이루고자 하는 일을 향해 굳건하게 나아갈 수 있다. 로마 철학자 세네카는 『인생의 짧음에 관하여』에서 올바른 삶은 그 기간에 상관없이 결코 너무 짧지 않고 항상 충분히 길어야 한다고 말한다. 여기서 자신의 유한성을 인지하고 깨닫는 일이야말로 모든 선택지를 열어둔 채 그저 내버려두기만 하는 삶에서 벗어나 우선순위를 정하게 해준다.[42] 다시 말해 인생은 짧지 않지만 노력할 가치가 없는 일에 시간을 낭비하면 인생은 짧아진다. 세네카는 "미루는 것은 인생에서 가장 큰 손실이고, 다음 날을 낭비하는 일이며 미래를 가리키는 현재의 시간을 빼앗는다"라는 결론을 내린다.[43] 당연히 미래가 영원히 존재하는 것도 아니다.

이는 무한히 긴 수명이 매력적이라는 주장에 대한 반대 논증과도 연결된다. 만약 우리가 불멸한다면 아마 많은 일을 매번 미룰 것이다.[44] 우리는 어렸을 때부터 이 사실을 어느 정도 알고 있다. 어릴 때는 아직 우리 앞에 영원한 시간이 있는 것처럼 보이고, 내일은 결국 수많은 나날 중 또 다른 하루일 뿐이다. 우리가 불멸의 존재라면 무리해서 어떤 과제나 계획에 정성을 다할 이유가 있을까? 모든 일은 나중으로 미룰 수 있는데 굳이 기력을 소진할 필요가 있을까?

이처럼 무한한 삶은 많은 것을 쓸모없게 만들 것이다. 무엇이든 할 수 있는 여유가 있으니 오히려 소중한 인생의 일부를 쪼개 어디에 쓸지 결정할 필요가 없는 것이다. 그뿐인가. 시간 안에 무언가를 할 필요가 없을 뿐 아니라 자유도 사라진다. 시간의 제약만이 우리로 하여금 자신의 계획에 대해 책임을 지게 한다.[45] 쇠렌 키르케고르가 죽음을 "진지함을 가르치는 선생"[46]이라고 말한 것은 우리의 유한성 때문에 삶을 진지하게 살아가게 된다는 의미다. 인생은 너무나 빠르게 지나갈 것이다. 그러니 예전부터 실행하고 싶었던 결정을 지금 당장 내려보는 것이 어떨까?

인생의 절반을 지나 우리의 마지막이 아주 서서히 다가오고 있다고 해서 너무 위축될 필요는 없다. 오히려 죽음에 대한 새로운 관점은 인생이 영원하다는 착각으로 시간을 경솔하게 흘려보내지 않도록 도와줄 것이다. 자기 죽음을 예상하면서 너무 심각하지 않게, 그렇다고 너무 가볍지도 않게 올바른 방식으로 진지하게 받아들이면 죽음은 '삶이 주는 좋은 것들의 빛깔에 깊이를 더해주는 강화제'가 될 수 있다.[47] 자신의 유한성을 인지하면 이중적으로 강화가 일어난다. 실존적으로는 우리 존재로 무엇을

우리 모두 죽음을 향해 나아간다

하고 싶은지 질문하고 더 의식적으로 그 일이 가능하도록 구체화한다. 또 질적으로는 덧없는 삶의 본질이 분명해지면서 우리가 하는 일과 우리에게 일어나는 일을 점점 소중하게 여기기 시작한다.

앞서 언급한 덧없음이 주는 두 가지 고통을 정리해보자. 충만한 순간이 너무 아름답기에 붙잡고 싶다는 욕망에서 오는 고통과 실제 자신이 원하는 것까지 도달하기에는 촉박하다는 두려움으로 시간을 멈추고 싶다는 욕망에서 오는 고통이 있다. 두 가지 고통을 현명하게 다루는 법은 무엇인가? 첫 번째 고통에 대처하는 가장 좋은 방법은 미래가 아닌 현재를 바라보는 것이다. 회전목마가 곧 멈추리라고 생각하지 말고 한 바퀴 한 바퀴를 도는 즐거움에 몰입할 수 있다면 더 즐거울 것이다. 이는 결코 끝을 외면하는 게 아니라 유한성을 인지하고 현재를 실컷 음미한다는 의미다.

그러면 생각을 미래로 뻗치지 않는 대신 실존적으로 지금 이 순간에 빨려 들어가는 듯한 영원의 감정을 느낄 수 있을 것이다. 이는 일시성에 반대되는 영원성으로서 루트비히 비트겐슈타인은 이렇게 서술했다.

영원을 무한히 지속되는 시간이 아니라 비시간성으로 이해한다면 현재 속에서 사는 이가 영원히 산다고 할 수 있다.[48]

그렇다면 우리가 실제로 원하는 것을 제때 얻지 못하는 데에서 비롯한 두 번째 고통도 사라지지 않을까? 인생에서 중요한 건 계획한 일을 실현하고, 또 그 순간을 살아가는 것이기 때문이다. 이에 관해서는 5장에서 다시 다루겠다.

Chapter
3

후회 없이 살았다고 말할 수 있을까

당신은 중년이 되어 어떻게 여기까지 왔는지도 모른 채
갑자기 50대의 얼굴을 한 자신을 응시한다.
지난 세월을 돌이켜보면 당신이 살 수도 있었던
다른 삶의 영혼들이 보인다.
당신의 집에는 또 다른 당신이 될 수도 있었던
삶의 영혼들이 떠돌고 있다.[1]

_힐러리 맨텔

아니, 나는 아무것도 후회하지 않아요.
대가를 치렀고 지워버렸고 잊어버렸으니
과거는 신경 쓰지 않아요.[2]

_에디트 피아프

어스름한 밤에는 삶이 아무리 대담하고 웅장해 보일지라도 빛 속에서 바라보면 무미건조하게 보일 때가 많다. 이는 오스트리아의 시인 잉에보르크 바흐만(Ingeborg Bachmann)의 단편집 『삼십 세』에 등장하는 무명의 젊은 남성이 어느 날 아침 "놀랍고 새로운 능력", 즉 기억력을 갖게 된 경험을 말하는 부분이다.[3] 남자는 젊은 시절의 꿈을 아무것도 이루지 못했다는 사실에 환멸을 느낀다. 이제 막 서른 살이 되었지만 미래를 바라보기가 두렵다. 한때는 사방으로 길이 열린 듯했지만 이제는 "함정에" 빠진 것처럼 길이 막혔다고 생각한다.[4] 그는 "하루하루를 살아가며 (…) 위대한 남자, 등대의 한줄기 빛, 철학적 정신의 소유자 등 무엇이든 될 수 있다고 생각했던" 젊은 시절에 느낀 삶의 기쁨을 필사적으로 떠올린다. 그는 자신이 다리와 도로를 놓는 미래를 상상하고, "사회의 썩어빠진 목재 바닥에 불을 지르는 혁명가" 혹은 "지혜로운 게으름뱅이"가 되어 "기둥에 기대 음악을 듣고 책을 읽으며 (…) 먼 나라에서" 즐거움만을 좇는 모습을 열정적으로 상상했다.[5] 그는 비범한 인생 계획이나 대담한 꿈이 없고, 아직 개척하지 않은 시간이 많이 남아 있다고 생각한다. 무엇보다 남자는 자기 꿈을 구체적으로 실현해야 한다는 간절함이 없다. 대신 그는 일용직에 종사하며 언젠가 때가 오리라는 생각에 사로잡혀 하루하루를 보낸다. 하지만 세월은 무심하게 흘렀고 그는 "지치고 아무래도 상관없다는 마음에, 그리고 더 나은 방법을 몰라서" 정규직 제안을 수락하고 스스로 "사회적 함정"에 안주하기로 한다.

―

놓쳐버린 기회들

삶에서 모든 위기가 이렇게 극적으로 찾아오는 건 아니다. 무엇보다 요즘 세상에 서른 살은 인생이 너무 급하게 지나가 버려 함정에 갇혔다고 말하기에 너무 젊다. 하지만 중년이 되어 자신의 상황에 완전히 만족하지 못하는 사람이라면 한 번쯤 느껴봤을 감정이긴 하다. 왜 좀 더 일찍 온힘을 다해 끈질기게 꿈을 좇지 않았을까? 실패하거나 타인을 실망시키는 것을 그렇게 두려워하지 않았다면 나는 지금쯤 어디에 있었을까? 사람들은 인생을 돌이켜보면서 놓친 기회를 슬퍼하거나 자기 자신에게 불만스러워하기 쉽다. 아니면 성공하지 못할 걸 알고도 무의미한 일에 애쓰다가 귀중한 시간만 낭비했다는 생각을 떨치지 못하고 수치스러워할 수도 있다.

당연히 언제든 불만스러워하고, 놓친 기회를 아쉬워하고, 이미 내린 결정에 의문을 품을 수 있다. 모든 사람이 과거에 대해 같은 고민을 하며 사는 건 아니니까. 하지만 우리가 미래에 자신을 투영하고 과거를 그려보는 일 역시 인생의 일부다. 특히 이미 적잖은 길을 지나온 중년의 나이라면 특정 거리 안에서만 판단해야 하는 일이 많다. 모험을 할 만한 가치가 있었는가, 아니면 오판으로 인해 대가를 치르고 있는가? 고생한 보람이 있는가, 아니면 무의미하게 집착한 일이었나? 가장 이상적인 중년의 시나리오대로라면 씨를 뿌리고 노력한 대로 거둘 수 있었을 테고, 최악의 경우라면 청소년기나 성년기 초반에 저지른 실수를 책임져야 했을 것이다.

선택의 기회는 인생의 모든 단계에서 주어지기도 사라지기도 하지만 세월이 흐를수록 그 기회의 꾸러미가 점차 눈에 띄게 작아진다는 사실을 중년이 되어서야 깨닫곤 한다. 이는 특히 신체의 노화와 관련이 깊다. 특정 나이가 되면 엄청나게 높은 산을 오르거나 울트라 마라톤*에 참가하는 일은 단념하는 게 좋다. 늦은 나이에 부모가 되는 것도 마찬가지로 어렵다. 중년기에 아이를 갖는 일은 여성에게 상당한 희생이 필요하기 때문이다. 신체적으로만이 아니라 사회적으로도 나이를 먹는다. 젊은 사람들이 우리 세대의 뒤를 잇기 시작하고, 인재 교육 프로그램, 주니어 교수직, 인재 육성 제도 등은 특정 나이대만 지원할 수 있도록 연령 제한이 있다.

- 일반 마라톤 경주 구간인 42.195킬로미터 이상을 달리는 마라톤.

하지만 선택의 폭이 좁아지고 기한이 촉박하다는 느낌을 과장해서는 안 된다. 쉰 살에 완전히 다른 직업을 갖고 활기차게 사는 사람이 얼마나 될까? 예순에 불멸의 사랑에 빠지거나 일흔에 이민을 가거나 여든에 완전히 새로운 일에 관심을 가지기 시작하는 사람은? 다수는 아니어도 분명 존재한다. 스위스의 유명한 은둔자인 성 니콜라오 데 플뤼에는 예순 살에 아내와 자녀를 떠나 평생 기도하는 삶을 살았다. 그는 말 그대로 늦은 나이에 부름을 받은 자로, 당시 기준으로 보면 이미 노인이었다. 잉그리드 놀은 쉰여섯 살에 첫 소설을 출간했고, 이제 독일에서 가장 성공한 범죄소설가가 되었다. 여러 국가에서 대통령의 나이는 일흔 살 내지는 여든 살이 넘는다. 최소한 새로운 시작을 하기에 늦은 나이란 없는 것 같다.[6]

짐작건대 사람들이 열정에 차서 이런 이야기를 하는 이유는 그런 사례가 예외라는 사실을 은연중에 알기 때문이 아닐까. 특별한 것 없는 50대 중반 여성이 경연에서 훌륭한 목소리를 뽐내며 우승을 차지하는 오디션 프로그램은 예외적이기도 하지만 나이를 바라보는 경직된 시각에 의문을 제기한다는 점에서 매력적이다. 그러나 대다수 사례를 보면 하루아침에 성공을 이루는 모습은 찾기 힘들다. 도약하기 위해서는 좋은 타이밍을 기다려야 하기 때문이다. 쉰 살에 처음으로 중요한 배역을 맡은 여배우, 나이 일흔에 고위직에 오른 정치인도 수십 년간 하찮은 역할이나 별 볼 일 없는 직책에 만족하고 살았을 것이다. 성공 신화의 시작은 대부분 짜 맞춰지기에 제삼자의 눈에는 보이지 않을 때가 많다. 유명 인사가 자신이 살아온 이야기를 할 때는 늘 운이 좋았다며 겸손한 고백을 하거나 자기 내면의 소리를 확고하게 따라왔다는 식으로 말하곤 하지 않는가. 베르톨트 브레히트(Bertolt Brecht)의 시 구절처럼 성공을 향한 길에는 '태산 같은 수고'를 극복해야 하고, '수고로운 평야'가 우리 앞에 끝없이 펼쳐져 있다는 사실은 거의 언급하지 않는다.

우리 뒤에는 태산 같은 수고가 있고
우리 앞에는 수고로운 평야가 있다.⁷

―

아니, 나는 조금도 후회하지 않아요

모든 일에는 연습, 즉 시간과 지속적인 개입이 필요하다. 생의 한가운데에서 우리는 이 교훈을 받아들이고 때로는 쓴 약처럼 삼켜야 한다. 대기만성형으로 알려진 예술가, 작가, 과학자들은 이미 20대 때부터 그림을 그리고, 글을 쓰고, 수치를 계산해왔다. 인생의 덧없음을 생각하면 연습만이 완벽을 만든다는 통찰은 필연적으로 문제가 된다. 중년이 되면 모든 일에 때가 있다는 말을 하기가 참 어렵다. 많은 일을 하기에는 시간이 충분하지 않다. 독일의 속담 "어릴 때 배우지 않으면 커서도 영영 배울 수 없다"에는 어린아이가 제대로 된 어른이 되려면 제때 교육해야 한다는 뜻만 있는 게 아니라 후회의 원인까지 담겨 있다. 어릴 때 배우지 못한 것을 배우기에 어른은 안타깝게도 너무 나이가 들었다.

물론 모두가 정상에 오르고, 당당하게 연단에 서고, 회사의 임원이 되고 싶어 하진 않는다고 이의를 제기할 수 있다. 아마추어 극단에서 연기하며 완벽함만이 중요한 게 아님을 깨닫고 만족할 수도 있다. 권력, 인기, 명예에 그다지 신경 쓰지 않는 사람은 인생을 돌이켜볼 때 정상에 오르기엔 충분히 투자하지 않았음을 알고도 별로 불만스러워하지 않는다. 하지만 그러면서도 여유로운 삶을 추구하는 자기 성향을 더 빨리 인정하고 부모와 친구들의 기대에 부응하려고 스스로를 압박하지 않았다면 지금쯤 어떤 삶을 살고 있을지 의문을 품을 것이다. 결국 우리는 주체성을 찾고 독립적으로 사는 삶에 익숙해져야 한다.

중년에 울적해지는 이유가 소중한 시간을 쓰지 못하고 흘려보냈다는 깨달음 때문만은 아니다. 시간이 충분해도 나이가 들수록 변화하는 데는 비용이 더 많이 든다. 우리는 모두 중년기에 들어서면 이미 자기 정체성을 확립하여 어느 정도 촘촘하게 짜인 서사를 가진다. 좋게 말해 '이미 달성한' 인생을 벗어나기란 아직 어떠한 구속도 없는 젊은 시절에 자신을 재정비하는 일보다 훨씬 어렵다. 예를 들어 쉰 살에 한 남자와 사랑에 빠져 가족을 떠나는 아버지는 스무 살에 남자 친구와 동거했을 때보다 더 큰 저항에 맞서 싸워야 할 것이다.

중년기는 자신이 이룬 결과물을 돌아보는 시기다.[8] 자기 이야기의 클라이맥스를 쓸 수 있거나 이미 썼거나, 아니면 최소한 다시 써 내려갈 수 있는 인생의 단계다. 물론 다른 시기와 마찬가지로 중년에도 인생의 새로운 시작점 삼아 생산적인 이야기를 쓸 수도 있다. 하지만 지금까지 걸어온 길을 돌이켜보면 안정에 다다른 이 상태를 유지하는 게 현실적으로 최선인 듯 보이기도 한다.[9] 그렇게 생각하면 우리가 이루려 하고 갈망하던 것과 아직 우리가 품고 있으나 실현할 가능성이 점점 더 떨어져가는 꿈을 비교하면서 후회하고 실망하게 될 수도 있다.

이런 후회와 실망감을 쓸데없는 감정이라고 할 수 있을까? 혹은 이런 감정이 들 때 현명한 대처법이 있을까? 1960년 프랑스의 국민가수 에디트 피아프(Edith Piaf)가 아무도 흉내 내지 못하게 '알(r)' 발음을 굴려가며 "아니, 난 아무것도 후회하지 않아요(Non, rien de rien, non, je ne regrette rien)"라고 마이크에다 외치던 모습을 본보기 삼아야 할지도 모르겠다.

피아프에게 과거는 "전혀 상관없는(bien égal)" 일이다. 어쩌면 지난 일은 내버려두고 과거의 유령이 아닌 미래의 영혼에 어울리는 삶을 지향하는 피아프의 태도야말로 진정으로 행복해지는 길이 아닐까? 우리는 피아프를 조금이라도 닮아야 한다! 그러지 않으면 영국의 소설가 힐러리 맨텔이 멋지게 서술하듯이 당신의 생각은 당신이 구현할 수 있었던 대안적 존재들이 사는 유령의 집이 되어버린다.

후회 없이 살았다고 말할 수 있을까

당신은 중년이 되어 어떻게 여기까지 왔는지도 모른 채 갑자기 50대의 얼굴을 한 자신을 응시한다. 지난 세월을 돌이켜보면 당신이 살 수도 있었던 다른 삶의 영혼들이 보인다. 당신의 집에는 또 다른 당신이 될 수도 있었던 삶의 영혼들이 떠돌고 있다.[10]

우리는 자기 삶과 화해하고 차분하게 미래를 바라보는 대신 과거를 맴돌면서 자기가 절대로 가지 않았던 대안적 인생의 길을 마음에 품는다. 그러지 말자. 후회 없이 상상 속의 청구서를 정리하고 오래 묵은 쓰레기처럼 부정적인 기억을 치워버리고는 (에디트 피아프의 말처럼 "대가를 치렀고, 지워버렸고, 잊어버렸으니") 결국 잊어야 한다. 그렇게 비로소 중년의 부담을 덜고 자립적인 인생 후반기를 맞이함으로써 진정한 해방감을 느끼게 될 것이다.

―

스피노자와 니체의 후회

후회하면 위축되고 후회하지 않으면 자유로워진다는 생각은 철학자 바뤼흐 스피노자(Baruch Spinoza)의 사상이다.

> 후회는 미덕이 아니다. 즉 후회는 이성에서 나오지 않으며 오히려 행위를 후회하는 사람은 두 배로 비참하고 무능하다.[11]

이 말은 잃어버린 기회에 아쉬움이 가득한 이들을 향한 스피노자의 가차 없는 결론이다. 이들은 실수와 불행에서 최대한 빨리 벗어나는 대신 이미 일어난 일에 매달려서 '진작 알았어야 했는데, 더 잘했어야 했는데'라고 자책하며 더 큰 고통을 느낀다. 자책해봐야 이미 일어난 일은 바꿀 수 없다.

스피노자의 전기를 보면 그가 후회하지 말라고 주장한 것이 놀라울 정도다. 스피노자는 17세기에 포르투갈 세파르디* 집안에서 태어났다. 그는 스물세 살에 암스테르담에 있는 포르투갈인의 유대인 회당에 출입을 금지당했다.** 이로 인해 그는 유대인 공동체 구성원 누구와도 접촉할 수 없었고 그 어떤 지원을 받을 수 없었으며, 누구든 그의 집을 방문하거나 그가 쓴 글을 읽는 것도 금지당했다. 유대교 교리에 비판적인 의문을 제기했다는 이유로 눈 밖에 난 것이다. 스피노자는 예리한 분석으로 네덜란드를 넘어 전 세계적인 명성을 얻었지만 파문 이후로는 가난 속에서 거의 고립되다시피 살았다. 그는 광학 렌즈를 깎고 연마하는 일로 겨우 생계를 유지했다. 마흔네 살에 만성 폐렴으로 사망한 스피노자는 근대 초기에 가장 급진적인 철학자 중 한 명으로 역사에 남았다.

- 세파르딤이라고도 한다. 디아스포라 이후 이베리아반도에 정착한 유대인들의 후손.
- 케렘. 유대인의 징계는 다양하다. 네스파(nesphah)는 심한 책망, 니두이(niddui)는 훈계, 케렘(cherem)은 무기한 금지를 뜻한다. 특히 케렘은 끔찍한 저주이기에 평생 지속될 수도 있다.

스피노자 같은 사람이야말로 후회에 대해 너무도 잘 알지 않았을까? 종교 공동체의 신념을 거스르는 의심과 비판적 견해를 드러낸 그의 결정이 그를 외롭고 외면받는 사람으로 만들었다. 지적 정직성에 따라 틀린 것에 수긍하지 않았던 그는 대가를 톡톡히 치렀다. 이 철학자가 어떤 감정을 느끼며 살았는지는 알려진 게 거의 없다. 그러나 스피노자의 글을 보면 공동체에서 파문당한 후에도 자기 신념을 고수하며 어떤 경우에도 굴복하지 않았던 것을 알 수 있다. 이렇게 심각한 불의를 겪고도 용기를 잃지 않는 사람은 애초에 후회와 회한 같은 감정을 느끼지 않는다. 실제로 스피노자 철학의 핵심 사상은 정서의 노예로 살지 말고 우리의 열정을 이성적으로 설계하여 생산적으로 다루는 법을 찾는 것이다. 그러면 비탄에 잠기지 않고 삶을 긍정하며 살 수 있다.

물론 회한과 후회의 원인을 바꿀 도리가 없을 때 특히 대가가 혹독하고 치유하기가 어렵다. 하지만 실책을 바로잡을 수 있는 상황도 분명히 있다. 파란색 대신 녹색 스웨터를 구매한 걸 후회할 때는 교환하면 된다. 교육과정에서 탈락했거나 성급하게 약혼했거나 경솔하게 일을 그만두었을 때도 상황에 따라 돌이킬 수 있다. 적어도 실수가 분명하고 이를 바로잡을 수 있을 때는 후회가 분명 도움이 된다. 문제는 후회스러운 행동을 더는 바로잡지 못할 때다. 더는 되돌리지 못하는 일까지 한탄하는 것은 상황을 더 악화시킬 뿐이다. 이미 벌어진 일을 후회해봐야 상황을 바꾸지 못할 뿐만 아니라 그로 인한 부정적인 감정에까지 휩싸이게 된다. 최악의 경우 역경에서 벗어나 앞으로 더 개선할 방법을 찾기는커녕 자기 연민에 빠지고 만다.

피아프의 "아무것도 후회하지 않아요"라는 말이든, 후회하지 말거나 적어도 너무 후회하지는 말라는 스피노자의 말은 참 그럴듯하게 들리지만 항상 수긍하기는 어렵다. 우리는 이익을 얻을 기회를 놓친 경우만이 아니라 누군가에게 잘못을 저지르거나 타인의 정당한 권리를 침해했을 때에도 후회를 한다. 더 잘 알거나 잘할 수 있었던 일을 못 한 데서 오는 자책이 아니라 타인에 대한 도덕적 부채감인 것이다. 이때의 후회는 마치 과거의 유령처럼 우리의 발목을 붙든다. 스피노자도 이런 경우에는 불의에 대해 사과하고 가해자와 피해자가 다시 대등해지도록 보상해야 한다고 인정한다. 그가 후회가 부조리하다고 주장한 것은 그저 후회에 슬픔이나 절망이라는 감정이 필요 없다고 여겼기 때문이다. 스피노자는 잘못을 저지른 사람은 고통스럽게 후회하면서 자신의 부도덕한 행동을 악화시키기만 한다고 주장한다. 이런 사상은 후회할 여지를 주지 말라고 충고한 프리드리히 니체(Friedrich Nietzsche)에게서도 찾을 수 있다.

다른 사람에게 해를 끼쳤다면 더 이상의 불의로 갚지 말고 좋은 일로 보상하려고 노력하라. 그렇지 않으면 첫 번째 어리석음에 두 번째 어리석음을 더하는 것이다. 해를 입혔다면 선을 행하려고 노력해야 한다.[12]

니체와 스피노자는 과거에 대해 완전히 무관심하지 말라고 권고한다. 이들은 오히려 잘못을 인정하고 복구하라면서 죄책감에 시달리지 말라고 한다.[13] 그런데 후회감과 죄책감, 즉 자신의 잘못을 깨닫는 일을 과연 명확하게 분리할 수 있을까? 자기 잘못을 인식했다는 건 자신의 실수를 비판적으로 바라보고 양심의 가책을 느낀다는 뜻이 아닐까? 아이들이 다투고 어른이 중재할 때 잘못한 아이더러 먼저 사과하라고 하는 경우가 많다. 어린 시절 나도 사과하는 친구가 악수하며 히죽거리거나 똑바로 악수하지 않을 때 더 화가 났다. 우리가 원하는 건 사과하는 행동 자체가 아니라 자기 잘못을 인정하는 태도이기 때문이다. 만약 상사 앞에서 동료를 헐뜯고는 자신의 잘못을 인정하지만 후회하진 않는다고 말한다면 그 사과는 설득력이 없다. 그래서 우리는 후회하지 않으면 '죄의식이 결여'된 것이기에 잘못을 저지른 사람을 '비난할 충분한 이유'가 있다고 여긴다.[14]

따라서 누군가를 부당하게 상처주거나 공격했음을 인정하는 것과 잘못을 자책하는 것 사이에는 밀접한 연관이 있다. 그렇다고 지나친 후회는 금물이다. 후회로 망연자실하고 자기 비난에 빠지는 게 목적이 아니기 때문이다. 오히려 '후회로 인해 상처받고 갈가리 찢겨 짓밟힌' 사람은 실제 자신이 비난할 대상이 누군지 제대로 판단하지 못할 수 있다.[15] 하지만 잘못에 합당한 자책을 하는 것은 아주 적절한 태도다. 사실 사람들은 불편한 양심의 가책에서 벗어나기 위해 자신의 잘못을 정당화할 때가 더 많다.

스피노자도 인간이 실수를 충분히 자기 비판적으로 숙고하지 않는 경향을 매우 위험하게 여기고, 이성적으로 판단하고 행동하는 사람만이 후회를 피할 수 있다고 지적했다. 충분히 이성적이지 않은 '군중'이 두려워하거나 후회하지도 않는다면 어떨까? '끔찍'할 것이다. 반대로 후회하는 사람은 앞으로 '이성이 안내하는 대로 살고' 궁극적으로 자유로워질 수 있으니,[16] 후회는 자기 징벌의 효과도 있는 셈이다. 후회하는 이는 두 번 다시 같은 실수를 하지 않으려 하기 때문이다.

우리가 사랑하는 사람과 자기 자신을 충분히 아는지, 아니면 아직 갚지 못한 마음의 빚이 있는지 같은 의문은 언제든 우리를 신경 쓰이게 할 것이다. 이는 중년보다는 임종기에 나타나는 대표적인 질문이다. 영화나 소설에서 임종을 앞둔 사람이 처절하게 고백하듯이, 천국과 지옥을 믿지 않는 사람이라도 죽음 앞에서만은 죄책감에서 벗어나 깨끗하게 정리하고 싶을 것이다. 에디트 피아프의 노래를 입가에 머금고 죽는 것, 그의 노래 가사대로 자기 자신과 자기 삶을 완전히 받아들이고 무엇보다 죄책감에서 해방되기를 바라는 것은 추구할 가치가 있는 생각이다.

후회와 회한의 차이

생의 한가운데에서 지난 시간을 돌아볼 때 어떤 생각이 드는가?

주로 자기 인생의 결정과 전환점에 관한 고민들이 떠오를 것이다. 당시 다른 전공을 선택했더라면 좀 더 나은 자리에 있었을까? 바람을 피워 오래 맺어온 관계를 파탄에 이르게 한 것이 커다란 실수였나? 부모님이 더 늙고 노쇠해지기 전에 과감히 했어야 했던 말이 있는가? 무엇보다 내가 과거를 되짚는 방식이나 그 과정에서 생기는 감정을 현명하게 처리하는 방법은 무엇인가? 더 현명하고 용감하고 능숙하게 행동하지 못해서 스스로 실망하고 후회하는가? 아니면 놓쳐버린 기회를 자연스럽게 받아들이고 자기 자신에게 만족하는가?

이처럼 자기 삶을 돌이켜보면서 좀 더 발전된 생각을 하려면 몇 가지 개념부터 재정립해야 한다. 지금까지는 '회한'과 '후회'가 같은 의미로 사용되었다. 독일어에서 이 두 단어는 모두 정서적이고 인지적인 요소를 포함하기에 개념상 명확하게 구별되진 않는다. 우리는 이미 실행한 일을 부정적으로 평가하거나 회상하는 일 자체를 고통스러워한다.[17] 여기서 회한은 후회보다 좁은 개념으로서 자신이나 타인에게 부정적인 상황을 미리 막을 수 있었던 경우에 뉘우치고 한탄한다는 의미로 쓴다. 우리는 도덕에 어긋나는 행위나 철학에서 말하는 '신중한 실수'를 저질렀을 때 현명하게 처신하지 못했거나 자신의 안녕에 반하게 행동한 것에 '회한'을 느낀다. 예를 들어 좋아하는 밴드의 콘서트에 꼭 가고 싶다면 티켓을 미리 예매해야 하지만, 콘서트 티켓이 이미 매진되었다면 내가 신중하지 못했던 것에 회한을 느낀다. '어

떻게 내가 이런 기회를 놓칠 수 있지?'

이처럼 회한이란 단어를 가장 합리적으로 설명하려면 개인의 책임을 반드시 언급해야 한다.[18] 반면 우리가 통제 못 하는 일은 '후회'한다. 방학이 끝난 뒤에 또는 이웃집 고양이가 죽은 뒤에 우리는 후회를 하지, 회한을 느낀다고 말하는 것은 적합하지 않다. 예를 들어 친구가 내가 여는 파티에 오지 못한 것을 후회하듯이 다른 사람의 행동에 대해서도 후회한다고 표현하지, 회한한다고 하는 것은 개념상 말이 안 된다.

사람들은 후회한다는 말을 쉽게 한다. '후회'가 '회한'보다 더 넓은 개념을 포괄하기 때문이다. 나는 시험을 제대로 준비하지 못해서 불합격한 것을 후회하고 회한할 수 있다. 사실 회한은 후회보다 내적인 의미이므로 더 극적으로 들린다. 친구의 접시에 놓인 피자를 보고 내가 라사냐를 선택한 것을 후회하듯이 평범한 일에도 후회는 따를 수 있다. 마찬가지로 누군가가 나를 믿고 털어놓은 비밀을 누설해버렸을 때처럼 심각한 일에도 후회할 수 있다.

3장에서 중년을 되돌아보는 과정을 설명할 때 '회한'과 '후회'라는 단어가 모두 쓰였다. 앞서 말했듯 '회한'은 부정적인 평가가 통제 가능한 행동과 연관되는 경우에 쓰인다. 철학에서는 이를 '주체적 후회(agent regret)'[19]라고 한다. 주체적 후회는 타인의 행동이나 우리에게 그냥 닥친 일과 달리 우리가 실행한 행동과 관련된 후회다. 회한과 후회를 어떻게 평가하느냐에 따라 주체적

후회 없이 살았다고 말할 수 있을까

후회를 다루는 방식이 달라진다.

우리는 시간이 흐른 뒤에야 이전에 다르게 행동하거나 결정했어야 한다는 결론에 이르고는 불만을 느낀다. 더 용감하거나 공정하거나 단호하지 못했다고 자신을 비난하며 두 번째 기회가 주어진다면 다르게 행동하리라 확신하는 것이다. 이미 지나간 일을 바로잡길 바라고 이미 일어난 일을 유감스러워하는 경우에는 '회한'이라는 단어가 더 잘 어울린다.

하지만 당신이 시기가 맞지 않고 훈련 시간이 너무 길어서 핸드볼 선수가 되지 못했다면 아깝기는 해도 그런 결정에는 합당한 이유가 있었다. 돌이켜봐도 옳은 결정이었지만 그래도 여전히 아쉬움은 남을 것이다. 그렇다고 자신을 비난하거나 자기 결정을 유감스럽게 여길 이유는 없다. 대개 하나를 선택하면 다른 많은 것을 포기해야 하는 것이 세상의 이치다. 이런 맥락에서 '후회'란 단어를 사용하겠다.

이렇게 개념을 구분하면 중년에 이르러 스스로 걸어온 길을 돌아볼 때 큰 도움이 된다. 잘못된 결정을 회한하고 자신을 비난할 근거가 있는지, 아니면 우리를 흥분시키는 것들을 받아들일 여유가 없어서 후회가 드는지에는 큰 차이가 있다. 앞서 바흐만의 단편집에 등장하는 30대 남성이 쓸데없이 시간을 보내버린 자신을 자책한다면 후회의 원인 중 하나다. 그가 꿈꾸던 대로 다리 건설업자가 되었다면, 그래서 쉰 살에 '혁명가' 내지는 '게으름뱅이'가 되지 못한 것을 후회했다면 그것은 또 다른 후회의 원인이다. 한 번에 모든 걸 이룰 수는 없기 때문이다.

소크라테스의 선택

뒤돌아보고 후회하는 것은 엄밀히 말해 이상하거나 위협적인 일이 아니다. 오히려 평생 이룰 수 있는 일보다 더 많은 것을 꿈꾸는 인간의 보편적인 습관 같은 것이다. 독일에는 '모든 결혼식에서 춤을 출 수는 없다'라는 말이 있다. 그 말처럼 산다는 것은 언제나 또 다른 매력적인 선택지를 포기한다는 의미다.[20] 욕망은 신념과 다르다. 서로 배타적인 두 가지 신념이 있다면 우리는 보통 그 사이에서 모순을 느끼고 전문가에게 도움을 청하며 그릇된 견해를 포기하는 식으로 괴로움을 해결한다. 예를 들어 IT기업인 메타가 마크 저커버그의 소유라고 믿는 사람과 일론 머스크의 소유라고 믿는 사람이 동시에 존재할 수는 없다. 두 견해 중 하나는 틀렸다. 둘 중에 어느 쪽이 옳은지 알면 우리는 다른 견해를 포기한다. 이것이 우리에게 요구되는 논리적 일관성이다.

그러나 욕망은 다르다. 휴가 때 런던에 가기로 했다고 해서 피렌체나 코펜하겐은 별로 가고 싶지 않은 것이 아니다. 그리고 이런 도시에서 쉴 시간이 부족하면 부족했지 충분하다고 후회하는 사람은 없다. 애석하게도 우리는 살면서 꿈과 계획을 모두 이룰 수 없고 가질 수 있는 것보다 많은 것을 원하는 것은 지극히 정상적이다.[21] 그러니 후회를 완전히 피하겠다는 건 지극히 일차원적인 존재로 살겠다는 말이나 다름없다.

플라톤의 대화편 『필레보스』에서 소크라테스는 이런 일차원적 존재를 폴립이나 바닷가재 같은 갑각류에 비유한다.[22] 소크라테스는 쾌락주의자인 아테네 청년 두 명과 함께 인간의 욕망에 대해 언쟁을 벌인다. 이 청년들은 인간이 추구하는 모든 것은 궁극적으로 쾌락으로 환원된다고 확신한다. 런던, 피렌체, 코펜하겐 중 어디를 여행할지 고민된다면 얼마나 욕구가 충족되는지 그 만족도를 따져보면 된다. 그렇게 모든 계산이 끝나고 나면 가장 행복할 것 같은 욕망을 따르는 것이다. 욕망이 충돌할 때의 해결법은 꼼꼼한 계산인 셈이다. 그러나 소크라테스는 쾌락주의자들의 이런 제안에 확신을 갖지 못한다. 일단 우리는 쾌락의 정도를 산술적으로 도출할 수 없고, 나아가 인간을 매료시키는 수많은 것을 사과와 배의 무게를 재듯이 서로 비교할 수 없기 때문이다. 도시로 휴가를 떠나는 문제는 어떻게 계산할 수 있다고 쳐도 우정과 사랑은 어떻게 비교하겠는가? 직업적으로 무언가를 성취했을 때의 기쁨과 일요일에 늦게까지 침대에 누워 있을 때의 행복감이 비교 대상이 될 수 있을까? 물론 저울질은 해볼 수 있다. 하지만 우리가 무엇을 결정하든 내면에서 또 다른 욕망이 계속 꿈틀대는 이유를 그저 아주 철저히 따져보지 않아서라고 하기에는 뭔가 부족하다.

무엇보다 모든 것을 서로 저울질해 결정하는 것은 바람직하지 않다. 인간은 내면에서 서로 다른 방향으로 이끄는 충동과 욕망이 부딪치는 복잡한 존재이며, 아이러니하게도 그것이 인간 삶을 흥미롭고 풍요롭게 하는 요소다. 우리가 폴립이나 바닷가재처럼 일차원적 존재가 아니라는 게 얼마나 기쁜 일인가! 우리는 배부르고 고통 없는 삶을 바라면서도 지속가능한 관계, 성취감, 미적인 만족감을 갈망한다. 세상을 돌아다니며 무언가를 보고 싶은 동시에 한곳에 뿌리내리기를 바라기도 한다. 사회적으로 인정받으면서도 독립성을 보장받길 원한다. 그러니 후회란 우리가 일생 동안 거의 혹은 결코 전부 실현할 수 없는 수많은 욕망과 집착으로 이뤄진 존재라는 사실을 깨닫는 데서 오는 부작용일 뿐이다. 우리에게 무한한 시간이 주어졌다면 바라는 것을 동시에는 아니더라도 순차적으로 실현할 수 있을 것이다. 하지만 삶은 우리 모두에게 유한하다. 작가 제임스 볼드윈의 말이 전적으로 옳은 것이다. "우리가 후회 없이 살고 싶고 때로는 전혀 후회하지 않는다고 자랑스레 주장하더라도 사실상 그런 일은 필멸자인 우리에게 불가능한 일이다."[23]

우리가 후회를 받아들여야 하는 더욱 중요한 이유가 또 있다. 휴가지, 집, 교육 방식, 배우자, 자녀 출산 문제 등에서 선택을 한다는 것은 인간적이고도 사치스러운 상황에 놓여 있다는 뜻이다. 어떤 사람은 아예 선택의 기회조차 없을 테니까. 때로는 모든 걸 가질 수 없는 현실이 후회스럽겠지만, 선택의 기회가 거의 없는 비참한 상황이 훨씬 더 슬플 것이다. 자유가 심리적 부담감을 불러오고 너무 많은 선택지가 오히려 자율성을 침해한다는 주장에도 불구하고[24], 선택의 기회가 아예 없는 고통보다는 선택하는 고통이 차라리 나을 것이다.

후회 없는 선택은 없다

그럼에도 너무 많은 선택지 속에서 좌절하거나 잘못된 결정으로 어려움을 겪을까 봐 꼼짝도 못 하는 경우라면 어떨까? 미국의 시인이자 소설가인 실비아 플라스의 자전적 소설 『벨 자』(1963)를 살펴보자. 주인공 에스더는 자신의 미래를 넓게 가지를 뻗은 초록이 무성한 무화과나무에 비유한다. 대학 졸업을 앞둔 에스더에게는 세상의 문이 활짝 열린 듯했지만 오히려 너무 많은 선택지가 그를 무력하게 만들었다. "가지 끝마다 매달린 탐스러운 무화과는 멋진 미래를 향해 손짓하고 윙크를 보냈다."[25] 에스더는 남편과 아이가 있는 가정, 유명한 시인, 훌륭한 교수, 편집자, 먼 나라 여행, 특이한 이름을 가진 연인 중에서 무엇을 선택할지 갈피를 잡지 못한다. "무화과나무의 갈라진 가지에 앉아 어느 열매를 딸지 정하지 못하고 배를 곯는 내가 보였다. 열매를 몽땅 따고 싶었다. 하나만 고르는 것은 나머지 모두를 잃는다는 뜻이었다." 에스더가 나중에 자기 결정을 후회할까 봐 두려움 속에서 망설이는 동안 무화과는 눈앞에서 하나둘 시들어간다. 젊은 에스더는 낙담한 채 결론 내린다. "남은 삶 동안 나는 서로 반대되는 것들 사이를 왔다 갔다 하겠지."[26]

에스더는 삶에서 올바른 결정을 내리기를 원했고, 그에게 올바른 결정이란 아무 후회도 없는 결정을 의미했다. 하지만 이 기준은 충족할 수 없다. 인생이란 때때로 개인의 욕구를 뒤로한 채로 다른 사람의 인정을 받기 위해 투쟁해야 하는 것이기도 하다. 정해진 하나가 아니라 다양한 것을 바라면서 즐거운 삶을 살려면 후회라는 쓰디쓴 약을 삼켜야 한다. 채우지 못하면 사라지지 않는다는 것이 바로 욕망의 아이러니다. 이를 깨닫는다면 후회감이 사라지지는 않더라도 우리 자신을 비난할 수밖에 없는 고통스러운 감정은 누그러질 것이다. 무언가를 후회한다고 해서 꼭 잘못된 것을 선택했다는 의미는 아니다. 그저 우리가 선택을 했기 때문에 채울 수 없었던 다른 욕망이 우리 내면에 남아 계속 빛나고 있을 뿐이다.

무화과나무 위에 있는 에스더에게 조언하자면 영원히 망설이기만 하는 건 좋지 않다. 그러니 용기 있게 무화과 한 개를 따야 한다. 첫째, 우리는 가능성의 인간에서 현실의 인간으로는 절대 변할 수 없다. 현실은 우리 주변에 널려 있는 온갖 선택지가 믿을 수 없을 정도로 쪼그라든 것처럼 보이겠지만 최소한 그것은 가능성이 아니라 현실이다.[27] 이에 대해 불교 승려 게시 샤오파는 다음과 같은 격언을 남겼다. "끝없이 번성하는 가능성은 상상의 영역일 뿐, 이를 통제하려 하지 말라."[28] 끝없는 번성이란 실제 숲이나 집 또는 지붕처럼 우거진 나뭇잎을 말하는 게 아니다. 상상의 영역은 지배하거나 형상화하거나 거주하거나 꾸밀 수 없다. 그러므로 현명한 사람은 주어진 기회 중 하나를 선택하고 잘못된 판단과 행동에 따르는 위험을 감수할 것이다.

둘째, 모든 선택권을 항상 열어두는 것은 피곤한 일이다. 대담하게 결정하면 삶의 윤곽과 색채가 뚜렷해지고 끊임없이 모든 것을 고민해야 하는 삶에서 벗어날 수 있다. 어떤 일이나 사람에게 최선을 다할 때 비로소 우리는 계획을 세우고 일정 기한 안에 과제를 추진할 수 있다. 이런 식으로 우리는 서사적 정체성을 구현하고 목표와 과제를 고수하며 성취해 나간다. 적어도 주체적인 사람이라는 정체성을 만들려면 최소한 일정 기간 동안 모든 것이 아닌 일부를 선택하고 이외의 것은 제쳐둘 수 있어야 한다.[29] 반대로 아무것도 후회하지 않는 삶은 아무런 결정도 하지 않는 삶이다. 어쩌면 이런 삶은 자기 인생이라는 인식도 없이 타인의 생각에 따라 혹은 닥치는 대로 살았던 삶일 수도 있다.

지금까지 이야기한 것이 스스로 잘못된 인생에 갇혔음을 깨달은 이들에게 소소한 위로가 되었기를 바란다. 하지만 우리가 모든 것을 가질 수도 없고 모든 욕망을 채울 수도 없다는 건 우리가 바닷가재가 아니라는 사실만을 나타낼 뿐이다. 또한 선택지가 있으니 선택지가 없는 것보다는 사치스러운 상황이라고 해서 나아질 것은 없다. 예를 들어 자신을 아주 불행하게 만드는 관계나 권태로운 직장생활에 갇힌 사람을 상상해보자. 그가 그런 관계를 맺고 그런 일을 하지 않았어야 한다고 말하는 게 옳지 않을까? 시간을 다시 돌릴 수 있다면 다른 결정을 할 테니까. 하지만 이 모두가 맞는 말이라고 해도 그가 후회하며 자신을 비난할 이유가 있을까? 아니면 그래도 스스로와 화해하고 지난날을 돌이켜보는 것이 가능할까?

이 결정이 무엇을 바꿀 것인가

그럼에도 자기 비난에서 벗어나거나 적어도 양심의 가책을 거부할 수는 있다. 이는 우리의 선택이 장기적으로 우리 관점을 바꾼다는 사실과 관련이 있다. 때로 우리는 선택을 함으로써 이전에 몰랐던 정보에 접근할 수도 있고, 극단적인 경우 완전히 다른 가치관을 갖게 되어 지금보다 일찍 다른 삶을 선택했어야 한다고 생각할지도 모른다.

간단히 말해 우리가 무엇을 좋아하는지 알려면 먼저 무언가를 시도해봐야 한다. 예를 들어 자기는 항상 캠핑을 좋아한다고 생각하는 사람이 있다. 그가 실제로 캠핑을 갔다. 막상 텐트 안에 있자니 딱딱한 바닥, 사방에 기어 다니는 벌레, 캠핑장의 시끄러운 음악 소리가 짜증이 나서 색다른 모험을 즐겨보겠답시고 주말에 호텔을 예약하지 않은 것이 후회된다. 어떻게 이런 오판을 할 수가 있었을까? 한밤중에 캠핑장을 찾았다가 집을 나온 것을 후회하는 데에는 그럴 만한 이유가 있다. 그렇다고 우리 자신을 비난할 이유가 있을까? 그저 캠핑이 뭔지 몰랐을 뿐인데.[30] 물론 캠핑 관련 정보를 더 잘 알아보지 않은 걸 후회할 수는 있다. 하다못해 집 정원에서 시험 삼아 텐트를 치고 자볼 수는 있었을 테니 말이다. 하지만 세상 모든 일을 미리 시도하거나 조사해볼 수는 없다. 그 당시 우리가 정당하게 결정했다면 이제 그 결정을 어떻게 느끼든 후회하는 건 부적절하다. 우리는 지식과 양심에 따라 최선을 다했고 그 이상 해내는 것은 불가능했으며 스스로 더는 기대할 것도 없었다.[31]

직접 해본 다음에 깨달아야 더 현명해질 수 있다. 이건 명백한 진실이다. 이마누엘 칸트(Immanuel Kant)가 이성에 찬사를 보내면서 언제나 판단력에 대해 이야기하는 것도 이런 이유 때문이다. 우리가 조용한 골방에서 아무리 치열하게 고민한다고 해도 결국 인생을 경험하고, 무언가를 시도해보고, 실패도 해봐야 더 현명하고 노련하게 미래로 나아갈 수 있다. 그러면 비로소 자신의 과거와 자기 결정에 대해서도 좀 더 관대해질 수 있다.

지나고 나서야 다른 선택을 했어야 한다고 생각하는 이유가 꼭 경험이나 지식의 부족 탓만은 아니다. 우리는 과거를 되돌아보고 당황하며 대체 무슨 생각으로 그런 결정을 했는지 자문해보곤 한다. 예전에 선호하던 것이 이제 와서 왜 낯설게 느껴지는 걸까? 지금의 달라진 입장과 신념이 과거를 보는 우리 시각에도 색안경을 씌우기 때문이다. 우리가 수년 전에 한 선택이 지금은 전혀 달리 보이고 다시 예전으로 돌아갈 수만 있다면 다른 결정을 할 것이라 여긴다. 이는 캠핑처럼 어떤 경험을 하지 못해서 그런 것이 아니다. 오히려 너무 깊은 인상을 남기는 경험은 개성을 변화시키며, 이로 인해 새로운 취향과 가치관이 생겨난다. 그렇게 좋아하던 것들이 대체되는 것이다.

때로는 경험이 우리를 너무 포괄적으로 변화시켜서 태도를 180도 바꿔버리고 그 태도에 기반해 다른 결정을 하게 한다. 이는 인디애나대학교 철학 교수 로리 A. 폴(Laurie A. Paul)이 '변혁적 경험(transformative experience)'이라고 이름 붙인 개념이다.[32] 변혁적 경험을 잘 설명해주는 문학 작품이 바로 1886년 출간된 프랜시스 호지슨 버넷의 소설 『소공자』다. 이 소설에 나오는 할아버지는 처음에 아이들을 좋아하지 않았지만 어린 소년이 할아버지의 완고한 마음을 공략해서 온 가족을 행복하게 만든다. 손자와 함께 사는 경험은 할아버지의 취향을 완전히 바꿔버려서 할아버지는 과거를 돌아보며 자신이 왜 그렇게 아이들을 싫어했는지 도무지 이해하지 못한다.

『소공자』와 달리 비극적인 사례에서는 변혁적 경험의 결과물이 그다지 낙관적이지 않을 수 있다. 예를 들어 출산을 후회하는 여성들을 주제로 한 토론을 생각해보자. 사회학자 오나 도나스가 2015년 발표한 논문 「엄마 됨을 후회함」에 실린 설문조사에 따르면 엄마가 된 것을 후회하는 여성은 의외로 모두 자신이 얼마나 아이를 사랑하는지 명확하게 말한다. 그런데도 이들은 엄마가 되고 나서 자신이 겪은 경험에 비추어 또 아이를 가질지는 의구심이 든다고 했다.[33] 이 연구 결과가 발표된 이후 전 세계 여성들은 #엄마됨을후회함(#regrettingmotherhood)이라는 해시태그와 함께 금기를 깨고는 엄마들이 얼마나 자기 본분에 발목이 잡혔다고 느끼며 엄마가 된 것을 후회하는지 공개적으로 언급했다.[34]

이처럼 변혁적 경험은 인식론적(epistemological)이거나 개인적(personal)인 측면에서 변혁적이고 종종 두 가지 측면이 결합되어 있기도 하다. 인식론적 측면에서 변혁적 경험은 경험하기 전에는 알 수 없던 사물의 모습이나 느낌의 정보를 제공한다. 개인적인 측면에서는 우리의 가치 체계, 즉 취향, 욕구, 가치 등을 변화시킨다. 그래서 변혁적인 경험을 하고 나면 오히려 선택할 때 통찰력이 반으로 줄어든다. 경험이 어떤 느낌일지는 물론, 나중에 경험을 떠올릴 때 어떤 느낌일지도 모를 뿐만 아니라 경험이 우리 가치 체계와 자기 자신을 어떻게 변화시킬지도 알 수 없기 때문이다.[35] 다시 말해 결정 당시의 지식에 비추어 올바른 결정을 했으므로 나중에 돌이켜보더라도 잘못 결정했다며 후회하는 일은 있을 수 없다. 우리가 한 일을 후회할 수는 있어도 그게 자신을 비난할 근거는 안 된다는 의미다.[36]

이런 식으로 생각하면 우리 자신과 과거를 좀 더 부드럽게 바라볼 수 있고, 스스로에게 너무 엄격하지 않게 자신을 더 잘 이해할 수 있는 관점이 생긴다. 시간이 지나고 나서 우리를 더 잘 알게 해준 경험에 감사하게 되는 것이다. 자신을 삶에 맡기고, 결정을 내리고, 경험에 비추어 과거를 돌이켜볼 용기를 가질수록 자신의 본질과 소중한 것이 무엇인지 분명해지는 법이다. 이제 우리는 바흐만의 소설에 나오는 30대처럼 "등대의 한줄기 빛, 철학적 정신의 소유자"[37]가 되길 꿈꾸지 않는다. 대신 뭔가를 시도해보는 것이 어떤 느낌인지를 알고, 어떤 경험은 그냥 놓아줄 수도 있게 되었다.

무언가를 놓을 수 있다는 것은 주체성의 문제로 이어지고 이는 무엇보다 인생 경험이 쌓인 결과물이다(4장에서 설명할 것이다). 인생에서 더 나은 결정을 하려고 골치 아프게 "해야 하나, 말아야 하나?"라고 묻는 건 별 도움이 안 된다. "혹시 나중에 후회하지는 않을까?"라고 묻는 것도 마찬가지다. 대신 로리 폴은 이런 질문을 던져보라고 한다. "이 결정이 나를 얼마나 변화시킬지 궁금한가?"[38] 이 질문은 끊임없이 변화하고 또 변화할 수 있는 인생을 열린 태도로 바라보게 한다.

―

죽기 전에 무엇을 후회하게 될까

경험이 지닌 변혁적 위력을 알고 나면 후회가 예상되는 일을 할 때 좀 더 신중해지게 된다. 이는 제프 베저스를 포함한 기업가들이 활용하는 전략이기도 하다. 쉽게 말해 여든 살의 내가 무엇을 후회할지 예상하면 오늘 더 나은 결정을 할 수 있다는 것이다.[39]

하지만 경험이 나를 어떻게 변화시킬지 모르는데 오늘의 결정을 후회할지 말지는 어떻게 알 수 있을까? 지금까지 살펴본 바에 따르면 예상되는 후회가 인식론적으로 얼마나 위력을 지닐지는 불분명하다.[40] 또한 후회 없는 삶이란 가능하지도 않고 바람직하지도 않다. 어떤 결정을 내릴 때에는 반드시 충족되지 못한 욕구가 따를 수밖에 없기 때문이다.

최근에는 죽음을 앞두고 삶을 바라보는 관점, 이른바 임종 관점(deathbed perspective)을 미리 연습해보는 일도 인기가 높다. 인생의 마지막에 가장 후회하는 것을 주제로 한 책이 매번 베스트셀러가 되기도 한다.[41] 이런 책은 대개 이렇게 경고한다. "당신의 시간을 낭비하지 말고 본질적인 것에 집중하세요!" 여기서 본질적인 것이란 당연히 명성, 돈, 권력이 아니라 건강, 우정, 가족 관계, 자연 체험 같은 것이다. 뭐, 맞는 말이긴 하지만 우리가 간과하기 쉬운 개개인 간의 상호관계는 고려하지 않는 것 같다. 예를 들어 이런 자기계발서들은 직장이 인간적 교류를 하며 사회적 인정을 받는 장소라는 점을 간과하고 일은 적게 하는 게 좋다고만 충고한다. 만약 죽어가는 사람이 오로지 가족과 친구를 위해 평생을 보냈다면 사회적으로 인정받지 못한 걸 안타까워할까? 이런 책들은 의사결정의 배경에 있는 제도적 틀도 무시해버린다. 예를 들어 물질적 풍요 자체는 대단한 선이 아닐지 모르지만 인생의 마지막에 꼭 해봐야 한다고 책에서 강조하는 일, 즉 자연 속에서 장기간 여행을 하거나 주말을 보내기 위해서는 일단 열심히 일해서 그럴 만한 여유를 갖춰놓아야 한다.

반면에 인생의 모든 선택지 앞에서 삶 전체를 그리며 자신의 유한성을 인식할 수 있다는 점에서 임종 관점은 도움이 된다. 사회심리학자 하랄트 벨처는 저서『나 자신을 향한 부고(Nachruf auf mich selbst)』에서 미래완료 시제로 현재에 접근해보길 제안한다.[42] "나는 어떤 사람이었을까?" 후회를 묻는 데서 나아가 자신이 어떤 사람이 되고 싶었는지 묻는 것이다. 배려심 깊고 여유롭고 온화하고 밝은 사람이 되고 싶었나? 아니면 음흉하고 무기력하고 고리타분하고 오만한 사람이 되고 싶었나? 장차 자신의 부고에 어떤 사람으로 적히고 싶은지 스스로 물어보라. 그게 20년 뒤에 내가 어떤 사람이 되었을지 모르면서 그저 후회할 일만을 상상하는 것보다는 통찰력 있고 유익하다.

자, 중간 결론을 내보자. 우리가 다른 사람에게 저지른 잘못에 대해 속죄하지 않는다면 과거의 망령이 죄책감이 되어 우리를 괴롭힐 것이다. 반대로 자기 행복에 영향을 주는 결정을 했다면 후회가 있더라도 적어도 자신을 가혹하게 비난할 이유가 될 수 없다. 대개 후회란 지금껏 누린 것보다 누리지 못한 것이 더 많다는 사실을 드러낼 뿐이다. 이런 인식이 후회감을 사라지게 하진 않으나 한층 온화한 태도를 갖게 할 것이다. 모든 것을 경험해볼 수는 없어도 꿈과 욕망이 넘쳐나는 편이 따분한 바닷가재나 욕망이 뭔지도 모르는 우울한 사람이 되는 것보다는 낫다.

때로는 삶이 우리를 너무 휘두르는 바람에 지금까지 걸어온 길이 갑자기 낯설어 보이고, 이 길을 왜 가는지 의문이 생길 수도 있다. 하지만 그때의 우리에게는 그게 최선이었기에 질책할 필요도, 탄식할 필요도 없다. 두 가지 통찰을 기억하자. 첫째, 후회는 수없이 많은 것, 때로는 모든 것을 원하는 인생의 배경음이다. 둘째, 경험이 우리를 변화시키므로 언젠가 실망하거나 진퇴양난에 빠지는 일은 피할 수 없다. 물론 이 두 가지를 가슴에 새긴다고 해서 우리 내면에서 난동을 부리며 어째서 더 나은 사람이 되지 못했냐고 묻는 망령을 완전히 입 다물게 하진 못할 것이다. 하지만 좀 더 너그럽게 그 망령과 공존해나갈 수는 있을 것이다.

-

후회는 진정한 가치를 드러낸다

과거의 망령들을 입 다물게 해도 어떤 것은 우리를 번번이 너무 집요하게 물고 늘어져서 위기로 몰아갈 것이다. 바로 잘못된 결정임을 뻔히 알고도 바로잡지 않은 것에 대한 후회다. 때로 우리는 무언가를 결정하거나 동의하는 찰나에 잘못된 길로 가고 있다는 것을 직감한다. 그러면서도 제안을 거절하거나 자기 생각을 말하거나 타인의 기대에 어긋난 행위를 하지 못한다. 그런 비겁한 결정을 하는 이유는 지식이 부족해서가 아니라 의지가 약하거나 의지를 관철시킬 힘이 없어서다. 결정적인 갈림길 앞에서 뭘 몰랐던 것이 아니라 그저 용기가 부족했던 것이다.

인생의 중요한 이정표가 자신의 신념이나 욕망과 일치하지 않으면 최악의 경우 마르틴 하이데거의 말대로 '비본래적' 삶을 살게 된다. 삶에 대한 자신만의 가치 척도와 생각 대신 타인이 정해둔('누군가가' 생각하고 실행해야 하는) 기준을 따르는 것이다. 이런 순응적 태도에는 두려움, 자존감 부족, 사회적 압박 같은 여러 이유가 있겠지만 어떤 이유도 과거의 결정을 정당화해주지는 않는다. 충분히 후회할 만한 일이다. 더 주체적이고 더 용감하게 삶을 개척하며 다른 사람에게는 덜 신경 썼으면 어땠을까 하는 아쉬움이 남는 것이다.

레프 톨스토이의 소설에 등장하는 이반 일리치는 자신이 추구할 가치가 무엇인지 자문해볼 생각조차 하지 않고 그저 사람들에게 잘 보이려고 노력하면서 흘려보낸 자기 삶을 후회한다. 일리치는 사랑보다는 신분 상승을 목적으로 자신과 결혼한 아내를 더는 참을 수 없었다. 게다가 일리치는 자기가 하는 일이 죄다 '공허해' 보였다. "2년, 10년, 20년이 지나도 똑같았다. 그리고 일을 계속할수록 활기가 사라졌다." 위독해진 일리치가 내린 결론은 쓰디썼다. "분명 사람들 눈에 나는 올라가고 있었어. 하지만 정확하게 그만큼씩 삶은 내 발아래에서 멀어져가고 있었던 거야."[43] 되돌아보면 그는 사회적 지위를 잃을까 봐 두려운 나머지 속박을 벗어나 자유롭게 살아갈 여지를 마련하지 못했다. 많은 사람은 사회적으로 인정받고 가족과 친구를 갖는 일을 대단히 중시하고 이 소속감을 위태롭게 하지 않으려고 부단히 노력한다. 그렇게 모든 행동이 뒤틀려버린다면 일리치가 낙담하며 인식하듯이 그건 '진짜'가 아니다.

> 높으신 분들이 옳다고 여기는 것에 저항하고 싶어 했던 한때의 희미한 충동, 그러나 머릿속에 떠오르자마자 곧바로 떨쳐내 버리곤 했던 그 충동만이 진짜이고, 나머지는 모두 잘못된 것일지 모른다는 생각도 들었다.[44]

사회의 인정을 받으려고 생각 없이 무리지어 다닌 사람이라면 누구나 후회할 이유가 있는 셈이다. 올바르고 진실한 존재로서 한 집단의 유능한 구성원이 되어 사회적 인정을 체험한 것이 아니라 괴짜가 되어 이미 정해진 타인의 기대에서 벗어나지 못하는 삶을 살았기 때문이다.[45] 두려움 없이 삶에 과감하게 뛰어들었다면 어떤 일을 할 수 있었을까? 불의를 저질렀을 때와 같이 (삶의 지혜와 연관된) 신중한 후회는 제삼자와 관련이 없다. 이 후회는 자신에게 정말 중요한 것에 기회를 주지 않은 자신의 무능력에 관한 것이다.

의지가 약해지는 순간은 앞서 언급한 변혁적 경험의 순간과 구분하기 힘들 때가 많다. 헨리크 입센의 희곡 『인형의 집』에 등장하는 노라를 떠올려보자. 노라는 자신의 충실했던 가정생활이 오로지 남편 토르발트를 위해 '고운 목소리로 우는 새'가 있는 감옥으로서만 존재하는 것을 깨닫는다. 그래서 노라는 남편과 세 아이를 떠나기로 한다.[46] 입센은 노라의 여정을 해방의 과정으로 묘사한다. 그는 남편의 전유물이 되는 것에 저항하고 오랫동안 내면에 씨앗처럼 품어왔음에도 사회의 배척이 두려워서 선택하지 못했던 삶에 마침내 도전한다. 결혼 당시 노라는 무엇이 자신을 기다릴지 전혀 알지 못했다. 중산층의 삶이 얼마나 비참할지, 상류 가정의 엄마이자 귀부인으로 사는 결혼생활이 얼마나 지루할지 상상도 못 했던 것이다. 그렇게 노라는 결혼생활을 통해 큰 변화를 겪으면서 이제는 다른 것을 소중하게 여길 줄 아는 사람이 되었다. 그러자 한때는 그렇게 화려해 보이던 삶이 결국 자기 꿈의 값싼 모조품처럼 보이게 되었다. 노라가 결혼을 후회하게 된 계기가 바로 변혁적 경험으로 인한 성격의 변화였다.

이처럼 우리는 때로 자신이 한 일이나 결정을 후회하곤 한다. 과거를 돌아보다가 자신이 너무 오랫동안 남의 장단에 놀아났고 우리를 억압하는 남의 생각에 종속되었다는 사실을 깨닫는 것이다. 그렇게 타인의 기대에서 벗어나 부당한 요구를 떨쳐낸다는 것은 곧 성장을 의미한다. 스스로 생각하고 '자기 목소리로 말하는 것'은 계몽주의의 모토이자 이상적인 '성숙'이며 성인기부터 평생에 걸쳐 달성해야 하는 과업이다. 어떤 사람은 중년에 삶의 유한성을 확실히 느낀 뒤에야 이 과업의 중요성을 인지한다. 일리치처럼 말년에 타인과 자신의 두려움에 평생을 끌려다닌 것을 후회하지 않으려면 늦었지만 이제라도 자신이 가는 길을 점검하고, 필요하다면 되돌아가거나 방향을 바꿔야 한다.

　스스로 놓쳐버린 경험뿐 아니라 사랑하는 사람이나 애착을 가지던 계획에 충분한 시간과 노력을 기울이지 않았을 때에도 우리는 몹시 후회한다.[47] 누군가를 사랑하거나 무언가를 진심으로 아끼는 것은 훗날 이들을 잃을지도 모른다는 걱정과 함께 때로는 과거 누군가에게 합당한 대우를 해주지 못했다는 두려움과도 맞물려 있다. 예를 들어 결정적인 순간에 친구 곁에 있어주지 못했거나 자녀의 첫 등교를 놓쳤거나 치매에 걸린 어머니와 개인적인 문제를 미리 논의하지 않은 일을 후회할 수 있다. 이렇게 고통스러운 상실감으로 인해 누군가가 얼마나 사랑스러웠고, 또 무언가가 얼마나 소중했는지 깨닫곤 한다.[48]

　그래서 여러 사건에 좀 더 관심을 보이지 않고 시간을 허비하거나 다른 일을 해버렸다는 후회는 그 자체로 인식론적 가치가 있으며, 우리가 정말 중요하게 생각하는 것을 보여준다. 심지어 자신에게 정말 중요한 것이 무엇인지 깨닫는 시점은 비극적이게도 그것의 상실이 임박했거나 이미 상실이 닥쳐왔을 때다. 때때로 후회는 계시의 순간을 내포한다.[49] 그리고 후회의 계시적 기능은 중요한 것들에 관심을 기울일 시간이 남은 지금, 중년의 당신에게 더 유용하다.[50] 한때 상상했던 넓은 정원이 딸린 꿈의 집을 실현하기는 어렵더라도 도심 속의 공동 정원을 가꾸는 일에는 참여할 수 있지 않을까?

　이반 일리치에게 이런 깨달음은 너무 늦게 찾아왔다. 그는 자신이 실제로 실현하고자 했던 것을 삶이 끝날 때야 알아차렸다. 일리치의 집에는 그 자신이 될 수 있었던 망령이 살고 있고 이제 이 망령이 그를 괴롭힌다. 실현되지 않은 기회라는 유령이 제때 춤을 추라고 요구할 때, 누군가가 자신의 또 다른 욕망과 충돌할 때 원래 삶에서 벗어나 새 인생을 살아갈 용기를 찾아낸다면 어떨까? 그럴 때 후회는 기독교의 '회개'처럼 결단력 있게 새로운 시도를 할 수 있는 삶의 열쇠가 되어준다.

—

불행은 행복에 도달하는 조건이다

생각해보면 모든 것을 정서적으로 정확히 한정시킬 수는 없다. 때로는 똑같이 매력적인 선택지나 여러 역할 중에서 선택해야 하므로 양가감정이 남곤 한다. 누군가가 자기 직무에서 충분히 만족스러운 경력을 쌓았어도 마음 한쪽에는 음악에 대한 열정이 남을 수 있다. 어떤 사람은 자녀와 함께하는 시간을 마음껏 즐겼으나 긴밀한 우정을 다지는 데는 소홀했다는 후회가 남는다. 앞서 살펴본 것처럼 후회는 과감하게 자기 욕망을 이룰 여지를 내주지 못했거나 누군가의 기대를 부당하게 저버리고 살아온 결과물일 수 있다. 그리고 때로 후회는 풍요롭고 흥미로운 삶의 이면에서 발생하기도 한다. 그 이유는 인간이 끌리는 모든 것을 다 실현할 수는 없으며 적어도 모든 것을 동시에 실현할 수는 없기 때문이다. 하지만 우선순위를 정했다고 해서 항상 만족하거나 실망하기만 하는 것은 아니다. 우리는 이루고 성취한 것에 기뻐하는 동시에 하지 못한 일에 탄식하는 양가감정을 느낀다.

살다 보면 쓰라린 실망이나 비극적인 사건을 받아들여야 할 때가 온다. 하지만 이런 유감스러운 사건 속에도 아주 좋은 일이 있을 수 있다. 이런 양면성은 인생을 특별하게 만드는 요소이기도 하다. 과거의 일을 후회하더라도 불행이 결국 행복에 도달하는 조건이었으므로 아주 절망할 필요는 없는 것이다. 이런 분열은 심오하고 더 혼란스러운 양면성을 낳는다.

양면성의 의미를 잘 알려주는 사례가 있다. 1998년에 스위스에어 항공기가 캐나다의 핼리팩스에서 추락하는 사고가 있었다. 이 사고로 만프레드 퍼터와 마농 볼프가 배우자를 잃었고, 이후 두 사람은 희생자 229명을 기리는 추모 행사에서 만나 서로 의지하다가 결국 부부가 된다.[51] 부부는 현재 행복하게 살고 있지만 핼리팩스 사고를 심히 유감스럽게 생각한다. 비행기가 추락하지 않았더라면, 자신의 배우자가 아직 살았더라면 좋겠다고 생각하는 것이다. 이 재앙은 두 사람의 현재 관계를 만든 '역사적 조건'에 속한다. 비행기가 추락하지 않고 사랑하는 사람을 잃지 않았더라면 두 사람은 만나지 못했을 가능성이 크다.

물론 이런 극적인 사례는 드물다. 그럼에도 우리 삶에는 양가감정을 느끼게 하는 비극적인 순간이 가득하다. 입학시험에는 불합격했지만 지금은 계획보다 훨씬 더 나은 직장을 다닐 수도

CHAPTER 3

있다. 새로운 진로 선택은 강제적이었으나 집착했더라면 불행해졌을 계획에서 결국 벗어난 것이다. '상황이 다르게 흘러갔더라면 좋았을 텐데'라고 생각하다가도 그럼 지금 자신에게 소중한 무언가를 단념해야 했을 것이기에 불평을 멈추게 된다. 때로 중년기에 인연을 맺은 부부의 경우 관계가 복잡해지는 이유도 양가감정 때문이다. 예를 들어 사별 후에 홀로 지내던 남자가 아내의 죽음을 계속 슬퍼하면서 새로운 상대를 만난다고 하자. 예전 배우자에 대한 슬픔을 수용하는 동시에 새로운 사랑의 감정을 믿는다는 것은 쉽지 않은 일이다. 누군가를 늦게 사귈수록 양가감정이 관계에 영향을 미칠 가능성은 높아진다.[52]

이러한 양면성은 항상 해결할 수는 없고 그럴 필요도 없다. 운명의 장난이 우리 계획을 방해하거나 사랑하는 사람을 앗아가면 당연히 슬프다. 이와 동시에 불행에서 생겨난 행복한 숙명에 기뻐하는 것도 옳다. 고통스러운 순간에 직면하면 어떤 사람은 극도로 긍정적인 사고를 하기 시작한다. 결국 이렇게 될 수밖에 없지 않았나? 어차피 모든 일은 항상 잘 풀리지 않나? 모든 고통엔 더 깊은 의미가 있고 운명을 있는 그대로 받아들여야 한다고 보는 것이다. 이런 심오한 양면성은 인생이 흘러가는 그대로 전부 긍정해야 한다는 갈망에서 나온 것으로, 인생에 비통한 순간도 있다는 점을 생각하면 무작정 긍정적으로 생각하는 것보다 더 정직하게 삶을 살 수 있다. 불행에서 좋은 일이 생긴다고 하면 상실이나 놓쳐버린 기회로 인한 고통도 더 견디기 쉬워지지만 그렇다고 불행을 없던 일로 만들 수는 없다. 불행이 없었던 것처럼 행동하는 사람은 결국 자신을 기만하는 것이다. 고통과 불행의 흔적을 삶에서 지울 것이 아니라 오히려 삶에 통합해야 한다.

슬퍼하고 자부하며 감사하라

인생에 파고드는 깊은 고통을(그런 고통이 있다면) 양면성이라고 잘못 표현할 때도 있다. 자녀를 잃은 부모나 사고로 하반신이 마비된 젊은 여성을 생각해보자. 두 사례 모두 끔찍한 불행이 없었다면 삶은 계속되고 어쩌면 긍정적인 방향으로 나아갈 수도 있었다. 이럴 때 인간이란 존재의 복잡성과 이리저리 구부러진 길의 다양성을 말하는 건 오히려 부적절하다. 피해자가 통제하지 못한 사건 때문에 낙담하거나 오래전부터 품어온 꿈이 자기 잘못이 아닌 일로 산산 조각 나버리면 원망하는 게 당연하다. 이때는 후회하거나 회한하는 것이 아니라 그저 우리에게 일어난 일과 우리가 영원히 빼앗긴 것을 애도해야 한다.

갑작스레 닥쳐서 삶을 찢어놓는 균열은 나이에 상관없이 가혹하고 정신적 혼란은 점차 심해지며 혹독하다. 중년기에는 이런 실존적 형태의 불행을 극단적으로 빠르게 겪게 된다. 이 시기에 우리는 어떤 사람이나 가정뿐 아니라 인생 전체를 지탱해온 삶의 방식을 모두 잃는 경우가 많기 때문이다. 하루아침에 한부모 가정이 되어 완전히 다른 직장생활을 하기도 하고, 40대 중반에 심각한 병을 진단받아 갑자기 남은 인생 계획에 쏟을 시간이 사라져버리기도 한다.

그래서 어떤 사람들은 경력이나 계획 또는 관계에 집착할 필요가 없다고 주장한다. 운명의 가능성을 열어둔 채 모든 일을 단번에 결판내려고 하지 않으면 모든 것을 재정비해야 할 때 오히려 더 철저히 대비할 수 있다는 것이다. 이건 사실이다. 예를 들어 수많은 인생 계획 중에서도 부모가 되는 일처럼 커다란 헌신과 참된 애정이 필요할 뿐 아니라 커리어의 변화를 필요로 하는 일들이 있다. 그런데 이런 일들은 시작했다가 갑자기 중단하게 되면 상실감이 더 커서, 자기 존재에 대한 의문을 품을 정도로 큰 고통을 겪게 된다. 어떤 사람은 자신의 정체성 전부가 흔들렸다고 여기고 어떤 사람은 사랑하는 사람에게 속았다고 믿으며, 중요하게 생각한 일에서 배제되거나 실패했을 때 자기 능력을 의심하기도 한다. 믿었던 모든 것이 갑자기 달라 보일 수도 있다. 이처럼 '중년의 위기'는 가던 길이 갑자기 중단되어 실존적 혼란을 겪는 것으로 나타난다(5장에서 이런 경험을 다룰 것이다).

그렇다고 체념만이 유일한 선택지는 아니다.[53] 슬픔, 회한, 후회도 우리가 성장하고 변화하는 계기가 될 수 있다. 어떤 관계가 끝나거나 계획을 포기해야만 하는 경우 공백이 생기고 우리는 그저 그 공백을 버텨야만 한다. 독일 작가 다니엘 슈라이버는 말한다. "뭔가 새로운 것을 만들어내려면 내 삶을 엮어낸 뜨개 조각의 코를 풀어야 한다."[54] 털실에서 뭐가 나올지 알 수 없더라도 말이다.

당신이 과거를 돌아볼 때 느끼는 감정이 후회, 회한, 슬픔뿐이 아니기를 바란다. 만약 그러하더라도 이런 체념의 감정에는 언제나 반대편이 존재한다는 것을 기억하자. 바로 행운에 대한 감사, 성취한 것에 대한 자부심이다. 잘되지 않은 일만 자꾸 떠올리다 보면 잘된 일의 진가는 너무 빨리 잊힌다. 이럴 때 나는 1927년 베르톨트 브레히트가 발표한 시「푸르른 나무에 보내는 아침 인사」를 떠올린다. 밤새 폭풍우 속에서 '술 취한 원숭이처럼' 심하게 흔들리는 나무는 다음 날 아침 해가 다시 떠오르면 자신의 가치를 깨달을 것이다.

오직 그것의 철저한 순응으로

오늘 아침에도 여전히 똑바로 서 있으므로. (…)

그렇게 높은 곳에 올라가는 건 결코 작은 문제가 아니었을 것이다.

높은 건물 사이로 그렇게 높이

오늘 밤처럼 폭풍우가 그대에게 닿을 정도로.

인내는 우리를 쑥쑥 자라게 하고 완고함은 갈등 속에서도 흔들리지 않게 한다. 생의 한가운데에 있는 우리는 폭풍우를 잘 이겨냈는지 자문해야 하지 않을까? 우리는 이미 한동안 인생의 행로를 걸어왔다. 그러니 우리가 증명해낸 굳건함에 자부심을 품을 만하다.

지금껏 이룬 것에 대한 자부심과 함께 이미 벌어진 불행에 대한 불만은 감사의 마음으로 다독여보자. 다행히 사랑하는 사람이 모두 죽거나 우리를 떠나는 것은 아니므로 운명에 마냥 슬퍼하고 격분하지 않을 수 있다. 사랑하는 사람들은 살아가고 다시 좋아지고 돌아오므로 우리는 안심하고 감사해도 된다. 인생이 너무 빨리 지나간다고 불평할 때도 마찬가지다. 하루하루가 지나간다고 해서 시간을 빼앗기는 게 아니라 더 충만해질 때도 있다. 그래서 슬픔에는 감사가 어울린다. 감사는 실천할 가치가 있고 생에 필요한 덕목이기에 더 나은 삶을 살게 해준다. 사람들이 사랑하는 사람을 잃은 슬픔과 고인과 함께했던 삶에 대한 감사를 부고에 모두 담는 이유가 바로 그것이다. 우리가 인생의 절반을 지나 마주하는 모든 혼란에는 회한과 자부심, 후회와 감사 등 여러모로 충만한 감정이 담겨 있다.

마지막으로 기억해야 할 것이 하나 더 있다. 대개 우리가 후회하게 될 선택을 했던 그 당시에는 어떤 효과가 나타날지, 나중에 자신이 어떻게 변할지 몰랐다. 현명하게 결정하지 못한 이유는 그것뿐이다. 지금껏 우리가 이뤄낸 많은 일은 현명하게 결정을 내렸거나 열심히 노력했기 때문이 아니라 우연과 행운의 결과물일 때가 많다는 점을 기억하자. 그리고 모든 면에 감사하고 겸손한 태도를 갖는 것은 우리를 온화하게 만들며, 고통과 행복을 함께 느낄 수 있는 충만한 삶을 열어준다. 다른 사람의 고통을 공감하고 받아들일 줄 아는 사람이 되는 것은 물론이다.

Chapter 4

오십은 과연 인생의 정점일까

나는 개인적인 경험 없이는
어떤 사고 과정도 불가능하다고 생각한다.
모든 사고는 문제에 대해 생각하고
또 생각하는 과정이다.[1]

_한나 아렌트

당신은 예전에 어떤 문제가 있었고
이제는 그 문제가 없습니까?
나는 내가 되고 싶었던 사람이 되지 못한 게
이제 두렵지 않습니다.[2]

_필립 샤푸이, 필명 ZEP

1949년 가을, 독일 사상계를 주도한 프랑크푸르트학파 철학자 테오도르 W. 아도르노(Theodor Adorno)는 자신의 근간을 뒤흔드는 유럽 여행을 떠났다. 미국 망명 생활을 접고 고국으로 돌아오는 첫 여행길, 그는 '유럽과의 재접촉'을 '압도적'이었다고 묘사했다. 이 경험이 얼마나 강렬했던지 아도르노는 호감을 느꼈던 여인에게 거절당한 일은 금세 잊었다. 철학자는 10월 28일 일기에 "아름다운 마그다 브루너"라고 적는다. "그는 분명 그 남자와 잤을 것"이라면서 마그다가 노르웨이 외교관을 분명 더 좋아했다고 생각한다. 아도르노는 "내가 그저 중년이라는 것과 연관된 사실들"에 관해서는 전혀 분노(르상티망, ressentiment)하지 않았다고 일기장에 적으며 자신의 소소한 패배를 슬쩍 숨겨버린다.[3]

–

사진 속 주름을 보정하듯이

인생의 절반을 지나고 나면 내려놔야 하는 일이 분명히 생긴다. 누군가의 이름이 금방 떠오르지 않고 외국어를 새로 배우는 일은 더 어려워지며 조깅할 때는 예전보다 더 자주 추월당한다. 여성들은 호르몬 변화를 느끼면서 가임기가 끝나는 것을 슬퍼하기도 혹은 자축하기도 한다. 머리카락이 빠지기 시작하는 남성들은 듬성듬성 빈 곳을 숨기기에 급급하고 누군가는 그냥 그 상태를 받아들여 당당하게 대머리로 다닌다. 건강에 문제가 없었을 때야 몸 상태에 별로 주의를 기울이지 않아도 되었지만 이제는 대다수가 체력에 한계를 느낀다. 테니스 선수 로저 페더러는 이미 마흔 살에 1,500경기 이상을 치르고 나서 프로 선수로서 경력이 끝났다는 사실을 받아들여야 했다. 그가 팬들에게 남긴 은퇴 메시지는 이랬다. "저는 완전한 몸 상태를 만들기 위해 열심히 노력했습니다. 하지만 제 몸의 능력과 한계를 알고 있으며 최근 몸이 보내는 신호가 또렷해졌습니다."[4]

중년의 많은 이가 페더러와 비슷하게 분명한 신호를 전달받고 있을 것이고 분명 그 신호를 환영하는 이는 드물 것이다. 최근 동갑내기 친구 하나는 시간이 아주 오래 걸리는 '신체 유지 보수(body maintenance)'란 취미가 생겼다며 우스갯소리를 한다. 처음으로 대장내시경 검사를 받고 피부에 일어나는 변화를 검사하며 무릎과 어깨 통증에 관해 전문의의 소견을 들었다는 것이다. 어차피 바꿀 수 없는 일에 굳이 분노를 품고 화를 낼 필요가 있을까? 나이 먹는 걸 부정할 수도 멈출 수도 없다는 사실을 알면서 자기 연민에 빠질 필요는? 우리는 결국 처음 숨 쉬는 순간부터 매일, 매시간, 심지어 매초 나이가 든다. 『속죄』의 작가 이언 매큐언은

"모든 나날과 시간 그리고 매초 모든 심장 박동은 기어 다니는 아이가 나이 든 여성이 될 때까지 디딤돌처럼 이어진다"[5]고 했다. 여성만이 아니라 모든 인간이 예외 없다.

이론적으로는 노화의 과정에 예외가 없음을 잘 알고 있으면서도 과거 우리는 꽤 오랫동안 지나간 삶의 세월을 알아차리지 못했다. 긍정적인 의미에서 세월의 흐름을 인지하는 경우는 대개 아이가 생일 파티에서 축하를 받으며 즐거워할 때 정도다. 아이는 생일 선물과 케이크를 받을 때마다 자유와 자기결정권이 조금씩 늘어난다. 내가 어렸을 때에는 늘 어른이 된 언니 오빠들의 삶을 선망했다. 학생이란 사실이 꽉 끼는 코르셋처럼 나를 짓눌러도 유치원생으로 되돌아가고 싶다고 생각하기는커녕 오히려 학교 운동장을 무심하게 거니는 어른들을 시샘하는 눈으로 바라봤다. 대다수 사람이 이런 감정을 느껴봤을 것이다. 어린 나이에는 대체 왜 사람들이 나이 먹는 걸 거부하는지, 대체 왜 '피터팬 증후군'이 생기는지 이해할 수 없었다.

안타깝게도 수십 년이 지나고 나면 우리는 점차 시간이 흐르는 게 불편해진다. 어린 시절 사진 속의 내 얼굴과 요즘 거울에 비친 내 얼굴이 확연히 달라 보여서 내심 움찔한다. 시몬 드 보부아르도 쉰 살이 된 자신의 초상화를 보고 충격을 받았다.

나는 거울에 비친 모습이 싫습니다. 눈두덩이 살은 위아래로 늘어지고 얼굴 전체에 살이 찐 데다 입가엔 서글픈 주름이 집니다. 나를 만나는 사람들에겐 나쁘지도 않은 상태인 쉰 살의 제 모습만 보일 겁니다. 그냥 그 나이대로 보이는 거죠. 하지만 예전의 내 모습을 떠올리면 이제 다시는 낫지 않을 고질병에 걸린 것 같습니다.[6]

요즘에는 사진 필터 기능을 이용하면 보부아르가 말하는 '고질병'을 보정할 수 있어서 어떤 사람은 멀쩡한 사진에서 미세한 변화마저 지우곤 한다. 그래봐야 늙는다는 사실을 겉으로만 속이고 숨기는 것일 뿐인데도 말이다. 시몬 드 보부아르는 나이를 두고 꿈속에서 가슴 위에 앉아 숨이 막히게 하는 '거대한 짐승'이라고 표현했다.[7] 중년이 되면 나이 들어가는 게 왜 그토록 부담스러운 걸까?

나이 듦을 질병으로 생각하는 사회

노화에 대해 이런 방어 기제가 생기는 이유는 뭘까? 쉽게 말하면 노화가 미적인 특성이기 때문이다. 많은 시대와 문화권에서 아름다움과 젊음은 밀접한 연관이 있다. 주름, 검버섯, 대머리를 없애는 미용 제품이나 성형수술 등은 근심 걱정 없는 젊은이의 세상에 속하고 싶은 욕망에서 비롯된다. 토마스 만의 단편소설 『베네치아에서의 죽음』에서 유명 작가인 구스타프 폰 아셴바흐는 베네치아에 도착한 순간부터 자신이 혈기 왕성한 젊은이인 것처럼 구는 관광객들을 비웃는다. 그러나 소년 타치오를 만나 매혹되면서 자신이 더는 청년이 아니고 해변에서 순진하게 뛰놀 나이도 아닌 것을 한탄한다. 아셴바흐는 나이가 자신과 자기 욕망의 대상을 갈라놓는다고 생각한다.

> 자신을 매혹한 어여쁜 소년과 마주할 때면 늙어가는 자신의 육체에 구역질이 났다. 하얗게 센 머리칼과 선명한 얼굴 윤곽을 바라보는 순간 그는 수치심과 절망감에 빠져들었다.[8]

아셴바흐가 찾은 이발사는 그에게 아첨하며 우리의 나이가 "우리의 정신과 마음이 느끼는 나이와 같다"고, 하얗게 센 머리를 그대로 두는 것은 "이를 거부하는 사람들도 있지만, 염색해서 교정하는 것보다 더 커다란 거짓이 될 수도 있다"고 말한다. 그리고 이발사는 묻는다. "선생님께서는 원래의 자연스러운 머리 색깔을 요구하실 권리가 있습니다. 제가 선생님의 머리 색깔을 간단히 돌려드려도 괜찮겠습니까?"[9] 아셴바흐는 흔쾌히 승낙한다.

여기서 아셴바흐의 '마음의 나이'는 무엇이고 어떻게 정하는가? 우리가 실제 나이보다 젊다고 느낀다는 말은 무슨 의미인가?[10] 때로는 이런 말이 불쾌감을 가려버리기도 한다. 우리가 부모님의 쉰 번째 생일과 그 시절을 떠올리면서 '나는 이 정도면 정말 잘 관리한 거지!' 하고 비교할 때가 그렇다. 여기서 '잘'이란 말이 무엇을 의미하든 상관없다. 1장에서 언급했듯이 인생의 각 단계에서 나타나는 통과의례와 행동은 실제로 많이 미뤄졌으며 더욱 다원화되었다. 많은 나라에서 수세대에 걸쳐 평균 수명이 늘어났고 대다수가 더 오래, 더 건강하게 산다. 할머니와 할아버지의 예전 모습을 보면 지금보다 더 젊은 나이에 더 늙어 보였다.[11]

하지만 이 같은 말에는 어떤 강박관념이 작용하고 있다는 의구심이 남는다. 자신의 인생이 얼마든지 바뀔 수 있다고 생각하면서 이미 인생의 절반은 셈을 마쳤거나 심지어 끝나버렸음을 부정하고 있는 듯하다. 대부분의 중년이 인정하길 꺼리지만 이런 기사 제목을 보면 내심 안도의 한숨을 쉴 것이다. "쉰 살은 새로운 서른 살이다!" 영원히 젊은이로 있다가 바로 노년기로 넘어가는 편이 더 나아 보일 정도로 중년기는 암울해 보인다.

2장과 3장에서는 중년에 대한 부정적인 이미지가 어디에서 나오는지 살펴봤다. 나이 들수록 자신의 유한성이 명확해지면서 무엇도 영원하지 않고 우리 역시 확실한 종말을 향해 가고 있다는 슬픔을 마주하게 된다. 이에 더해 상실까지 경험한다. 중년이 된다는 것은 기회가 사라지고 이미 때가 늦었다는 사실을 알아야 한다는 뜻이다. 그렇다고 영원히 서른 살에 머무는 것이 더 나은가? 중년을 건너뛰면 뭔가 결정적인 걸 놓치지 않을까? 중년기를 '최고의 시기'라며 떠들썩하게 선전하는데, 그렇다면 중년은 무엇을 약속하며 이 시기만이 품은 빛나는 매력은 무엇인가? 줄어드는 경험의 기회를 긍정적으로 확장하고 중년을 우리 인생에서 가장 자유로운 시기로 끌어올릴 방법은 무엇인가?[12]

전성기에 대한 철학의 생각

철학에서 중년을 충만한 시기, 한창때, '전성기'로 보는 시각에는 오랜 전통이 있다. 아리스토텔레스(Aristoteles)는 『수사학』에서 중년을 육체적으로는 30~35세, 정신적으로는 49세에 도달하는 전성기로 묘사한다.[13] 플라톤 역시 중년기에 관해 많이 언급한다. 인간의 판단력은 중년에 절정에 달하며 올바른 판단력은 중요한 일을 하는 데 꼭 필요하기 때문이다.[14]

이런 생각은 아리스토텔레스에게 윤리를 추구하는 것, 즉 목적론과 깊은 관계가 있다. 아리스토텔레스에 따르면 모든 것이 고유 특성이나 본질을 실현하려고 노력하며, 이를 성공해야 '선(agathon)'이다. 예를 들어 모험 소설은 독자를 사로잡아야 성공이다. 신발은 온종일 편하게 신을 수 있어야 좋은 것이다. 살구나무에 열매가 많이 열리면 우리는 이를 소중하게 여긴다. 아리스토텔레스는 사람이 자기 본질이나 고유 특성을 계발하는 일도 중시했다. 이 계발에 성공하는 사람은 자신에게서 최고의 것을 끌어내고 본질이 올바른 '좋은 사람'이다.

그런가 하면 성공적인 계발은 만족스럽고 행복한 삶, 즉 '에우다이모니아(eudaimonia)'의 필수 조건이다.[15] 아리스토텔레스 철학에 따르면 우리는 본질을 드러내고 내면에 잠자는 잠재력을 완전히 활용할 때 좋은 삶을 산다. 하지만 인격이 발달하기까지는 시간이 걸리고 일단 우리 스스로 최고의 형태로 성숙해야 한다. 그래서 중년기가 최고의 시기가 되기에 가장 손쉬운 출발점인 것이다. 청년기에 비하면 우리는 착실하게 인생을 보냈고 발전할 시간도 있었다. 그리고 노년기와는 달리 아직 긴 세월이 남았기에 우리가 그간 얻어낸 풍요로움을 활용할 기회가 있다.

행복한 삶이 개인의 계발과 관련이 있다는 아리스토텔레스의 사상을 잊지 말자. 결국 인간의 행복엔 안락의자에 눕거나 아무 걱정 없이 반쯤 졸고만 있는 만족스러운 경험만 줄지어 있는 게 아니다. 대다수에게 성공적인 삶이란 목표를 설정하고 자기 노력으로 달성하는 것, 즉 '스스로 무언가를 만들어내는 것'을 말한다. 쾌락뿐 아니라 안전지대를 벗어나 삶과 관계 속에서 성장하는 것이 얼마나 중요한지는 사람마다 다르게 생각할 수 있다. 이는 철학적으로도 논쟁의 여지가 있는 문제다. 그럼에도 좋은 삶이 개인의 발전과 관련이 있다는 사실은 최소한 어느 정도 설득력 있어 보인다.[16] 그러므로 중년기가 경험과 배움을 활용해 이익을 얻는 풍요의 시기라고 생각하면 여러모로 좋은 출발점이 된다.

그런데 아리스토텔레스에 따르면 인생에서 모두가 같은 발전을 이루는 것은 아니다. 그의 관점에서 행복은 오직 자신의 일생에서 본질적인 특성에 따른 선을 발전시키는 행위에 달렸다. 그래서 인간이 어떤 특별한 자질이 있는지, 어떤 본질을 갖고 존재하는지 스스로 의문을 가지는 게 아주 중요하다. 아리스토텔레스는 『니코마코스 윤리학』에서 그 질문에 대한 답을 펼친다. 그는 먼저 구획을 정한다. 동물이나 식물 같은 다른 모든 생명체와 구별되는 인간의 특징이 무엇인지 자문하고 그것이 곧 이성이라는 놀랍지 않은 답을 내놓는다. 이에 따라 인생은 이성을 갈고닦아 완성할 때 비로소 좋은 삶이 되며, 이는 곧 덕이 있는 삶이다. 덕이 있는 삶은 정의, 온순한 성품, 호의와 같은 성격상의 덕목이 확고한 도덕적 삶만 의미하는 것이 아니다. 지혜, 현명함, 예리함처럼 이성의 덕목이 계발되는 삶도 덕이 있는 삶이다.

아리스토텔레스, 중년의 미덕

덕 있게 행동한다는 것은 우선 어떤 특성을 '적절한 정도'로 표현한다는 뜻이다. 아리스토텔레스는 중용(memos) 즉, 양극단에 치우치지 않는 적절한 삶의 자세를 미덕으로 강조했다. 적절함의 척도를 수학에서 말하는 절반 또는 평균값과 혼동하지 말자. 여기서는 적절함의 이상을 구현하는 것을 말한다. 이를 잘 설명하는 개념이 바로 온화함(protes)이다. 아무리 거친 비방이라도 참고 견디거나 자신을 방어하지 않고 내버려두는 것은 온화함의 미덕이 아니다. 그런 사람은 자기를 변호하지 못하거나 스스로 얕보이고 있을 뿐이다. 존중받지 못할 때 분노하고 반항하는 것은 지극히 적절한 일이다. 반면에 하찮은 일에 흥분하고 사소한 일에도 심하게 화를 낸다면 이는 덕이 있는 게 아니라 유치한 것이다.

온화함의 미덕은 이런 상황에서 우리를 진정시키지만 그렇다고 모든 것에 무턱대고 동의를 요구하지는 않는다.

행동 방침과 대응 방식에서 정확히 어디까지가 중용의 덕인지, 구체적인 상황에서 무엇이 미덕인 행동인지는 공식도 없고 교과서에 나와 있지도 않다. 그러므로 궁극적으로 어떤 상황에서든 충고로 삼을 만한 실천적 지혜를 길러야 한다. 아리스토텔레스는 이런 올바른 선택을 하는 실천적 지혜를 '프로네시스(phronesis)'라고 불렀다. 프로네시스가 있는 사람은 덕과 강인한 성격을 갖고 특정 상황에 적절하게 반응할 수 있다.[17] 프로네시스를 습득하려면 한편으로는 좋은 환경과 유용한 본보기가 필요하고 다른 한편으로는 연습과 익숙해질 시간이 필요하다.[18] 그래서 중년이 특히 덕 있는 삶을 살기에 적합한 것이다. 우리는 이미 많은 경험을 쌓았고 다른 사람에게 배운 것이 있으며 각 상황에 적절한 방책을 몸소 체험했기 때문이다. 젊은 시절에 가졌던 조급한 성미는 다듬어졌을 것이며 성급한 판단력은 좀 더 단단해졌을 것이다. 동시에 이제 어떤 노력도 기울일 가치가 없다고 실망하거나 의기소침할 만큼 시간이 많이 흐른 것도 아니다. 아리스토텔레스는 『수사학』에 이렇게 썼다.* "장년기에 속한 사람은 청년과 노인의 중간에 속한 성격을 지닐 것이 분명하다." 전체적으로 말하자면 "장년은 청년과 노인이 각각 지닌 장점을 함께 갖고

- 그리스어로 쓰인 아리스토텔레스의 『수사학』 원전에서 중년기는 '장년기'로 표현된다.

있다."[19] 따라서 중년은 인생 경험을 통해 삶의 지혜를 얻고 인생을 굳건히 세우는 시기인 동시에 관용, 신중함, 인내가 그만한 가치가 있다는 사실을 이미 겪고 청년기의 오만함을 버리는 시기이기도 하다. 그래서 아리스토텔레스의 해석대로 중년은 극단에 치우치지 않는 법을 배워서 우리 스스로 최선의 형태로 성장 가능한 시기다.

지금까지 설명한 풍요로움이 다소 시시하고 원론적으로 들리더라도 아리스토텔레스의 윤리와 사상을 깊이 파고들면 더 직관적이고 밀도 있게 구체적으로 이해할 수 있다. 특히 좋은 삶에 대한 아리스토텔레스의 생각은 중년을 충만하게 만드는 데 큰 도움이 된다. 아리스토텔레스는 인간의 구체적인 선(우리가 좋은 삶을 살기 위해 노력해야 하는 것들)은 모든 인생 단계에서 똑같다고 한다. 인간에게 최선은 항상 자신의 이성을 현명하고 신중하게 사용하는 것이다. 그러나 이 점이 다섯 살배기 아이에게도 적용될까? 쉰 살 어른에게 좋은 것이 아이에게도 똑같이 좋을까?

아리스토텔레스는 전성기가 지난 노년층에게도 같은 질문을 한다.[20] 노년기에는 정말 더는 만족스러운 삶을 살지 못하는가? 아니면 인생의 후반기에는 젊은이에게 허락되지 않고 아리스토텔레스가 완전히 간과해버린 고유의 자질이 있는 것이 아닌가? 아리스토텔레스가 보기에 유년기는 무엇보다 거칠고 비이성적인 미숙함의 시기이며, 노년기는 한창때가 점차 끝나가는 시기다. 하지만 이런 견해에 대해서는 유년기와 노년기를 중년기 전후의 열등한 시기, 즉 '아직' 때가 되지 않았거나 '더는' 뭔가를 할 수 없는 시기로 볼 것이 아니라 오히려 다른 자질(quality)을 계발하기에 알맞은 시기로 봐야한다고 주장할 수도 있다. 성경에서 말하듯 모든 일에는 때가 있는 법이고 그때에 맞는 특정한 미덕과 악덕도 있는 법이다.[21]

모든 것에는 때가 있다

인생의 여러 시기에 각기 다른 다양한 잠재력이 있다는 개념은 유년기를 떠올려보면 바로 이해된다. 이상적으로 유년기는 상상력, 호기심, 감수성이 충만하고 아직 큰 책임을 지지 않아도 되는 홀가분한 시기다. 최근에는 좋은 유년기가 무엇으로 구성되는지 철학적으로 많은 고민이 이뤄지고 있다.[22] 유년기는 성인이 되기 전의 예비 단계일 뿐이라는 이미지에서 벗어나 실제로 아주 생산적인 일을 할 시기로 보인다. 아동기와 청소년기는 우리 50대가 때때로 부러워하는 자질을 지닌 시기다. 가끔은 어린아이처럼 꿈꾸고 남을 신뢰하며 열광하고 싶지 않은가? 우리가 어린 시절에만 부여하는 가치를 바탕으로 바라볼 때 어린이를 어린이답게 볼 수 있으며, 어린이가 너무 빨리 성인 세계에 적응하지 않기를 바라는 사회적 요구를 이해할 수 있다.

유년기처럼 노년기에도 특유의 자질이 있다. 최근 몇 년 새 인생의 마지막 단계를 깊은 내면의 평온과 주체성을 발견하는 시기로 재발견하기 시작했다.[23] 나는 노인이 발산하는 평온함에 항상 감명받는다. 굳이 더는 이룰 목표가 없고 경쟁에서 이길 필요도 없다는 데서 오는 내면의 평화와 평정심 말이다. 우리 힘이 약해질수록 다가오는 종말에 대한 관점도 그리 위협적이지 않을 것이다. 로마 철학자 키케로는 저서 『노(老) 카토(Cato Maior De Senectute)』에서 이미 노년기를 선견지명의 시기로 칭송하면서 이때 신중함과 침착함이 생기고, 심지어 완벽해진다고 했다.[24]

그러므로 유년기, 청년기, 성인기 초반이나 노년기를 각각 인생에서 뭔가 감퇴하는 시기로 설명하는 건 적합하지 않다. 이런 시기를 독자적인 자질을 갖춘 단계로서 그 자체로 유일무이하고 소중한 과정이라고 보는 것이 더 그럴듯하다. 좋은 유년기와 생산적인 노년기는 철학적 용어로 표현하면 '특수한 미덕'이 실현되는 때다. 어느 시기에는 미덕이었던 것이 다른 시기에는 그렇지 않을 수도 있다.[25] 어린이는 자신이 원하는 곳에 앉지 못했다며 소란을 피워도 관대하게 봐줄 수 있지만 청소년은 그렇게 해주기 어렵고 성인은 아예 용납받지 못한다. 오히려 노인은 오래전부터 유지해온 일상이 무너지면 불안해지기 마련이므로 공감하고 이해해줄 수 있다.[26] 이처럼 자기 의지를 관철하는 데에는 나이에 따라 적절한 방법과 그 이유가 있다.

신중함 같은 미덕도 인생의 모든 단계에서 똑같은 가치를 갖는 게 아니다. 진정한 '어른'이란 나이를 먹은 사람이 아니라 나이에 맞게 행동하는 사람이다. 이들은 어떤 일에 경솔하게 달려들지 않고 일단 내버려둔다. 어른은 그 자리에서 바로 불만을 터뜨리지 않고 흥분이 가라앉은 다음에 거리를 두고 대화를 시도한다. 반면에 아이가 불만을 참기를 기대하긴 어렵다. 당장은 넘어가도 며칠 뒤에는 갈등 상황이 다시 반복될 것이다.[27]

이쯤에서 조금 혼란스러운 사람도 있을 것이다. 나이에 맞는 행동이 있다고? 그럼 1장에서 비판했던 규격화된 계단 그림 인생 모델을 다시 받아들이자는 말인가? 그런 얘기가 아니다. 더는 현대의 다양한 인생 계획에 맞지 않는(어쩌면 결코 맞은 적 없는) 그런 식의 모델을 따르다 보면 독립해야 하는 나이, 운동화로 출근해도 되는 나이, 공공장소에서 키스하기에 적절한 나이 등을 지정하는 어리석음을 범할 수 있다. 특정한 단계에 해당하는 '미덕'이 있다는 말은 개인의 발달과 나이에 맞는 적절성이 있다는 의미다. 인생에서 아무것도 배우지 않고 사건을 통해 성숙해지지 않으면 우리는 영원히 어린아이로 남을 것이다. 그렇다면 철학적 의미에서 성숙한다는 것이 무슨 의미이고 경험을 통해 일상의 혼란에서 현명하게 빠져나온다는 것은 무슨 의미일까? 중년의 특별한 자질은 무엇이며 전성기의 충만함이란 무엇인가?

아리스토텔레스는 사물이나 존재의 뛰어난 특성을 규정하기 위해 그 핵심이 무엇인지 질문한다. 이는 인생의 다른 시기와 비교하여 중년만의 특징을 묻는 데 도움이 된다. 유년기, 청년기, 성인기 초반과 달리 중년기에는 좋든 나쁘든 이미 많은 경험을 쌓았고 실수에서 무언가를 배웠다. 성공은 축하하고 상실은 감수했다. 불의와 상처로 고통받기도 하고 고통을 주기도 했다. 다시 말해 우리는 인생에서 더는 초심자가 아니다. 오히려 중년의 가장 중요한 자산인 풍부한 '인생 경험'이 있다. 세월이 흐르면서 우리는 인생과 사람은 물론, 자기 자신을 더욱 잘 파악하게 됐다. 물론 항상 자신을 이해하지는 못하기에 가끔은 자기 기대에 못 미칠 때도 분명 있었을 것이다. 그러나 시간이 지나면서 자신에 대해 더 확신이 생기고 결국 '인식'이라는 두 번째 자산을 갖게 된다. 이 자산은 자기 강점과 약점과 취향을 알고 이 지식을 유익하게 사용하는 능력이다. 세 번째 자산은 '거리두기'다. 어린 나이엔 자신의 갈망, 노력, 실패를 상대화하기 어렵다. 젊을 때는 파토스와 열정에 고무되어 흔들림 없이, 때로는 무분별하게 삶에 돌진한다. 일단 어느 정도 인생 경험이 쌓여야만 많은 일을 관망할 줄 알게 된다. 그래서 중년에는 무언가에 쉽게 감명받거나 낙담하지 않는다.

물론 젊은 성인이나 노인에게도 인생 경험, 인식, 거리두기 같은 자산이 있을 수 있지만 이 자산은 중년에야 비로소 전성기를 맞이할 수 있다. 여기서 '할 수 있다'라는 말에 주목해야 한다. 인생의 정점에 있는 사람이라고 해서 당연히 인생 경험이 쌓이는 것도, 자신과 혼란스러운 일상을 인지하고 거리를 벌릴 수 있는 것도 아니다. 이러한 중년의 자산으로 자기 인생에서 결실을 보려면 스스로 부단히 연구하고 노력해야 한다. 언제나 '적절한' 방식으로 말이다. 노년기와 달리 중년기에는 비교적 여유로운 미래를 기대할 만하지 않은가. 그러므로 자기 인생 계획을 선명하게 하고 자유롭고 풍요로운 삶을 살고 싶다면 중년의 세 가지 자산, 경험과 인식과 거리두기를 적극 활용해보자.

인생 경험과 결정 지능

중년의 세 가지 자산 중 '경험'은 여러 의미로 해석 가능한 다채로운 면을 가진다. 철학에서는 대개 인식론의 차원에서 명확한 지식의 한계를 이해하기 위해 경험을 활용하나, 우리가 흔히 말하는 '인생 경험'이란 철학에서 거의 주목하지 않는 속세의 경험적 개념을 근거로 한다.[28] 인생 경험은 세계에 대한 이론적 지식에 초점을 맞추는 것이 아니라 세상 속에서 실제로 응용 가능한 방향성을 가리킨다. 세상을 이해하는 방법, 적절한 행동 요령, 보통 신뢰할 만한 것, 삶을 더욱 가치 있게 잘 사는 법을 알려주는 것이다. 나이가 들면 체력이 떨어지고 예전처럼 기억을 재빨리 떠올릴 수는 없지만 '경험의 무기고'[29]는 풍성하게 채워진다. 이 무기고는 정확히 무엇으로 채워지는가? 다시 말해 우리는 인생에서 무엇을 경험하는가?

 이 질문에 답하기에 앞서 개념적으로 지식과 경험은 구분해야 한다. 지식은 학교에서 가르치고 배울 수 있다. 지식을 배우려면 심리학에서 말하는 '유동 지능(fluid intelligence)'이 필요하다. 유동 지능이란 방대한 데이터와 사실을 저장하고 빠르게 떠올리는 능력으로, 사람은 대부분 마흔 살이 지나면 유동 지능이 서서히 감소한다. 반면 사실에 대한 지식과 경험을 조합해 문제를 해결하고 복잡한 관계를 해석하는 능력인 '결정 지능(crystallized intelligence)'은 점차 강해진다.[30] 결정 지능에는 구체적 상황에서 실용적이고 적절하게 반응하고 대처하는 사회적 역량도 포함된다. 직무 경험이라는 개념을 예로 들어보자. 이 개념은 필수적인 전문 지식이 있다는 의미만이 아니다. 풍부한 경험에서 우러나는 지식과 실무에 적용하는 능력, 즉 다양한 상황에서 재능과 인내를 겸비한 결정 지능이 높은 사람을 가리키는 말이다.

그렇지만 인생 경험이 저절로 쌓이는 건 아니다. 경험을 쌓았어도 여전히 무기고가 빈 상태인 사람도 있다. 예를 들어 사소한 일에 화를 내거나 자신이 주인공이 되어야만 하는 유치한 어른은 아무리 노화했어도 여전히 미성숙한 상태다. 성숙한 사람은 표준이 되는 이상을 구현하고 달성하려고 노력해야 한다. 이런 맥락에서 발달심리학은 성숙보다 성장을 중시하는데, 성장은 학습처럼 자동적이고 불가피하게 일어나는 것이 아니라 반드시 개인의 노력을 필요로 한다. 이 책에서 '성숙'은 발달심리학상의 '성장' 즉, 살면서 우리에게 닥치는 일에 건설적으로 대처할 준비가 되었다는 뜻이다. 인생 경험은 수년간 사실적 지식을 쌓는다고 해서 형성되는 것이 아니다. 자신에게 닥쳐오는 일에 영향을 받고 변화할 자세가 갖춰져 있으며 거기서 뭔가를 배우려는 의지와 능력까지 있어야 한다.

  인생의 진정한 경험과 지혜를 얻기 위한 전제 조건은 무엇일까? 첫째, 일단 경험에 자신을 노출해야 한다. 말처럼 쉬운 일은 아니다. 독일인이 사랑하는 시인 힐데 도민(Hilde Domin)은 이렇게 썼다.

나는 발을 허공에 뻗는다.
그러고는 지탱한다.[31]

  이 구절은 미지의 것에 무방비로 자신을 내맡기는 용기에 관해 이야기한다. 그는 인생의 여정에서 오랜 기간 거부당해왔고 피난처나 도피처도 찾지 못했다. 나치에 추방당한 유대인으로서 도민에게 남은 선택지는 새로운 경험에 직면하는 것뿐이었다. 그나마 물질적으로 안정된 환경에서 보호받고 자란 우리에겐 얼마나 과감하게 인생에 뛰어들지, 인생이 주는 교훈을 어떻게 받아들일지에 관해 어느 정도는 선택권이 있다. 공중에 발을 내디딜 엄두를 내지 못하고 자신의 책임과 도전을 회피하면 우리는 성장하지 못한다. 우리가 스스로 쌓지 않는 경험은 경험이 아니기 때문이다.

  특히 인생을 만드는 경험에는 신체적인 요소가 뒤따를 수 있다. 예를 들어 아픔을 느끼거나 행복으로 충만하거나 깊이 감명받거나 찌르는 듯한 느낌을 동반하는 경험들 말이다. 외로움을 느끼거나 사랑에 빠지거나 향수병 내지는 비행 공포증에 시달리는 것, 자녀를 걱정하는 마음 등은 직접 겪어봐야 제대로 이해할 수 있다.[32] 누군가가 "내가 겪어봐서 하는 말"이라고 하는 것이 바로 이런 의미다. 겪어봐서 안다는 건 조사해보고 아는 것보다 더 깊고 광범위하게 이해했다는 뜻이다. 그래서 경험은 제한된 범위에서만 타인에게 전달될 수 있다. 때로는 대화로 경험을 교환할 수는 있지만 흥미롭게도 이는 아무도 청하지 않은 조언이 인기 없는 이유이기도 하다. 이런 조언에 가부장적이고 잘난 체하는 태도가 깃들어 있기 때문만은 아니다.[33] 우리가 어떤 문제에 대해 개인적으로 무엇을 느끼는지 알려면 직접 경험해봐야 하므로 이런 조언은 대개 쓸모가 없다.[34]

인생의 경험과 지혜를 얻기 위한 두 번째 전제 조건은 경험에서 배우고 그 경험이 우리에게 인상을 남겨야 한다는 것이다. 인생의 교훈 중에는 다소 혹독한 것도 있다. 예를 들면 어떤 사람은 조직 내에서 뻔뻔하게 설치면서 한두 번 선을 넘고 갈등을 빚고 나서야 그런 행동이 나쁘다는 사실을 깨닫는다. 또는 모임에서 회의록을 작성하고, 파티가 끝난 뒤에 설거지를 하고, 동료의 생일에 꽃을 준비하는 건 어째서 항상 내 몫인지 불평을 한다. 그럴 땐 새로운 역할을 맡을 당시의 일을 비판적으로 돌아보면 답이 있다. 우리 행동을 바꾸는 방법은 오직 용기를 내서 결정적인 순간에 패턴을 깨고 나와 스스로 다른 역할을 선택하는 것이다.

나는 다른 사람에게 이런 질문을 하곤 한다. "오늘은 예전과 비교해 무엇이 달라졌나요?" 이 말에 마땅히 대꾸할 말이 없는 사람을 보면 짜증이 날 때도 있다. 우리가 인생에서 배우고 바뀐 것이 아무것도 없다면, 결국 인생은 그저 스쳐 지나가 버린 게 아닌가? 수많은 소설, 영화, 만화, 비디오게임은 하나같이 '영웅의 여정'이라는 모티프를 반복적으로 다룬다. 주인공은 불리한 상황에서 도덕적으로 정화되거나 자신에게 한 번뿐인 삶을 인지하고는 기회를 움켜잡고 인생을 만들어간다. 아니면 인생을 그저 지나치게 내버려두고 자기 존재를 방관자로 만들어버리는 주인공도 있다. 이런 이야기에 담긴 교훈은 행복이 저절로 굴러들어오는 게 아니라는 것이다. 해피엔딩을 얻으려면 주인공이 무언가를 배워야 한다. 인생 경험에는 자신이 한 일과 하지 않은 일에 대한 책임만 있는 게 아니며, 성격조차 성숙의 과정과 인생 경험이 빚어낸 결과물임도 알아야 한다.[35] 모든 일에 남 탓만 하는 사람은 불의를 행할 뿐만 아니라 스스로 의문을 제기하고 긍정적인 변화를 일으킬 기회마저 놓치고 있는지도 모른다.

 셋째, 인생 경험을 쌓는다는 건 시간이 상처를 치유하고 성장하게 한다는 사실을 내면화한다는 뜻이다. 최근 몇 년간 나는 할머니가 종종 하시던 말씀을 떠올리곤 했다. "모든 것은 지나간다. 모든 일은 끝난다." 어릴 때는 이 말을 행복한 여름방학, 크리스마스, 할머니와 동물원에서 보내는 오후같이 모든 시간은 끝나버린다는 위협으로 받아들였다. 어른이 되어서야 그 말이 위로의 말이었음을 깨달았다. 즐거운 날만이 아니라 우울한 순간과 불안한 시간도 지나간다. 가장 큰 고통조차 언젠가는 없어지거나 최소한 조금은 사라진다. 물론 시간이 모든 상처를 치유해주지는 못한다. 사랑하는 사람이 우리 곁을 떠났을 때 그를 다시 살려내는 것은 불가능하니까. 하지만 이미 충분한 고통과 상실, 이별을 경험한 우리는 힘든 일도 감당할 수 있다는 사실을 알고 있다.

니체는 "나를 죽이지 못하는 것은 나를 더 강하게 만든다!"라고 말했다. 물론 그의 말은 모두에게 들어맞지 않을 수 있다. 사람은 힘든 일을 겪으면 좌절하는 법이니까. 어떤 사람은 힘든 시기를 겪으면 더 강해지고 생기가 넘치지만, 어떤 사람은 많은 상처 탓에 고통스러워하고 경직되어 결단을 내리지 못하고 주저한다.[36] 그러나 이런 회복탄력성이 없는 사람조차도 아무리 큰 고통도 곧 쓰라림이 사라지고 상처가 치유되어 흉터로 남거나 아주 드물게는 흉터조차 사라진다는 것을 곧 깨닫게 된다.[37]

―

인식, 나 자신을 아는 힘

인생 경험을 얻는다는 것은 인생의 명암을 잘 알게 되고 그 덕분에 자신을 변화시키며 살아간다는 뜻일 뿐 아니라, 자신의 취향, 두려움, 반응 방식을 인식하고 정말 중요한 것이 무엇인지 이해하는 등 자기 자신을 더욱 잘 파악하는 것을 의미한다. 쇠렌 키르케고르는 이를 '자기 투명성'을 갖는다고 표현했다. 바로 중년의 두 번째 자산인 인식능력을 말한다. 때때로 어떤 감정이 어디에서 오는지조차 제대로 모르고 의기소침해지거나 분노를 키우는 우리는 절대 스스로 완전히 투명해질 수는 없다. 그러나 중년이 되면 적어도 자신에 대해 보다 잘 알게 되어, 두려움과 망설임은 물론 내면에서 꺼지지 않고 타오르는 갈망이 무언지 깨달을 가능성이 높다.

베르톨트 브레히트의 「선한 사람을 위한 노래」를 보자.

그들이 어떻게 변했든
사람은 모두 변하므로
기껏 이제야 알아볼 수 있게 되었을 뿐이다.

브레히트에게 선함이란 특정 인물이 가진 도덕성을 의미한다. 예를 들어 큰 위험에 처해도 손바닥 뒤집듯 생각을 바꾸지 않고 자기 원칙을 고수하는 자비롭고 정의로운 사람의 도덕성 말이다. 알아본다는 것은 자신과 신뢰 관계를 유지하고 스스로 자신의 가치와 원칙을 배신하지 않으며 자기 직관을 믿는 더 포괄적인 이상이다. 브레히트는 언제 이런 인지에 도달하는지를 서술했다.

선한 사람을 알아본다는 것은

더 나은 사람이라는 것이다

그들을 알아봄으로써 말이다.

선한 사람은 더 나아지라고 권한다.

무엇으로 더 현명해지는가? 그들이 귀 기울일 때다.

그리고 그들에게 무언가를 말할 때다.

그러므로 인식은 인생 경험과 그 너머를 탐구하고 무언가를 말할 준비가 되어 있는지를 보는 것이다. 그리고 인식은 궁극적으로 자기 의견을 발전시키고 주장하려는 의지로 북돋아진다. 앞서 설명했듯이 이런 경험의 전제 조건은 애초에 새로운 경험에 자신을 노출하는 것이다. 브레히트가 말하는 '선한 사람들'은 자기도취나 자만에만 민감한 게 아니다. 오히려 그들은 "자기 너머에 있는 그 무언가에 관심이 있다."

브레히트의 시대에 선한 사람은 자기 자신은 물론 다른 사람에게도 인정받는다. 우리는 신뢰할 만한 반응과 확고한 태도를 지니고 자신을 실망시키지 않으며 행동과 말이 눈에 띄게 뚜렷한 '선한 사람'을 알아볼 수 있다. 이런 사회적 형태의 '인식'은 주로 좋을 때나 나쁠 때나 서로를 알고 오랫동안 신뢰 관계를 맺은 경우에만 가능하다. 그래서 자극을 빠르게 알아채고 반응할 수 있다. 사회적 인식은 다시 우리 행동에 영향을 끼친다.

때로는 친한 친구가 우리를 신뢰하고 우리에게 무언가 바란다는 걸 알게 되면 자신과 타인에게 어떤 행동을 하거나 서로 간의 신뢰를 지속시킬 결정적 원동력을 얻게 된다. 그래서 우리 내면의 선함을 알고 그 가치를 알아주는 상대와 교제할 때 실제로도 더 나은 사람이 될 수 있다. 물론 반대의 경우도 있다. 끊임없이 불평하는 사람, 잘난 체하는 사람, 우유부단한 사람은 좋지 않은 행동을 하리라는 기대를 받기 때문에 쉽게 변하기 어렵다. 따라서 이들은 부정적인 의미에서 '인식할' 수는 있으나 브레히트의 시에서 묘사되는 '선한 사람'은 되지 못한다.

브레히트는 인식을 사람에 대한 중립적인 묘사가 아니라 자신을 인정하고 능숙하게 삶을 살아가는 자질과 강인한 성격으로 해석한다. 이 자질이 있으면 우리를 형성하는 것을 찾아내 그에 따라 살 수도 있다.[38] 당연히 성숙하고 인정받는 사람이 되고 나서도 우리는 힘든 일을 겪고, 난관에 봉착하고, 상처도 받을 것이다. 브레히트는 이렇게 결론 내린다. "모든 해결책 안에는 과업도 함께 들어 있다." 자신이 누구이고 어떤 사람이 되고 싶은지 알게 되면 과업을 해결하기는 쉬워진다. 정확한 목적하에 자기 강점을 활용하고, 약점을 굳이 감출 필요가 없기 때문이다.

하지만 때로는 인식이 지닌 잠재력이 언제든 완전히 충족되거나 고갈될 수 있는 것처럼, '자기 내면의 소리를 따른다'거나 '자기 운명'을 발견했다고 자신만만하게 외치면서 인식을 남용하기도 한다. 자신을 결정적으로 알아낼 기회를 잡은 듯이 말이다. 지난 수십 년간 상담서나 자기계발서를 가득 채운 이런 문구들로 인해 인식은 본래 의미를 잃어버렸다. 내면의 소리나 운명이라는 말은 온갖 갈등과 혼란 속에서도 불변의 핵심 가치가 있는 것처럼 우리를 착각에 빠뜨린다. 그러나 인식이란 우리가 언제나 간직해온 내면의 운명을 회고하는 일일 뿐이다.

자신을 알라는 요구는 철학사만큼이나 오래되었다. 고대 그리스의 델파이 신전에는 "너 자신을 알라!"는 문구가 새겨져 있었다. 하지만 이 문구가 진정한 자아를 찾아 세상에서 단 하나뿐인 존재가 되라고 격려하는 문구라고 생각하지는 말자. 오히려 이 문구는 신과 대비되는 인간의 한계와 나약함을 확실하게, 심지어 무자비하게 인식할 것을 요구하고 있다. 결국 '너 자신을 알라'는 겸손을 가르치는 동시에 자신을 과대평가하지 말라는 경고를 담고 있는 것이다. 행복을 자기 존재와 내면이 발전하는 기회로 생각하라는 아리스토텔레스의 권고 역시 자기실현이나 진정성이라는 현대의 이상과는 전혀 관련이 없다. 오히려 아리스토텔레스는 다른 존재와 대비되는 개인이 아닌 모든 사람에게 해당하는 보편적 특색을 완성하라고 촉구한다.

오늘날 자기실현과 자기인식을 말할 때는 우리가 언젠가 반드시 죽는 존재임을 인지하거나 일반적인 인간의 잠재력을 살펴보는 일 이외의 것을 다룬다. 오랫동안 우리는 (다른 모든 사람과 마찬가지로) 우리가 인간이라는 사실보다는 우리가 개인이라는 사실을 더 중요하게 여겼다. 개인은 하나뿐이고 특별하다. 이런 맥락에서 사회학자 안드레아스 레크비츠는 저서 『창의성의 발명

(Die Erfindung der Kreativität)』에서 오늘날 만연한 '창의성의 명령', 즉 창의적인 사람이 되라는 요구에 대해 이렇게 말한다.[39] '근본적으로 우리 모두는 특별하고 개인적이며 항상 새로운 예술가가 되어야 한다. 그리고 지극히 개인적인 이상에 따라 자신을 만들어나가야 평범함의 수렁에서 빠져나올 수 있다.' 하지만 이런 명령은 우리를 지치게 하고 미지의 것을 피하게 만든다. 사람이 끊임없이 자신을 발견하고 순수한 자신이 되어야 한다면 얼마나 피곤하겠는가.[40]

이런 식의 '자아 발견'에는 또 다른 문제도 숨어 있다. 자기 자신이 되라는 명령에는 현재의 나는 '내'가 아니라 사회 관습과 인생 전반에 걸친 제약에서 벗어나려고 현실 속에서 발버둥 치는 존재라는 의미가 담겨 있다. 자신이 실제로 누구인지 마침내 깨달을 때까지 발버둥은 계속되며 이런 생각은 사회적, 역사적 조건에서 자아를 과도하게 분리해낸다. 우리는 그저 개인으로서, 즉 고립된 존재로서 존재할 수 없다. 우리는 사회적 관계 속에서 태어나 그냥 주어진 수많은 특징을 갖게 된다. 그런데도 주변 환경이 우리가 행동할 여지를 주지 않으면 우리는 스스로 소외되었다고 느낀다. 죽어가는 이반 일리치가 '진정한 삶'을 놓쳐버렸다고 후회하는 모습[41]은 자신과 거리를 두고 자기 인생에서 소외됐다는 사실을 인식해야만 이해할 수 있다.

하지만 소외된 상태는 언제나 있어왔다. 소외된 상태가 평생 발견해야 하거나 완전히 놓칠 수도 있는 본래의 진정한 자아라고 말하는 건 과한 해석이다. 소외는 개인의 인생사에서 자신을 압박하는 것과 자신이 이해하는 것 사이의 거리로 보는 것이 철학적으로는 적합하다.

미국의 철학자 스탠리 카벨은 자신만의 목소리를 찾고 소리를 높이는 게 성장을 위한 진정한 과업이라고 말한다. 내면에서 고착된 사실이나 이미 존재하는 실체를 찾으라는 게 아니다. 지금까지의 인생사를 성찰하는 과정에서 어떤 실타래를 풀어갈지, 끊어낼지, 아니면 새로 이어갈지를 알아내라는 것이다. 우리가 가진 스무 살과 쉰 살의 목소리는 다를 수밖에 없다. 그래서 카벨은 이런 노력을 '어른의 교육' 과정으로 부르고 필생의 철학적 과제로 본다. 우리의 발전을 방해하고 세상을 보는 관점을 억압하는 모든 것에 맞서 자신의 목소리를 찾는 것이 바로 어른의 교육이다.[42]

그러므로 자아가 서사적으로나 사회적으로 어느 정도 제약을 받는다고 이해하는 편이 더 말이 된다. 다만 인생사와 자아의 관계는 복잡하다.[43] 자기 인생을 이야기하면서 반드시 자아를 언급하거나 찾아내야 할까? 아주 상세하고 정직하게 삶의 계기가 되었던 이야기를 드러낸다면 우리 서사를 재현하는 과정에서 자아가 발견될까? 독일의 철학자 디터 토매는 이 두 가지 질문에 모두 부정적인 답을 한다. "사람은 무언가를 발견할 수는 있지만 그게 자기 자신은 아니다. 사람은 무언가를 찾아낼 수도 있지만 그것 역시 자기 자신은 아니다."[44] 내가 그때 왜 셰어하우스에서 나왔는지, 왜 파혼했는지 등을 설명할 때 이야기의 개별 요소를 일부러 강조하고 자세히 해석하여 섬세한 차이를 드러내지 않는다면 이야기 자체만으로는 본래의 자아를 논할 수 없다. 이 경우 우리는 자기 '서사'가 아닌 '해석'을 통해 자아를 발견한다. 인생은 하나의 일관된 이야기로 만들기에는 너무 복합적이고 복잡하며 다층적이다. 그러니 개인의 서사만으로 자아를 발견해낸다는 생각은 이치에 맞지 않는다.

이때 필요한 것이 바로 두 번째 자산인 인식능력이다. 특히 중년기에 우리는 자기인식을 통해 항상 새로운 용기와 확신을 얻고 영감과 자유를 쟁취할 수 있다.[45] 이 과정은 지속적인 탐색처럼 한 단계씩 점진적으로 이어진다. 이때 우리의 경험이 우리를 형성하고 이전과는 다른 선택을 하게 하므로 선후 관계가 바뀌기도 한다.

앞서 언급했듯이 성장하고 성숙한다는 것은 종종 다른 사람이 우리에게 제시하고 기대하는 일과 자신을 차별화하는 것이다. 청소년기와 성인기 초반에 자기 목소리를 찾는 과정은 주로 차이에 대한 의문에서 시작된다.

"다른 사람과 맺은 관계 속에서 나는 누구인가?"

여기서 자신만의 목소리로 말하는 초기 단계는 대개 해체에 초점이 맞춰져 있다. 이 단계에서는 권위를 불신하고 자신에게 맞지 않는 강요된 규칙의 모순을 극복하려 하기 때문이다. 이와 달리 중년에는 그때까지의 경험과 관계를 바탕으로 새로운 질문을 던져야 한다.

"나 자신과 맺은 관계 속에서 나는 누가 되고 싶은가?"

이 질문은 정체성에 관한 것이다. 나는 현재 누구이고 앞으로 어떤 사람이 되고 싶은가? 우리 앞에는 통합이란 과제가 놓여 있다. 내가 원하는 것과 나를 형성하는 것을 어떻게 조화시키고 공간을 확보할 수 있는가? 우리는 공허함 속에서는 자신을 창조하지 못한다. 파리7대학 철학 교수 프랑수아 줄리앙(Fransois Jullien)은 이렇게 말한다. 우리는 인생의 재료를 어떻게 배열할지, "축적되고 파묻히고 마구 쑤셔 넣어진 것"에서 자신을 어떻게 드러낼지 결정해야 한다. 그렇게 생의 한가운데에서 삶은 "드러내는 삶"[46]이 된다. 다만 형성되지 않은 본래의 자아를 드러낸다는 의미가 아니라 우리가 자신과 동일시할 수 있는 자아를 발견한다는 뜻이다.

중년이 되어 자신과 인생에 대해 더욱 잘 알게 된 사람은 이제 더 이상 자기가 되고 싶었던 사람이 되지 못한 게 두렵지 않다. 경험과 지식이라는 중년의 특권을 가진 사람은 단호하게 삶을 계속 살아나가고 자기 앞에 놓인 책임을 짊어질 수 있는 최고의 조건을 갖추고 있다. 시간은 영원하지 않다. 이 사실을 깨달으면 가슴속에 오랫동안 품어온 갈망을 채우고 답답한 틀에서 벗어나서 거짓 인생을 끝낼 추진력을 얻게 된다. 프랑수아 줄리앙은 인생의 전반부를 '첫 번째 삶'이라고 부른다. 이 삶은 "죽음과의 대면을 회피하는 삶이다. 반면에 두 번째 삶은 죽음이란 유효기한이 설정되면서 시작된다. 이것이 인생의 두 번째 단계를 정의하는 요소다."[47]

두 번째 삶이 어떤 변환이나 급진적인 선회를 의미하는 것은 아니다. 줄리앙은 지금까지의 삶을 완전히 실패했거나 헛된 것으로 보는 도덕주의를 단호히 반대한다. 오히려 그는 우리가 경험으로 얻어낸 것과 관점을 바탕으로 새로운 도약을 하는 데 중점을 둔다. 우리가 모든 일을 부정적으로 말하면, 우회나 일탈이 가장 생산적인 경험 중 하나가 될 수 있음을 부정하는 꼴이다. 그러므로 중년의 잠재력은 방향 전환에 있는 것이 아니라 계속하고 싶은 일을 의도적으로 안정시켜 새로운 출발을 결심하는 것에 있다고 봐야 한다.

계획을 세우고 결단력 있게 나아간다고 해서 양면성이 배제되진 않는다. 우리는 어떤 사람을 많이 사랑하여 그와 관계를 맺기로 하고서도 그가 모든 일을 완전히 훌륭하게 해내는 사람은 아니라고 생각할 수 있다. 우리는 기존 일자리를 소중하게 여기고 노동계약을 갱신하기로 하지만 한편으로는 이직이 낫지 않을지 의문을 품기도 한다. 이런 의구심은 결정에 포함된다. 3장에서 설명했듯이 다른 욕구에 우선권을 주었다고 해서 다른 소망이나 갈망이 사라지는 건 아니기 때문이다. 어떤 양면성도 없이 의지가 완전히 조화를 이루고 있다면 그것은 서로 모순되는 욕망을 억제한 결과일 뿐이다.[48] 하지만 대개 우리는 자기 자신과 완전히 단절된 관계를 맺지는 못한다. 그래도 나쁜 게 아니다. 가장 중요한 것은 자기 삶과 행동에서 자신을 진지하게 받아들이고 자기가 내면의 신념과 괴리되거나 모순되는 욕망 때문에 행동하지 못한다고 느끼지 않는 것이다.[49]

따라서 중년의 고지에 올랐다고 해서 우리의 모든 소망과 계획이 완벽하게 조화를 이뤘다고 생각하는 것은 오해에 불과하다. 이언 매큐언의 소설 『솔라』에서 중년의 주인공 마이클 비어드는 그런 착각 속에 살다가 어느 순간 그것이 현실이 될 수 없음을 깨닫는다.

> 결국 언젠가 자신의 삶에 필요한 모든 능력을 익히고 잘 살 수 있는 일종의 고원에 도달하리라는 건 궤변이었다. 모든 편지와 이메일에 답장하고 서류를 모두 분류하고, 책장의 책을 알파벳순으로 정리하고, (…) 편지와 사진을 포함한 모든 물건을 제자리에 두고, 상자와 앨범에는 과거가 담겨 있고, 사생활은 고요하고도 밝으며, 집과 재정 상태는 아무 문제가 없다. 이 망중한, 이 고원은 그가 살아온 평생 한 번도 눈에 띈 적이 없었다. 그래도 그는 개의치 않고 막판에 스퍼트를 내면, 결국 제대로 된 어른이 되면 인생이 잘 정리되고 정신도 자유로워질 거라고 생각했다.[50]

삶은 잘 정리된 책장이 아니다. 러닝 트랙을 한 바퀴 돌았다고 삶이 자동으로 발견되는 것도 아니다. 비어드는 자신이 결정한 대로 어른으로 사는 삶은 잘 정리된 책장 같을 거라고 생각하며 너무도 많은 것을 기대한다. 하지만 진짜 어른이 되어서 정신이 완전히 자유로워지는 막판 스퍼트를 기다릴 때는 너무나 적은 기대를 품는다. 자기 결정에 포함되는 것은 인생 경험과 자기인식 그리고 결단력이다. 이 결단력은 무언가를 관철하는 힘이자 그것을 끝까지 해내는 용기다. 철학자 베아테 뢰슬러의 말처럼 자율성은 미덕이고 능력이다.[51] 이제는 확실히 알겠지만, 경험에서 배우고 인식하고 그 상태에 머무르려면 노력이 필요하다. 이런 의미에서 성숙의 과정에는 종종 대가가 따른다. 자기 목소리를 높이다가 다른 사람을 실망시키거나 불쾌하게 할 때도 있기 때문이다.

거리두기와 아이러니

지금까지 살면서 나는 무척 다양한 풍경을 거쳐 왔다. 깊은 늪지대 옆에는 나무가 듬성듬성한 숲이 있고, 야트막한 언덕 너머에는 넓은 초원이 펼쳐지고, 잘 닦인 오솔길 사이사이에는 돌투성이 비탈길이 자리 잡고 있다. 중년의 고지에서는 경계가 분명하게 지어진 단단한 풍경이 눈에 더욱 잘 들어온다. 때로는 우정이 갑작스레 단절되거나 인생의 방향을 잃고 헤매기도 했다. 하지만 깊은 심연 같던 시간도 멀리서 보면 자그마한 골짜기에 불과했음을 깨닫는다. 끝없이 메마른 땅만 펼쳐질 듯한 곳도 멀리서 바라보면 이내 우거진 덤불과 아름다운 풍경으로 이어진다.

어릴 때는 이렇게 고상한 사고와 감정이 허락되지 않는다. 이 시기에는 자기 삶과 거리를 둘 수 있을 만큼 충분한 경험이 없기 때문이다. 과거 사건에서 단 한 발짝이라도 벗어난 적이 있는 사람, 즉 가장 끔찍한 굴욕과 고통스러운 논쟁은 물론, 자신이 성취한 승리와 행복한 순간마저도 모두 지나간다는 사실을 아는 사람만이 과거와 거리를 둘 수 있는 법이다. 세상 그 무엇도 영원히 붙잡아둘 수는 없다는 것, 이 사실은 종종 편하기도 하고 슬프기도 하지만 동시에 하루하루 애쓰며 살아가는 우리의 부담을 약간 덜어주기도 한다. 거리를 두고 보면 어떤 문제는 너무 과열되어 있다는 사실을 깨닫게 되기 때문이다. 며칠, 몇 년이 지나고 보면 사실 그리 심각하지 않은 일이 많다. 그래서 중년은 기본적으로 과장된 시각에서 벗어나는 시기이기도 하다.

이런 거리두기를 실천하고 상황에 따라 적절하게 활용하는 것을 아이러니(eironeia)의 미덕 또는 아이러니의 미학이라고 한다. 아이러니는 사실을 반대로 표현하는 수사학적 기법으로, 소크라테스가 바로 이 아이러니의 대가였다. 그는 이미 모든 것을 알고 있다고 생각하는 사람들 앞에서 스승이 아닌 아무것도 모르는 순진한 사람이 되었다. 그러고는 끝없이 질문을 퍼부었다.

결국 상대방은 자신의 지식이 덧없음을 알아차리게 된다. 이러한 역설이 중년에 갖춰야 할 미덕 또는 태도로 여겨진다는 것은 과거를 조롱하거나 경멸하지 않고 적절한 거리를 두고 바라보는 여유를 가져야 한다는 뜻이다. 프랑스 철학자 블라디미르 얀켈레비치는 이런 여유를 가져야 자기 생각과 감정이 '숨을 돌릴' 수 있다고 했다.[52] 이런 여유를 가진 사람은 삶에 짓눌리지 않고 숨쉴 수 있는 공간, 즉 많은 면에서 위안을 주는 공간을 마련할 수 있다.[53]

중년이 되면 많은 일이 생각과는 다르며 아무리 강한 확신도 무너질 수 있다는 사실을 수많은 경험으로 알게 된다. 안다고 주장하는 부분과 실제로 쌓은 식견 간의 거리를 느끼는 아이러니는 과대망상과 오만으로부터 우리를 보호해준다. 얀켈레비치는 이렇게 썼다.

> 아이러니는 섬이 대륙이 아니고, 바다가 대양이 아니며, 어느 날 자신이 출발했던 장소로 되돌아온 뱃사람이 지구가 그냥 둥근 공 모양이라는 사실을 아는 것에 (…) 있다.[54]

우리는 깊은 인상을 받은 어휘에 익숙해져서 잘못, 희망, 칭찬, 절망, 죽음에 대해 이야기하는 중요한 언어, 즉 삶의 '마지막 어휘(final vocabulary)'와 멀어지기 마련이다.● 중년에 우리는 마지막 어휘를 바탕으로 자신이 틀릴 수 있음을 인정하고 많은 것을

달리 볼 수 있게 된다. 이 역시 중년에 가능한 아이러니이다.[55]

작가 데이비드 포스터 월리스는 유명한 졸업 연설문 「이것은 물이다」에서 마지막 어휘를 우화로 설명했다.

> 어린 물고기 두 마리가 헤엄치다가 반대편에서 오는 늙은 물고기를 만난다. 늙은 물고기가 고개를 끄덕이며 말한다. "안녕, 애들아. 물은 어떠니?" 어린 물고기 둘이 다시 한참을 헤엄친다. 그러다가 한 마리가 다른 한 마리에게 묻는다. "도대체 물이 뭔데 그래?"[56]

포스터 월리스의 연설은 "가장 명백하고 산재해 있으며 중요한 사실들이 가장 인지하기 어렵고 논의하기 힘들다"[57]는 점을 보여준다. 우리는 모두 '믿음의 틀', 즉 살면서 아무런 이의를 제기하지 않는 확증을 가지고 있다. 물고기 두 마리가 헤엄치던 물이나 우리가 숨 쉬는 공기만이 아니라 내면의 판단, 오래전부터 품어온 편견 등 우리가 계속 지향하면서도 의식적으로 주의를 기울이지 않는 부분이 바로 믿음의 틀이다.

우리의 인식은 우리가 세상 모든 일의 척도이자 우주의 중심이란 기만적인 확신에서 나올 때가 많다. 우리가 세상과 다른 사람을 보는 시각인 '기본 설정'은 자기중심적이다. 이렇게 편협한

● 리처드 로티는 마지막 어휘란 개인이 최후까지 의지하는 신념이라고 설명한다. 우리는 이 어휘를 거울삼아 자기를 성찰하고 미래를 기획할 뿐만 아니라 삶이 흔들리는 순간이나 죽음 직전에 의식의 표면 위로 솟아올라 삶을 되돌아본다.

생각은 필연적으로 모든 일을 매우 제한적으로 인식하게 한다. 하지만 인간은 포스터 월리스의 말처럼 무턱대고 자기 '믿음의 틀'에 휘둘리기만 하지는 않는다. 자신의 관점이 결코 유일하고 객관적이지 않다는 사실을 분명히 알게 되면 다른 관점을 진지하게 검토하고 받아들이려 노력하게 된다. 어떤 것에 주목하고 주변의 사물에 어떤 조화로움을 부여할지 스스로 결정하며 탁월하게 대처하는 것이다.[58]

젊을 때는 대부분 타협하지 않고 자기 일에 전력을 다하면서 그 일의 중요성을 진심으로 믿고 싶어 한다. 그래서 아이러니를 받아들이기가 쉽지 않다. 자신을 다른 사람과 차별화하면서 용감하고 자유롭게 자신의 삶을 설계하려면 자신을 가로막는 경계에 계속 의문을 제기하고 자신이 믿고 바라고 갈망하는 것을 힘껏 지켜야 하기 때문이다. 아이러니는 예술작품이나 희극에서처럼 "긴박함이 누그러지는 곳"에서,[59] 즉 혼란스러운 삶 한가운데가 아니라 특정한 시기의 어려움과 약간 거리를 둘 수 있을 때만 가능하다. 이런 태도는 우리를 격려하여 유쾌하고 용감하게 만들 수 있다. 이제 어느 정도 거리를 둘 수 있으니 더는 우리 자신을 비극적으로 받아들일 필요 없이 인생에서 일어나는 소동을 경이롭게 바라보며 즐길 수 있는 것이다. 우리는 십중팔구 우주에 작은 흠조차 남기지 못하겠지만 자기만의 소소한 삶을 마음껏 누리고 구석구석 음미할 수는 있다.

주의할 점은 아이러니 자체가 과장될 수도 있으니 중용의 덕을 찾아야 한다는 것이다. 거리두기를 지나치게 받아들이는 사람은 냉소주의나 허무주의에 빠져서 그 어떤 것도 진지하고 중요하게 받아들이지 못한다. 이것이 일부 철학자들이 아이러니를 악덕으로 평가절하하는 이유이기도 하다. 아이러니가 과하면 인생과 대인관계에서 그 어떤 심각한 요소라도 하찮게 여기기 때문이다. 반면에 적절한 거리두기로서 아이러니는 삶과 모든 인간의 갈망과 노력을 아주 진지하게 받아들인다. 물론 젊은 시절보다는 덜 진지하게.

테오도어 W. 아도르노는 말했다. "철학은 가장 진지한 것이지만, 또 그리 진지하진 않다."[60] 이 말은 이렇게 바꿀 수 있다. "인생은 가장 진지한 것이지만, 또 그리 진지하진 않다." 이런 사실을 인식하는 것이 중년의 특권 아닐까.

Chapter
5

숨 가쁘게 달려왔는데　　　무엇이
　　　　　　　　　　　　남았는가

"인생의 모든 목표를 실현했다고 가정합시다.
당신은 즐겁고 행복할까요?"
나의 내면에서 억누를 수 없는
목소리가 분명하게 대답한다. "아니요!"[1]

_존 스튜어트 밀

이것도 하고 저것도 해야 하는데
그러다 보면 그냥 인생이 흘러가 버려.
찰나의 시간을 어떻게 붙잡을 수 있겠어?[2]

_영화 〈토니 에드만〉의 빈프리드 콘라디

종종 소셜미디어에서 '#다이루었다(#all-reached)'라는 해시태그를 접할 때면 울컥 짜증이 난다. 졸업식에 참석한 사람, 시즌 성적이 좋은 아마추어 축구 선수, 제방 건설을 막은 사회운동가, 주스 가게를 개업한 사람, 그림같이 아름다운 해변에서 드레스를 입고 있는 여성, 자기가 좋아하는 아이돌과 나란히 포즈를 취하고 있는 팬의 셀카 등 이 해시태그가 붙은 소셜미디어 게시물의 내용은 다양하다. 이들에게 '다 이루었다'는 말은 자신이 엄청나게 행복하다는 것을 다른 사람에게 알리고 싶다는 뜻으로 보인다. 이보다 더 완벽할 수 없는 순간이 여기 있다는 말이다.

이런 글을 스크롤할 때마다 짜증이 나는 건 사람들이 궁극적인 행복을 모두 다르게 받아들인다고 생각하기 때문은 아니다. 예를 들어 드레스 차림으로 야자수 해변에 있는 건 내가 꿈꾸는 행복이 전혀 아니며, 주스 가게를 개업할 생각도 전혀 없다. 취향이 다양한 것은 그것대로 좋은 일이다. 모두가 같은 꿈을 꾼다면 세상이 얼마나 지루하겠는가? 소셜미디어에서 #최고의휴일, #BFF(Best Friends Forever), #최고의날 같은 최상급 형용사가 일상처럼 쓰이고 해시태그가 장난스럽게 또는 역설적으로 사용된다는 점도 잘 안다.

그저 내가 놀라운 것은 많은 사람이 하나같이 성취를 긍정적으로 생각한다는 사실이다. 왜냐하면 바람이 언젠가 다 이뤄지는 걸 보는 일보다 지루한 일은 없다고 생각하기 때문이다. 나는 19세기 철학자 존 스튜어트 밀(John Stuart Mill)의 자서전에 나오는 한 구절을 언제나 깊이 새기고 있다.

> "인생의 모든 목표를 실현했다고 가정합시다. (…) 당신은 즐겁고 행복할까요?" 나의 내면에서 억누를 수 없는 목소리가 분명하게 대답한다. "아니요!"[3]

인생의 끝자락에서 삶을 회고하며 모든 것이 이루어졌다고 만족스럽게 말하는 것보다 좋은 일은 없을지 모른다. 하지만 이 말을 하는 사람이 젊은 성인이나 중년이라면 어떨까? 이들은 대체 눈앞에 놓인 기나긴 세월을 어떻게 보낼 것인가?

MIT 철학 교수인 키어런 세티야(Kieran Setiya)도 이런 질문에 맞닥뜨리고는 스스로 '중년의 위기'에 빠졌다고 판단했다.[4] 사실 그때까지 세티야의 인생은 모든 면에서 계획한 대로 흘러온 것 같았다. 그는 근사한 대학 학위를 받고 미국의 아름다운 중서부 도시에 있는 명문 대학에서 교수가 되었다. 결혼해서 아버지도 되었다. 그는 자신의 직업과 동료들을 소중하게 여겼다. 세티야는 겉으로는 자신이 행운아라고 여겼지만 자신의 드높은 명성에도 이상하게 불안하고 괴로웠다. "우울감, 후회, 조바심, 허무함 그리고 두려움이라는 불쾌한 혼합체"[5]가 늘 그를 괴롭힌다. 그렇게 많은 것을 이뤘는데도 이상하게 얻은 게 별로 없는 것 같다.

톨스토이의 절망, "그럼 그다음은?"

이는 러시아 작가 레프 톨스토이가 겪은 인생의 위기와도 일맥상통한다. 1장에서 말했듯이 톨스토이는 『고백록』에서 '아직 쉰 살이 되지 않은' 생의 한가운데에서 어떻게 실존적 절망에 빠졌는지 자세히 설명한다. 톨스토이 자신도 자신과 자기 존재에 대한 불만이 어디서 비롯되었는지 알지 못한다. 그가 자신의 성찰을 '고백'이라고 표현한 것은 어쩌면 자신의 불만족을 이해하지 못한 탓일 것이다. 톨스토이는 결혼했고, 건강한 아이를 두었으며, 고용인이 있는 영지가 있었고, 작가로서 널리 칭송받았다. 겉보기에는 완벽한 삶이기에 톨스토이는 불평하는 게 부끄러웠을지 모른다.

그러나 삶이 얼마나 화려한지 아무리 나열해봐도 이상하게 그의 존재 자체는 텅 비어 있는 듯하다.[6] 그의 뒤에는 성공한 삶도 있지만 부끄러운 오만과 교만도 있다. 무엇보다 그의 앞에는 심오한 의미가 드러나지 않는 삶이 있다. 톨스토이는 생의 한가운데에서 완전한 정지 상태에 처한다. 그리고 "항상 같은 질문을

숨 가쁘게 달려왔는데 무엇이 남았는가

던진다. '무엇 때문에? 그럼 그다음은?'"[7]

여기서 톨스토이와 세티야의 질문은 우리가 청년기에 던지는 질문과는 본질적으로 다르다. 청년기에 우리는 실존적 투쟁을 발견하는 과정에서 때로는 낙담하고 대개는 오만하게 삶 자체에 의미가 있는지, 우리는 왜 존재하는지, 왜 아무것도 없는 게 아니라 무언가가 존재하는지를 물었다. 반면에 톨스토이와 세티야의 질문들은 개인의 존재 의미를 묻는 데만 집중한다. 황량한 우주 한가운데에서 인간이 살아가는 행성의 존재 목적과 같은 '넓은' 의미의 인생보다는 '작은' 의미의 인생을 묻는 것이다. 이미 수많은 싸움을 끝냈는데도 온전히 관심을 기울일 만한 것이 전혀 보이지 않는다면 어떻게 자기 존재에 방향성과 깊이를 부여할 수 있을까?[8] 많은 일이 실제로 아주 잘 돌아가고 있는데도 여전히 불만족스럽다면 어떻게 할 것인가? 이런 의미에 관한 질문이 꼭 중년의 위기에만 나타나는 것은 아니다. 하지만 우리에게 단 한 번의 인생만 있고 그 인생에 유통기한이 있다는 사실을 어느 때보다 절절하게 느끼는 중년에게는 반드시 필요한 질문이다. 우리에게 남은 시간을 어떻게 의미 있게 사용할 것인가?

세티야와 톨스토이가 세월이 너무 빠르게 흘러 끝이 눈앞에 보인다는 덧없음 때문에 고통받은 건 아니다. 오히려 세티야는 눈앞에 선명히 보이는 삶의 유한성을 분명히 깨닫고는 "시간은 질주하고 내 삶은 얼마 남지 않았다"[9]고 썼다. 톨스토이는 이반 일리치처럼 중년에 자신의 욕망과 가치를 더 확실하게 이루지

CHAPTER 5

못했다는 후회에 사로잡혔다. 세티야와 톨스토이는 자부심과 감사함 속에서 과거를 돌이켜보며 경제적 안정과 가족의 지지 속에서 끝까지 살아갈 수도 있었다. 하지만 둘은 자신의 성취에 대한 자부심이나 앞으로 주어질 다양한 선택지에 기뻐하기는커녕 오히려 매우 불행하다는 수치심에 고통스러워한다.[10] 누구든 그럴 수 있다. 그리고 누구든 언제나 이런 위기를 견뎌내야 한다. 비록 이제 더는 아주 젊지도 않고 활기나 열정도 넘치지 않지만 대신 인생 경험이 풍부하고 별일 없다면 아직 수십 년은 살날이 남았다. 그러니 생의 한가운데에 서서 자기감정을 생각할 시간이나 여유가 아예 없는 사람은 거의 없을 것이다.

철학에서는 이런 실존적 질문과 씨름하는 게 부끄러운 일이 아니다. 도리어 이런 질문은 삶의 이유를 찾고자 하는 인간 특유의 능력을 보여준다. 우리가 어째서 다르게 살지 않고 이렇게 사는지 의문이 들 때, 지금의 삶이 우리가 선하고 올바르다고 생각한 삶과 다르거나 행복 같은 깊은 만족감을 주지 않아 혼란스럽거나 분할 때 우리는 그 이유를 찾고자 한다. 세티야는 자신이 불쾌감을 느끼는 이유를 파악하고 위기를 극복하기 위해 '철학 사용설명서(그의 책의 부제다)'를 썼다. 그런데 세티야처럼 중년에 인생의 유한성을 마주하고서도 슬프거나 후회하거나 공황에 빠지지 않고 그저 공허감만 느낀다면 어떨까? 자신이 실제로 운이 좋거나 적어도 괜찮은 삶을 살았다고 생각하면서도 내심 이렇게 질문하면 어떨까? "그럼 이제 뭘 하지?"

쇼펜하우어의 악순환

중년의 공허감은 모든 것을 보고 경험했기에 찾아오는 따분한 느낌이다. 일종의 지루함이나 권태감에 가까운 셈이다(다음 장에서 다룰 것이다). 그런데 세티야는 자신이 느끼는 공허감과 무기력을 조금 다르게 해석한다. 그는 자기 일에 관한 관심이 떨어졌거나 일이 지루하다고 생각하지 않았다. 오히려 자신이 더 많은 연구 주제를 찾아 계속 논문을 써나갈 거라고 확신했다. 애초에 그는 학자의 길에 들어선 것을 후회하지 않았다. 다시 말해 오래전부터 패션 디자이너가 되고 싶었지만 재능만 믿고 덤빌 엄두를 내지 못했다는 생각을 한 번도 한 적이 없다는 뜻이다. 세티야는 자신이 느끼는 이 불쾌한 느낌의 원인을 목표에 대한 병적인 집착에서 찾아냈다. 연구 과제 하나를 성공적으로 끝내고 나면 쾌감이 얼마 가지 않기 때문에 이 공허감에서 벗어나기 위해 바로 다음 연구 과제가 필요했다. 그의 방식은 오랫동안 꽤 잘 먹혀서 훌륭한 커리어를 쌓으며 학생과 대중에게 명성을 얻을 수 있었다. 사생활 역시 그가 꿈꾸던 대로 잘 조정되었다. 그런데 이제 성공에 안주할 수 있는 인생의 고지에 다다른 순간 되레 절망에 빠진 채 자꾸 묻게 된다. "이제 뭘 하지? 대체 뭘 위해서 이 모든 일을 해야 하는 거지?"

여기서 세티야는 아르투어 쇼펜하우어(Arthur Schopenhauer)를 떠올렸다.[11] 19세기 철학자인 쇼펜하우어에게 내면의 공허감은 인간이란 존재 전체의 특징이었다. 쇼펜하우어에 따르면 인생은 고통이다. 우리는 공허감 속에서 위안을 줄 만한 무언가를 갈망하고 이를 성취하기 위해 힘껏 애쓴다. 그러다 막상 목표를 이루고 원하는 것을 얻으면 예전 같은 좌절과 공허감을 다시 느끼게 된다. 1818년 저서 『의지와 표상으로서의 세계』에서 쇼펜하우어는 인간에게는 두 가지 괴로운 상태, 즉 고통과 권태만이 존재한다고 썼다. 우리는 활력이 넘쳐흐르지만 고통 역시 가득해서 어떻게든 벗어나고 싶어 하거나 고통이 멈추는 순간 더한 무기력과 지루함에 빠져든다. 그래서 인간이란 존재는 "고통과 권태 사이를 시계추처럼 끊임없이 오가는"[12] 존재다. 물론 그리 기분 좋은 말은 아니다. 이 말은 쇼펜하우어가 철학사에서 완벽한 염세주의자로 손꼽히는 이유이기도 하다.

쇼펜하우어의 인생을 알면 그의 부정적인 세계관이 이해된다. 그는 아버지가 일찍 세상을 떠나면서 상당한 유산을 물려받았지만 젊은 나이에 죄다 잃었다. 쇼펜하우어는 상인이었던 아버지의 뒤를 따르려 했으나 비참하게 실패했고 철학자로서도 오랫동안 명성을 얻지 못했다. 말년에야 어느 정도 업적을 인정받지만 학자로서 그의 야망을 매번 하찮게 여긴 어머니와는 모든 관계를 끊어버렸다. 쇼펜하우어가 유일하게 곁을 허락한 존재는 반려견인 푸들 한 마리뿐이었다.

쇼펜하우어가 만든 '고통과 권태 사이를 오가는 시계추'라는 이미지는 많은 사람에게 널리 알려져 있다. 우리는 목표를 위해 열정적으로 노력하지만 목표 달성의 기쁨은 때로 절망적일 정도로 짧다.[13] 목표를 달성하면 홀가분해질 거라고 믿었지만 기쁨은 잠시뿐, 다음 성공을 향해 달려가고 싶은 마음만이 간절해진다.

세티야는 쇼펜하우어의 이러한 악순환 속에서 공허감을 해결할 실마리를 찾았다고 생각한다. 우선 쇼펜하우어의 공허감은 어디에서 비롯된 걸까? 미래를 위해 항상 현재를 희생함으로써 진짜 삶을 놓치는 것이 원인이다. 현재의 순간들이 마치 아예 없는 것처럼 느껴지는 것이다. 세티야는 평생 모든 일의 중심에 '텔로스(telos)', 즉 목표를 놓고 그에 초점을 맞추며 살아왔다.[14] 충분히 상상이 가지 않는가. 교수가 되려면 우선 좋은 성적으로 학교를 졸업하여 박사 학위를 받아야 한다. 특히 명문대 교수 자리를 차지하려면 가장 저명한 학술지에 논문을 게재해야 한다. 더 나아가 종신 교수직을 얻으려면 학술 단체에서 자신을 쉴 새 없이 혹사해야 한다. 목표 하나를 달성하기 무섭게 더 멀리 앞서나가야 한다는 생각으로 다음 과제를 시작하는 것이다. 인생에서 자부심을 느낄 만한 성취들을 제대로 만끽하지 못하고 다음 일로 넘어간다면 아무리 성공하더라도 계속 공허감과 불안만 남을 것이다. 이런 감정은 중년에 점점 더 세티야를 괴롭힌다. 만족, 행복, 내면의 평화 없이 성공이 무슨 소용인가?

젊을 때는 매번 새로운 계획을 따라가면 결국 언젠가는 평온에 도달할 것이라고 믿는다. 하지만 인생은 잘 정리된 책장이 아니다. 안타깝게도 목표 달성에 따르는 행복이 보기만 해도 편안하게 잘 정리된 책장을 만들어주는 것이 아니라 오히려 불안한 각성 상태로 이어지는 경우가 많다. 넘치는 일, 쌓이는 업무, 매번 새로 생기는 할 일 목록은 결코 저절로 끝나는 법이 없기 때문이다. 많은 사람이 이렇게 다짐하곤 한다. "이제 이것만 끝내고 나면 드디어 쉴 수 있겠지!" 그렇게 긴 세월이 흐르는 동안 우리는 매번 휴식을 다음 기회로 미룬다. 중년에 접어든 이들이라면 잘 알 것이다.

-

텔릭, 목표 지향적 생활

그토록 갈망하던 평온이 절대 오지 않는 이유는 어쩌면 과잉 풍요 탓일 수 있다. 중년은 충만함을 얻는 시기라고 하지만 실제로는 직장과 가정에서 의무를 잔뜩 짊어지고 녹초가 된 상태이기 때문이다. 하지만 세티야를 괴롭힌 것은 끝없는 업무가 아니었다. 그는 자기 인생을 끝없는 프로젝트 속으로 몰아넣는 바람에 인생에서 지속적인 행복감을 느끼지 못했다고 여긴다. 다행히 중간중간 성공을 거두긴 했지만 단 한 번도 진정한 만족감을 맛볼 수는 없었기 때문이다. 그의 인생은 항상 더 멀리 나아가고 더 많은 것을 해내는 데 초점이 맞춰져 있었다. 마치 어린아이가 이야기에 몰두해서 잠깐도 쉬지 않고 "그래서 그다음은 어떻게 됐는

데?"라며 다음을 재촉하듯이 말이다. 항상 다음에 무슨 일을 할지 쉼 없이 묻는 바람에 매 순간 집중할 여유가 없다.

그런데 이것만이 문제가 아니다. 세티야는 목표 위주의 삶을 비판하는 데서 한 발 더 나아가 이것이 정말 중요한 가치까지 파괴한다고 비판한다. 예를 들어 다음 단계에 도전할 더 나은 출발점에 서기 위해 우리는 지금 좇고 있는 목표가 지닌 본래의 가치를 잊는다. 마치 어떤 친구를 사귀다가 관계를 끊어버리고 다시 새로운 사람을 찾아 나서는 것처럼.[15] 자기가 끌리는 다음 일에 도전하기 위해 지금 이 일을 끝내야 한다면 원래 계획이 지닌 가치는 훼손된다. 이와 같은 '텔릭(telic)', 즉 텔로스적인 생활 방식은 전반적으로 가치를 더하는 게 아니라 가치를 파괴한다는 점에서 처참한 결과를 부른다. 이런 방식은 우리 인생에 아무 의미도 부여하지 못하며, 새로운 의미를 찾을 기회까지 영원히 앗아가 버린다.[16]

너무 극단적인 표현일까?[17] 많은 사람이 자신이 쟁취한 승리나 성공을 오랫동안 음미하곤 하니까 말이다. 노년에는 기꺼이(때론 남이 묻지도 않아도 자세하게) 등산 안내인도 없이 어떻게 4,000미터 높이의 산에 올랐는지, 넉넉한 재산도 없이 어떻게 세계 여행을 했는지 말하곤 한다. 엄밀히 말하면 중간 프로젝트를 완수하고 다음 목표가 이어진다고 해서 그 성취가 헛되거나 우리를 실망시키는 것은 아니다. 세상의 많은 일은 첫 단계를 달성해야 다음 단계에 과감히 도전할 힘을 얻기 마련이니까. 과거의 노력은 나중의 노력에 영향을 미치기에 어떤 프로젝트의 밑바탕에 열정이 없다면 더 큰 진전을 생각하기 힘든 법이다. 미슐랭 스타를 받기 위해 열심히 일하는 셰프가 별을 받으면 분명 기쁠 것이다. 별 하나를 받으면 동기부여가 되어 별 두 개, 세 개를 받으려고 더 열심히 일하는 것이 당연하다. 따라서 목표 달성은 발전으로 이어지므로 목표와 계획을 지향하는 텔릭의 삶이 헛되다고 말할 수는 없다. 성취 이후에 공허감이 뒤따르더라도 목표를 설정하고 관심사를 발전시켜나가는 일이 꼭 공허한 건 아니다. 도중에 실수하거나 실패해도 우리는 거기서 무언가를 배우고 얻으며 발전하기 때문이다.[18]

하지만 근본적인 문제를 찾자면 이런 것이다. 책을 쓰는 일을 예로 들어보자. 나는 이 책을 쓰면서 여기 제기된 철학적 문제를 숙고하고 내 생각을 이해하기 쉽게 펼치며 마침내는 해답을 얻고 싶다. 최소한 이 책을 다 쓰고 나서는 답을 찾았으면 좋겠다. 책을 다 쓰고 나면 나는 또 다른 질문을 떠올릴 것이고 그러면 다음 작업이 다시 시작될 것이다. 책을 다 쓰고 나면 철학적 문제가 정말 끝나는 걸까? 마렌 아데 감독의 멋진 영화 〈토니 에드만〉•에서는 영화 말미에 주인공 토니가 딸에게 행복한지 묻는

- 독일의 코미디 영화로, 인생을 즐기는 아버지 빈프리드와 완벽한 커리어를 가졌지만 내면이 공허한 딸 이네스의 이야기를 담았다. 영화에서 빈스프리는 토니 에드만이라는 가상인물로 변장하고 딸의 회사로 들이닥쳐서 상상을 초월하는 장난을 치며 딸의 일상을 배회하고 관여한다. 진정한 행복을 포기하고 살아가는 현대인의 모습을 유쾌하게 그려낸 영화다.

다. 딸은 질문에 대답하지 않고 아버지에게 질문을 그대로 되돌려준다.

"문제는 어떤 일을 그냥 체크하기만 하고 넘어가 버린다는 거야. 이것도 하고 저것도 해야 하는데 그러다 보면 그냥 인생이 흘러가 버려. 찰나의 시간을 어떻게 붙잡을 수 있겠어?"[19]

아텔릭, 지금 이곳의 나를 위한 일

자, 그럼 우리는 어떻게 찰나의 시간을 붙잡을 수 있을까? 항상 다시 새로운 일에 도전하기 위해 가장 빨리 처리할 수 있는 일부터 끝내는 사람을 예로 들어보자. 그는 분명히 현재를 다음 단계로 도약하기 위한 과도기로 축소해 생각하기 바쁘다. 이때는 우리가 실제로 얻을 수 있었던 충만함이 증발해버린다. 토니 에드만처럼 이 일 저 일 하느라 서두르면 인생은 그냥 흘러가고 우리가 갈망하는 진정한 평온은 찾아오지 않는다.

세티야는 목표를 위한 텔릭 활동에서 '아텔릭 활동(atelic activity)'으로 시선을 옮겨볼 것을 제안한다. 그러면 할 일을 계속 체크해야 한다는 느낌에서 벗어날 수 있다. 쉽게 말해 텔릭 활동에는 종료 지점이 있다. 예를 들어 장보기, 비용 결산, 잔디 깎기는 텔릭 활동으로서 일정 시간만 투자하면 일을 끝낼 수 있다. 반면에 아텔릭 활동은 종료 지점이 없는 활동이므로 진정한 의미에서 '끝낸다'라는 개념이 없고 확실한 종결도 없다. 산책하기, 고양이와 놀아주기, 친구 만나기 등은 아텔릭 활동이다. 이 활동은 언제든 중단하거나 정해진 시간에만 할 수 있지만 이 활동을 다 했다고 해서 활동이 '종료'된 게 아니다.

　이는 수년 전 내 아이들이 어릴 때의 일을 떠올리게 한다. 조용히 어떤 일을 끝내야 할 때면 나는 점심 식사 후에 아이들을 방에서 놀게 했다. 그동안 잠시나마 일에 집중하거나 20분이라도 낮잠을 자고 싶었던 것이다. 그런데 웬걸, 아이들은 곧 내게로 와서는 자못 진지한 말투로 "노는 거 끝났어요"라고 말하곤 했다. 아이들과 나는 이 활동을 완전히 다르게 생각했던 게 틀림없다. 나는 아이들이 아텔릭 놀이에 빠져 시간 가는 줄도 모르길 바랐는데, 아이들은 이 놀이를 방 안에서 끝내야 하는 텔릭 활동으로 받아들인 것이다.

　세티야에 따르면 끝낼 수 '없는' 활동에 집중해야 쇼펜하우어의 시계추를 멈추고 지금 이 순간의 충만함을 찾을 수 있다. 이 말은 반드시 다른 일을 해야 한다는 뜻이 아니라 다른 방식으로 일하라는 의미다. 예를 들어 달리기를 훈련한다면 원하는 순위나 특정 기록을 목표로 할 것이 아니라 자연에서 운동하는 데서 순수한 즐거움을 느껴보라. 코앞의 시험 때문에 책을 읽을 것이 아니라 순전히 그 재미에 빠져보는 것이다. 그런 식으로 목적과 종착점을 염두에 두고 행동해야 한다는 강박에서 벗어나 현재

경험하는 찰나의 순간을 즐길 여유를 확보할 수 있다.[20]

물론 이러한 시도는 쉽지 않다. 애초에 뚜렷한 목표를 가진 우리의 수많은 활동에서 아텔릭적 측면을 찾기는 힘들고 때로는 우리가 보내는 하루 대부분에 아텔릭적 면모가 아예 없을 수도 있다(청소기를 돌리거나 세금 신고서를 작성하는 일에 무슨 아텔릭이 있겠는가). 특히 내게 힘들었던 것은 글을 마무리 짓지 않은 채 신중하게 대화를 나누듯이 표현을 다듬으면서 즐거움을 누리는 아텔릭한 활동으로 바꾸는 것이었다. 적어도 나는 어떤 활동에 열중하는 것이 그 일을 끝내는 것보다 더 어려울 때가 많다. 나 혼자만 이렇게 느끼지는 않을 것이다. 아무튼 세티야가 말하는 "과정의 아름다움"[21]은 항상 저절로 실현되진 않는다.

세티야는 과정의 아름다움을 깨닫는 연습으로 마음 챙김 명상을 권한다. 조용히 앉아 호흡에 집중하고 찰나의 순간을 감지하며 소중하게 생각하면 된다.[22] 그러면 긴 대기 줄에 서서도 안절부절못하는 대신 차분하게 자기 차례를 기다릴 수 있다. 기다린다는 건 "욕망 없는 기다림", 즉 더는 목표에 좌지우지되지 않고 순간에 집중하는 것이다.[23] 마음 챙김은 수많은 영적 전통에서 추구하는 형이상학적 경험이 아니라 침착함과 평온을 찾기 위한 심리 훈련이다. 명상할 때 자신의 호흡과 신체, 주변의 소리에 주의를 기울이는 법을 배우고 나면 곧 호흡, 앉기, 경청처럼 간단한 아텔릭 활동도 소중히 여길 줄 알게 된다. 이런 훈련을 일상에 적용하면 우리가 하는 일에 포함된 아텔릭한 측면을 쉽게 발견할

수 있으며, 목표 지향적 사고에서 비로소 벗어날 수 있다.[24]

이 방법을 익히고 실천하면 심리적 안정을 얻을 수 있다. 현재에는 절대 없을 계획이나 예측에 연연하지 않게 되고 하루가 그냥 지나가는 시간이 아니라는 확신 속에서 시간을 소중히 여기게 된다. 그러나 이 방법은 많은 사람에게는 단기적인 효과만 있을 뿐이다. 한번 솔직해져보자. 쇼핑백을 들고 집으로 돌아갈 때, 끝없이 이어지는 화상회의 때문에 계속 앉아 있을 때, 쉴 없이 이메일을 쓸 때 '과정의 아름다움'을 찾을 수 있는가? 우리가 일단 일을 처리하는 상태에 돌입하면 토니 에드만처럼 "이것도 하고 저것도 해야 하는데 그러다 보면 그냥 인생이 흘러가 버린다"는 말을 안 할 수가 없다.

–

계획한 대로 사는 삶과 연속적인 삶

모든 것을 이뤘는데도 행복과 기쁨으로 충만하지 않고 이상한 공허감에 시달리는 이유를 한 걸음 물러나서 생각해보자. 일부 중년이 맞닥뜨리는 이 공허감은 분명히 텔릭한 삶에서 그 이유를 찾을 수 있다. 텔릭한 삶을 사는 사람은 언젠가 만족스럽고 충만한 최종 목표에 다다라 평온을 이루길 바라며 쉴 틈 없이 일하고 매번 다른 목표를 세우기 바쁘다. 젊은 시절에는 눈앞에 있는 갈림길만 지나면 더는 오를 곳이 없는 평화로운 고지가 펼쳐질 거라고 생각하기 쉽다. 하지만 중년기가 되면 매번 새로운 일과 목표가 자신을 짓누르는 일상의 늪에 빠져버린다. 그러면 갈망하던 충만함을 이루기란 요원하다. 이 경우 특유의 내적 공허감을 느끼게 되는데, 빠져나올 유일한 방법은 계속 서두르지만 말고 의식적으로 늪에서 나오려 노력하면서 아텔릭한 활동으로 충만함을 찾는 것이다.

모든 사람이 똑같이 일의 소용돌이에 빠질 위험이 있는 건 아니다. 심리학 연구에 따르면 일과 직업상의 성공을 강하게 동일시하고 명성과 사회의 인정을 중요하게 여기는 사람은 성공을 맛본 후에도 안주하지 않는다. 특히 성공을 위해 많은 것을 타협한 야심가일수록 중년에 인생의 위기에 빠질 위험이 더 크다.[25] 반면에 자기 직업이나 경력을 별로 중요하게 생각하지 않는 사람은 여기서 다루는 문제에 별로 공감하지 못할 것이다. 더 느긋하게 살아도 되는데 어째서 저렇게 서두르는 걸까?

텔릭적 삶의 고통을 너무 성과에만 치중하는 사람의 성격적 약점 탓으로만 돌릴 수는 없다. 그 이유는 첫째, 인정이 능력과 밀접한 연관이 있다고 보는 능력주의 사회에서는 경쟁적 사고방식에서 벗어나기가 쉽지 않다. 대개 가진 자만이 그런 특권을 누린다. 이런 사회에서는 모든 사람이 자기 운명은 스스로 개척해야 한다는 신조를 내면화하기 때문이다.[26] 둘째, 성장에 몰두하는 사회에서는 사회 구성원 대다수가 최선을 다해 지위를 높이려고 한다. 그들은 자신을 타인과 비교하면서 더 성공하고자 하지만 이런 노력이 어떻게 평가될지는 불확실하다. 지나치게 경직된 텔릭적 생활 방식에 시달리는 것이 꼭 그 사람 탓만은 아니다.[27]

그럼 모든 일을 이루고 눈앞에 수북이 쌓인 업무를 완전히 처리했다면 다음에는 무슨 일이 일어날까? 아마도 우리는 일찍이 원대한 꿈을 갖고 피땀 흘려 노력해서 한 계단 한 계단씩 올라갔을 것이다. 우리가 원한 것을 거의 이루고 아주 행복하다고 생각한 바로 그 순간 우리는 두려움에 사로잡히게 된다. '다음엔 무슨 일이 일어날까, 이제 무엇을 해야 하나, 앞으로 내 일상을 무엇으로 채워가야 하나?'라는 생각이 떠오르기 때문이다. 성공을 축하하고 인생을 즐기다 보면 한동안 즐거울 것이다. 하지만 그 기분이 수십 년씩 지속될까?

여기서 느끼는 절망의 형태는 좀 다르다. 이 절망은 '인생의 꿈'이나 '인생 계획'처럼 과장된 생각에서 비롯된다. 유년기와 청소년기에는 큰 꿈을 그리고 이에 따라 인생의 우선순위를 정한다. 이런 인생 계획을 세울 때 중년은 분명 중요한 시기다. 중년에 이르면 인생에서 이루고 싶은 꿈을 품은 사람 대부분이 그 꿈을 이루었는지, 아니면 실패를 인정해야 할지를 알게 되기 때문이다. 3장에서는 중년기에 아무리 노력해도 자기 사업만으로 생계를 유지할 수 없거나 갖은 노력을 해도 아이가 안 생길 경우 이를 인정하기가 얼마나 괴로운지를 알아보았다. 이번에는 좀 더 행복해 보이는 사례를 들여다보자. 바로 모든 일이 잘 풀려서 직업적으로나 개인적으로 더 나아질 수가 없는 상황이다. 그럼 그다음엔 어떻게 될까? 앞으로 우리는 무슨 계획을 세워야 할까? 앞으로 나아가기 위해 노력했던 모든 일이 이제 멈춰버리면서 삶에 공허감만 남으면 무엇을 해야 할까?

질문에 답하기 전에 한 걸음 더 들어가 질문해볼 수 있다. 계획 또는 최소한 장기적 목표에 따라 인생을 구성하는 게 좋은 생각일까? 이는 철학에서 오래전부터 논쟁거리가 되었던 문제다.[28] 정치철학자 존 롤스(John Rawls)는 1971년 출간한 『정의론』에서 좋은 인생이란 합리적이고 장기적인 계획에 따라 사는 인생이라고 말한다.[29] 이 생각에는 여러 시사점이 있다. 동물과 달리 인간은 자기 인생을 주도하며 유의미한 이야기로 만들어가는 존재다. 인간은 그저 우연과 운명에 미래를 맡기지 않고 미래를 자신의 것으로 만든다. 계획은 이런 활동에 도움이 된다.

하지만 인생 계획에 너무 치중해서 유연한 태도를 잃는다는 단점도 있다. 중년이 특히 목표를 이루고 꿈꾸던 많은 일을 그대로 실현하는 인생 최고의 시기가 될 수 있다면 그 이후에는 어떻게 될까? 어떤 목적을 가지고 노력을 기울일 만한 새로운 일을 찾지 못하면 흥미도 만족도 없는 공허감에 빠질 위험이 있다. 모든 계획 이후에 항상 새로운 계획이 뒤따르는 것은 아니며, 세티야처럼 더는 새로운 계획이 생각나지 않을 수도 있다. 그래서 어떤 사람은 계획을 강조하는 게 우리의 행복에는 오히려 해롭다고 주장한다. 인생행로는 결코 계획대로 전개되지 않고 계속 나타나는 협곡과 예기치 않은 정상을 지나며 구불구불 흘러가는 법이다. 이런 관점에서 페미니즘 철학자 마거릿 어번 워커(Margaret Urban Walker)는 이렇게 말한다. 인생을 계획할 수 있다고 생각하는 것은 인생을 마치 경력, 즉 '커리어 라이프(career life)'처럼 여기는 일이다. 문제는 바로 여기서 생긴다.[30]

인생을 경력에 비유하는 것은 1장에서 살펴본 계단 그림에서 좀 더 발전한 형태다. 실은 이런 이미지의 많은 부분이 우연과 운명에 달려 있는데도 이 그림에는 인생이 계획과 질서에 따라야 하며 무엇보다 일관성이 있어야 한다는 생각이 깔려 있다. 그러다가 불행한 운명이나 불안정한 성격 등으로 인한 단절이나 전환점을 만나게 된다. 이는 누군가가 변경하고 충분히 생각한 결과이기에 아무나 조정할 수 없다. 많은 사람이 말하듯이 우리 정체성은 자신이 누구인지 말할 수 있는 논리 정연한 이야기에 달려 있다. 갑작스러운 우여곡절이 끼어들면 이야기를 전하기가 어려워지는 법이다.

그렇다고 정체성이 일률적이고 완전히 계획적으로만 발전해야 한다는 의미는 아니다. 당연히 큰 목표와 장기 계획에서는 지속적인 헌신이 필요하다. 정치 경력, 인기 있는 협동조합 주택, 오래 지속되는 깊은 우정 등은 하루아침에 이뤄지는 일이 아니다. 오늘날 부유한 사회에서 화두가 되고 있는 수명 증가는 평생에 걸쳐 여러 번 장기 계획에 착수하는 것을 가능하게 했다. 결혼생활을 예로 들어보자. 만약 서른 살에 결혼한다면 앞으로 50년 내지는 60년도 함께 살 수가 있다. 상대가 자신에게 맞는 사람인지 의문을 품기에 충분한 시간이다. 직장에서도 마찬가지다. 한 번 배우면 끝인 단일 교육 프로그램을 기반으로 한 직업은 점점 줄어들고 많은 기업의 요구에 따라 평생 학습해야 하는 부담이 생겼다. 사람들은 은퇴 이후에도 20년 이상은 계속 일할 수 있고, 또 일하고 싶어 한다.

그래서 어번 워커는 '커리어 라이프' 이미지 대신 '연속적인 삶(seriatim life)'을 권한다. 연속적인 삶이란 계속 새로운 관심을 기울일 여지를 주면서 끊임없이 변화하는 삶이다. 삶을 경력으로 보는 것을 비판하는 이 관점이 페미니즘 철학에서 나온 건 우연이 아니다. 특히 그는 중년기에 엄마의 삶에 갇힌 여성이 오히려 삶의 변화와 단절을 통해 인생 후반부에도 새 출발이 가능하다고 보고 이를 자율성의 훼손이 아니라 자율성의 확장으로 해석한다.

어번 워커가 제안하는 '연속적인 삶'은 계획 자체가 지닌 장점에 반대하지는 않는다. 인간에게 중요한 수많은 일은 계획 없이 불가능하다. 휴가지를 예약하거나 파티를 준비하거나 어떤 정치 이념을 추구하는 일에는 계획이 필요하고 계획이 없으면 많은 일이 수포가 되지 않을까? 게다가 사회적 존재인 인간은 완전히 고립되어 살 수 없고 다른 사람과 협력해야 하는 관계망 속에 있다. 그런 인간에게 계획을 세우는 건 위대한 능력이며 어떤 점에서는 좋은 삶의 필수 조건이다. 다만 어번 워커는 이성적인 인간으로서 자율적인 삶을 추구하려면 계획에 맞춰 살아야 한다는 지배적인 견해에 반대할 뿐이다. 우리가 인생에서 소중하게 생각하는 많은 일은 계획하거나 노력한다고 이뤄지지 않으며 오히려 말 그대로 '행운'이 있을 때만 가능하다. 인생의 반려자를 만나고, 사업 투자를 받고, 외국에서 행복한 삶을 사는 건 결국 완전히 우리에게 달린 일만은 아니니까. "인생 계획을 광신하는 사람"[31]은 아무리 계획을 잘 세우더라도 자신이 어쩌지 못하는 일이 있다는 것, 그 일을 목표로 아무리 노력해도 성취가 불가능할 수 있다는 것을 간과하곤 한다.[32]

우리 기대를 실현하려면 적극적이고 이성적인 계획과 더불어 삶의 혼란과 갈등에 대한 열린 자세가 필요하다.[33] 때로 우리의 갈망과 욕구는 우리가 원하는 방향으로 꿈이 펼쳐지도록 인생 무대를 설치하는 데 도움이 된다. 가령 오래가는 우정을 원한다면 집에 혼자 앉아 있어서는 안 된다. 마찬가지로 시골에서 여생을 보내고 싶다면 다른 사람에게 그 꿈을 이야기해야 한다. 그래야 누군가가 이 꿈에 공감하고 빈 농가라도 함께 둘러보러 가주지 않을까?

이는 우리 행동의 더 세밀한 부분에도 적용된다. 계획한 일과 실제 벌어지는 일, 즉 텔릭과 아텔릭 활동은 똑같은 하나의 행동에 녹아 있다. 뜨개질을 한다고 생각해보자. 나는 항상 긴장을 풀려고 스웨터를 뜨기 시작하지만 완성하는 경우는 거의 없다. 하지만 나는 뜨개질을 즐긴다. 만약 내가 뜨개질을 까다로운 일이라고 생각하거나 인내심이 너무 빨리 바닥난다면 도저히 이 일을 즐길 수 없었을 것이다. 뜨개실이 겨우 소매 하나를 만들 정도만 있다는 사실을 처음부터 알았더라도 마찬가지다.

1922년에 발표된 라이너 마리아 릴케의 시 「오르페우스에게 바치는 소네트」에 아름다운 구절이 있다.

연못에 비친 그림자가
우리 앞에 사라질 듯이 움직일지라도
그 형상을 알 수 있으리.

여기서 형상을 텔로스로 본다면 텔로스는 우리가 하는 모든 일은 아니더라도 많은 일에 그 존재가 투영되어야 한다. 그러지 않으면 수많은 행위와 노력이 무의미해진다. 그렇다고 이미지를 손에 움켜쥐고 바깥세상을 거기 맞추려고 서두르는 일 또한 무의미할 뿐이다.

'의미 있는 삶'의 기준

지금까지 모든 것을 이뤘다고 느끼는 중년에 안도감만이 아니라 공허감까지 느끼는 이유가 무엇인지 알아봤다. 그 덕분에 자신이 다다른 고지에서 현재에 더욱 집중하고, 내면화된 이상적인 성취와 어느 정도 거리를 두고, 자신을 충만하게 채우는 활동을 찾으면 중년의 위기를 극복할 수 있다는 것을 알게 되었다.

다시 한번 톨스토이를 예로 들어보자. 그는 위기에서 벗어나려고 어떤 노력을 했을까? 우선 그는 흥미로운 새 과제를 찾아 과학에 몰두했지만 행복해지지는 못했다. 다음으로 그는 젊은 시절 언제나 힘과 위안이 되었던 신앙생활로 돌아가 보려고 시도한다. 그 순간에 집중하고 머물려는 노력을 멈추는 시도였지만 이 핑계, 아니 도피도 실패하고 만다. 신앙은 톨스토이의 마음을 움직이거나 그의 마음에 닿지 못한다. 톨스토이가 관찰한 결과 행복의 열쇠는 "평범하게 일하는 사람들"[34]에게 있었다. 이들은 이런저런 의문을 품거나 무엇을 요구하는 일 없이 자기 일에 몸을 바친다. 또한 밭을 일구어 먹여 살릴 입들을 돌보는 일에만 매진한다.

톨스토이는 이렇게 의심의 여지가 없는 책임감에서 삶의 심오한 의미와 충만함을 깨닫는다. 이런 책임감은 그의 내면의 공허감을 잊게 해줄 뿐만 아니라 삶의 지침이 된다. 물론 자세히 들여다보면 그의 판단이 성급했다고 볼 수도 있다. 톨스토이 주변의 육체노동자들은 극심하게 가난했고 유아 사망률은 높았다. 톨스토이도 짐작했듯이 책을 보며 공부할 여유 같은 건 없었다. 부유한 자가 거들먹거리면서 '평범한 사람'의 과묵한 겸손을 칭찬하는 건 순진하기 짝이 없는 일이었다. 그럼에도 톨스토이의 결론은 명확하다. 그는 진정한 행복의 열쇠는 자연을 존중하고 자신의 소소한 삶을 초월하는 무언가를 책임지는 자세에 있다고 생각한다.

그러면 자기 삶 너머의 먼 곳으로 눈을 돌리면 삶의 의미가 가져오는 위기를 극복할 수 있을까? 삶의 의미가 어디에 있느냐는 오래전부터 철학의 주제였고[35] 노스캐롤라이나대학교 철학 교수 수전 울프(Susan Wolf)의 논평이 이 의문에 명확한 답을 준다. 울프는 이런 결론을 내린다. 인생이란 한편으로는 주관적으로 만족스럽고 다른 한편으로는 자기 외부의 객관적으로 값진 것에 이바지할 때 유의미하다고.[36] 첫 번째 기준은 누구나 공감하고 널리 공유되는 직관이다. 유의미한 삶에는 우리가 사랑하고 열정을 불태우고 우리를 충족시키는 요소가 있다. 우리는 짧은 인생에서 예상 가능한 일이나 당장 편한 일만 하지 말고 열정적으로 최선을 다해 자신이 정말 사랑하는 일을 찾아야 한다.[37] 주변 환경에서 소외되거나 끊임없이 지루함을 느끼는 사람은 자기 인생이 의미 있다고 느낄 수 없다.[38]

울프의 두 번째 기준은 의미를 파악하기가 좀 더 힘들고 철학적으로도 논란의 여지가 있다. 이 기준에 따르면 자기 관심사만 좇지 않는 삶이야말로 삶 자체를 넘어서는 가치를 가지며, 이때만 삶이 의미 있다. 난민 아동에게 우리말을 가르치거나 동물보호단체의 청원서에 서명을 받으러 다니는 등의 도덕적 가치를 지닌 기준만이 아니다. 미적, 예술적, 과학적, 사회적 가치를 추구할 수도 있다. 예를 들어 우리는 이웃의 삶의 질을 높이기 위해 새로 공원 조성을 도울 수도 있고 합창단의 임원으로서 서로를 더 친절하게 대할 수도 있다. 반면 매일 스도쿠 퍼즐만 풀고 자기가 키우는 고양이에만 신경 쓰는 사람은 아무리 이런 활동으로 충만함을 얻었다고 해도 울프의 관점에서는 의미 있는 삶을 산 게 아니다.[39] 앞서 말한 두 가지 기준이 충족되지 않았기 때문이다. 우리 스스로 (전부는 아니어도 부분적으로라도) 일을 흔쾌히 하고 행복을 느껴야 한다. 즉 일을 즐겨야 한다. 그리고 우리 인생에서 자기 관심사에만 국한되지 않고 가치 있는 계획에 한몫한다는 부분이 중요하다.

이쯤에서 이런 의문이 들 것이다. 어떤 계획이 가치 있는지 없는지는 누가 결정하는가? 이런 관점은 엘리트 백인 계층의 오만함을 반영한 게 아닌가?[40] 울프의 주장을 말 그대로 받아들이면 이런 비판에는 근거가 없다. 첫째, 울프는 우리 외부의 가치 있는 일에 헌신하는 것에 대해 광범위하게 설명한다. 분명히 동의할 만하다. 도덕심리학자 조너선 하이트(Jonathan Haidt)는 수전 울프와의 토론에서 자신이 강의 중에 만난 어느 여학생에 관해 들려준다. 그 학생은 승마가 자신에게 얼마나 중요한지, 자신이 동물과 자연을 얼마나 사랑하는지 말한다. 그리고 자신의 친구 대부분도 승마를 즐기고 자신도 승마 동호회의 회원이라면서 자신이 말과 승마에 대한 심오한 지식을 습득했다고 말한다.[41] 여기서 울프는 그 학생에게 승마는 단순한 취미가 아니며 승마가 우리 가치를 넘어서도록 돕는 충분한 방식이라고 본다. 학생은 승마와 말을 사랑하는 데서 멈추지 않았다. 그는 자신의 열정을 말과 말

의 복지에까지 쏟았고 자신과 뜻이 같은 사람들과 힘을 합치기까지 한다.[42]

둘째, 울프의 제안이 존재의 의의를 평가하거나 특정한 삶의 방식을 부정한다고 생각하면 안 된다. 오히려 울프는 많은 사람에게 중년기에 닥치는 의문에 답을 주려는 목적으로 접근한다. 내 인생에서 가장 자유로운 시기인 지금, 좁은 의미에서 더는 이룰 게 없고 무언가가 될 필요도 없는 지금, 나만의 자유를 갖고 내 인생에서 무엇을 해야 하는가? 재미있는 오락거리는 항상 있었고 이에 반대할 이유는 없다.[43] 하지만 그것 외에 우리의 하루나 세월을 채울 것이 있는가? 울프는 타인에게 추구할 만한 가치와 그렇지 않은 것을 말할 권한은 누구에게도 없다고 강조한다. 삶의 방식에 대한 철학적 비판이 반드시 권리 침해인 것은 아니다. 객관적으로 의미 있는 것에 대한 의문은 모두가 제기할 수 있으며 이 의문에 관하여 우리의 경험과 생각을 주고받을 때 최선의 대답이 나올 수 있다.[44] 따라서 1장에서 한나 아렌트의 말을 인용했듯이 "(도무지 이해할 수 없는 것에서 오는) 무력감을 (…) 공동의 대의로 만들어야 한다."[45]

오십을 위한 성찰 프로젝트

삶의 의미를 묻는 것은 철학만이 아니라 사회과학 분야에서도 가능하다. 흥미롭게도 의미 있는 삶에 대한 울프의 제안은 발달심리학의 생산성 개념으로 뒷받침할 수 있다(중년 연구에서는 중요한 대목이다). 생산성(generativity)이란 용어는 정신분석학자 에릭 H. 에릭슨(Erik Erikson)이 교육학자이자 미술치료사인 아내 조안(Joan) 에릭슨과 1959년에 만든 심리사회 발달의 단계에 등장한다.[46] 둘은 C. G. 융의 분석을 통해 전 연령대에 걸친 삶의 만족도를 다룬다. 그리고 다음 발달 단계에 도달하기 위해 극복해야 하는 연령별 심리사회적 도전 과제를 8단계로 구분한다.

원래 프로이트주의자였던 에릭슨은 모든 인간 심리의 위기를 성심리상의 트라우마로 설명하는 프로이트의 사상에서 벗어나 사회적 측면의 정체성 위기 개념과 비교하기에 이른다. 에릭슨에 따르면 인간에게 주어진 과업은 견고한 정체성을 쟁취하는 것이고, 그 싸움은 사회에서 자기 자리를 차지하기 위한 투쟁이기도 하다. 중년은 에릭슨의 발달 단계에서 7단계에 해당하고 40~65세가 여기 속한다. 중년에게는 부모와 자신을 분리하여 자신이 누구인지, 어떤 사람이 되고 싶은지를 찾는 것이 주된 목표가 아니다. 이제는 이미 만들어진 정체기를 저지하는 것이 목표다. 이 목표는 사람이 '생산성'이라는 태도를 내면화하고 자신의 소소한 삶에서 커다란 전체로 시야를 넓혀서 이후 세대를 위한 가치를 창조하고 전달하고 확보하는 것으로 달성된다. 에릭슨에게 중년의 과업은 자기 발전만 염두에 두지 않고 자신의 자녀와 후손 그리고 전 세계를 아우르는 발전을 생각하는 일이다. 이에 따라 에릭슨은 생산성을 성공적인 중년의 기준으로 삼는다. 수전 울프가 객관적 가치에 대한 기여도를 의미 있는 삶의 기준으로 보는 것과 매우 유사하다.[47]

이 의견에 동의한다면 헬싱키대학교 교수인 안티 카우피넨(Antti Kauppinen)의 '성찰 프로젝트'에 참여해보는 것은 어떨까? 성찰 프로젝트는 산책, 명상, 낮잠 같은 순수 아텔릭 활동과 구별된다. 자기 자신을 위해서가 아닌 우리 외부에 있는 선을 위해 활동하기 때문이다. 성찰 프로젝트의 예로 정치 참여 활동이나 부모가 되는 것[48] 또는 어떤 협회의 지도부가 되거나 후원 관계를 맺는 일 등이 있다. 우리는 팀을 이끌거나 자녀를 양육할 때 우리 자신만을 위할 수 없다. 그건 우리가 책임지고 돌보면서 주의를 기울여야 할 사람이 중심에 없으므로 결국 그 역할의 적절성을 훼손하는 것이기 때문이다. 그렇게 되면 우리는 권위를 확장하거나 이미지를 갈고닦는 데만 치중할 것이다. 성찰 프로젝트는 다르다. 목표를 한번 설정하고 나면 단번에 달성할 수가 없고 자신에게만 유익한 일이 아닌 가치 있는 무언가에 책임지고 적극적으로 참여하도록 설계되어 있다.

인간이 하는 일은 대개 세 가지 활동으로 이뤄진다. 목표를 달성하고 처리하는 텔릭 활동, 한 가지 일에 몰입하는 아텔릭 활동, 그리고 자신을 위한 객관적 가치를 지향하는 외부와의 연결 활동이다. 많은 일이 이 세 가지 활동으로 압축 분류된다. 노래하기를 예로 들어보자. 노래를 잘 부르려면 꾸준하게 연습하고 호흡법에 통달하여 스스로 발전해야 한다(텔릭). 그러나 오랫동안 노래를 재밌게 부르려면 노래 자체가 즐겁고 관련 활동이 만족스러워야 한다(아텔릭). 그러다 보면 합창단원이 되어 다른 사람에게 감동을 주는 노래를 부르자는 결심을 하게 될 수도 있다(연결). 이 세 가지 방식은 인생의 모든 단계에 적용할 수 있다.

  짐작건대 중년에는 세 번째 방식이 더 중요해지고 첫 번째 방식의 의미는 다소 퇴색하는 듯하다. 축구 경기를 생각해보자. 성년기 초반에는 최고의 축구 선수가 되어 가장 좋은 팀에서 완벽한 경기를 하길 바란다(텔릭). 하지만 나이 들수록 대다수는 경기 자체를 즐기면서(아텔릭) 경기 후에는 맥주를 마시며 친목을 다지는 것을 더 중요하게 생각한다(연결). 여기서 좀 더 나이가 들면 직접 경기를 뛰는 일보다는 축구와 관련된 전반적인 활동에 관심을 더 기울인다(성찰 프로젝트). 축구 협회 일을 한다거나 유소년 선수를 지도한다거나 축구 자체에 열정을 갖고 경기 해설을 하기도 한다. 에릭슨 부부의 주장대로라면 중년에는 자기 발전에 전념하기보다 다른 사람에게 유익한 일에 관심을 기울이는 편이 훨씬 중요해지는 것이다.

책임과 배려의 파급효과

4장에서는 중년을 '최고의 시기'라고 부르는 이유와 중년의 풍요로움을 활용하는 법을 살펴봤다. 중년이 풍요로운 것은 풍부한 인생 경험과 안정적인 삶 덕분이라는 것, 더불어 이 시기를 유의미하게 잘 살려면 특별한 과업이 필요하다는 것도 이제 알게 되었다. 젊은 시절 우리는 먼저 자신에 대한 책임을 지면서 발전해 나가고 때로는 포기도 하며 성장해 자신만의 견해를 구축해야 했다. 인생의 절반을 지나온 지금 우리는 주변에서 일어나는 일과 주변 사람들에 대해 점점 더 큰 책임을 지게 된다. 늙은 부모님이 세상을 떠나고 나면 우리는 그 뒤를 이어 젊은 세대에게 모범을 보이며 그들이 가치 있고 충만한 삶을 살도록 지원해야 한다. 중년에 좋은 삶을 산다는 것은 풍요가 주는 기회를 홀로 만끽하지 않고 다른 사람이나 주변의 생명체에게 베풀어 우리 이후의 세대도 행복하게 살 수 있도록 무언가를 물려주는 일이다.

에릭슨의 발달 모델과 울프의 의미 있는 삶을 토대로 이 말을 덧붙이고 싶다. 우리가 책임져야 할 아이를 낳았기 때문에, 아니면 미래 세대에게 훼손된 지구를 물려주지 말아야 한다는 이유 때문에 도덕적 책임이 생기는 게 아니다. 우리 외부의 문제를 걱정하는 것은 그것이 우리 자신의 삶에도 의미 있기 때문이다. 그리고 성공적인 삶이란 관점에서도 우리에게 좋은 일이기 때문이다.

무언가를 돌보고 배려하는 자세는 무엇보다 삶의 허무함에 대항하는 방식이다. 이를 '파급효과'라고 부르는데, 중년 이후 그리고 노년기에는 더 본격적으로 다른 사람에게 무언가를 갚거나 물려줌으로써 자신의 덧없음에 따른 고통을 줄일 수 있다. 이런 식으로 우리는 우리가 어떤 것의 일부는 되지 못해도 우리 안의 무언가가 계속 살아갈 수 있음을 깨닫게 된다.[49] 죽음은 더 이상 우리가 아끼는 모든 것의 종말이 아니다. 우리의 일부는 살아남아 계속 이어질 것이고, 그렇게 죽음이란 비극적 사건이 조금은 희석될 것이다.[50]

질병이나 가난 같은 불행한 사건으로 인해 행복한 삶을 살지 못할 수도 있다. 존 스튜어트 밀은 "어지간히 자비로운 운명"의 축복을 받고서도 불만족스럽다면 문제는 대개 자기 자신에게 있다고 말한다. 자기에게만 치중하는 태도는 특히 죽음에 대한 공포를 극대화한다.

> 공동체에든 개인에게든 정서적 애착이 없는 사람은 매력적인 삶과 상당히 멀어진다. (…) 반면에 자신이 사랑하는 것을 남기고 간 사람들, 특히 인류의 관심사에 공감한 사람은 죽음의 그림자가 덮쳐 와도 젊고 건강할 때처럼 삶에 대해 혈기 왕성한 흥미를 보인다.[51]

중년기에 책임감을 느끼고 남을 돌봐야 한다는 주장에 짜증을 내는 사람도 있을 것이다. 예를 들어 평생 아이와 가정을 돌보다가 중년 후반기에야 비로소 자신의 흥미와 욕구에 눈을 돌릴 여유가 생긴 여성이 있다. 아직 손자도 노쇠한 부모도 돌볼 필요가 없는 이 여성은 "이제는 나도 나 자신을 돌볼 자격이 있지 않나요?"라고 말할 수 있다. 물론이다. 이 책에서는 중년에 성공적인 삶의 방식이 무엇인지 확실히 제안하지 않는다. 그저 중년의 충만함을 이해하는 방법과 중년기의 전형적인 도전 과제를 이야기할 뿐이다. 모든 사람이 반드시 내가 언급한 어려움을 겪거나 충만한 경험에 근거한 접근 방식을 따를 수는 없다. 철학은 엄밀한 의미에서 '해답'을 제시하지 않는다. 철학은 단지 통찰력 있게 자기를 인식하게 하고 삶과 그 방식에 관해 깊이 생각하게 할 뿐이다.

이 장에서 나는 전부는 아니어도 일부 중년층에게 닥칠 만한 공허감을 다뤘다. 이 공허감은 산더미 같은 일이 영원히 끝나지 않을 것처럼 보이거나 모든 것을 이룬 듯한 순간에 앞으로 무엇을 해야 할지 모를 때 생겨난다. 평생 다른 사람을 돌본 사람은 정작 자기 인생에 숨 돌릴 틈도 주지 않았다는 생각을 떨칠 수 없다. 이들에 관해서는 다음 장에서 알아볼 것이다.

이 장에서 활용한 수단을 통해 구체적으로 돌봄 노동에 대한 새로운 관점을 가질 수 있다. 어떤 사람은 부모 역할이나 가족을 돌보는 일에 충실하여 그 일을 포기하거나 역할을 분담할 필요 자체를 느끼지 못한다. 그런가 하면 또 다른 사람은 돌봄 노동에서 아무런 충족감을 느끼지 못한다. 결국 돌봄 활동에 종사한대서 언제나 생산적이고 충만하게 타인과 관계를 맺는다고 보긴 힘들다. 의미 있는 삶이란 두 가지 측면을 모두 충족해야 한다. 주관적인 감정으로 어떤 일에 열정을 불태우며 객관적으로는 가치 있는 일에 이바지하는 것이다. 당연히 우리를 만족시키지도 못하고 딱히 가치가 없는 일도 있다. 모든 삶에는 단조롭고 평범하고 지루한 순간이 존재한다. 하지만 전반적으로 성공적이고 의미 있는 삶은 두 가지 측면을 모두 갖춰야 한다. 어떤 일을 향해 불타오르는 내면의 열정이 꺼져버리거나 아예 불타오른 적이 없다면 언제든 소외감이 자리를 차지할 것이다. 무엇보다 중년기에는 자신에게 정말 중요한 것이 무엇인지 밝혀내고 열정의 불씨를 살릴 방법을 찾아야 한다.

Chapter 6

설렘과 경이는 모두 어디로 갔을까

내 인생에는 낙이 없었다. 아이는 독립했고,
남편은 아프고, 지금까지 해온 글쓰기에도 회의가 들었다.
나는 중년 여성을 괴롭히는 투명 인간이 된 듯한
쓸쓸한 기분이 들었다. 나는 누구의 눈에도
띄고 싶지 않았다. 수많은 사람의 얼굴도 보고 싶지 않았고
선의의 조언이랍시고 건네는 말도 듣고 싶지 않았다.
그래서 사라져버렸다.[1]

_카티야 오스캄프

"살아 있다는 게 중요해.
그 외의 모든 것은 시간 낭비야."[2]

_A. L. 케네디

소피아 코폴라 감독의 〈사랑도 통역이 되나요?〉(2003)만큼 인간의 고독을 효과적으로 묘사한 영화는 드물다. 배우 빌 머레이는 일본 위스키 광고 촬영 차 도쿄에 여행 온 중년의 미국 영화배우 밥 역할을 맡았다. 밥은 촬영 중간에 짬이 나면 낯선 고급 호텔의 바, 수영장, 자신의 방에서 시간을 보낸다. 가끔 미국에 있는 아내와 통화를 하지만 둘 다 서로 할 말은 없어 보인다. 그는 칭얼거리는 아이들에게 방해받지 않아서 오히려 홀가분해 보이기까지 한다. 그의 아내가 원하는 것은 페덱스 소포로 일본에 보낸 서재용 카펫 샘플을 보고 밥이 색상을 골라주는 것뿐이다. 아내는 확실히 자주색을 선호하는 듯하지만 말이다. 하지만 밥은 카펫 색상은 아무래도 상관없을 정도로 무기력하다.

며칠간 잠 못 이루고 괴로워하던 밥은 젊은 여성 샬럿(스칼렛 요한슨이 연기했다)을 호텔에서 만난다. 역시 미국에서 온 샬럿은 타블로이드지 사진기자인 야심가 남편을 따라 도쿄 일정에 동행했지만 정작 남편은 아내와 보낼 시간이 없다. 샬럿은 주로 호텔에 혼자 남아 지루한 시간을 어떻게 보내야 할지 감조차 잡지 못한다. 언어와 문화가 낯선 일본 대도시에 머물게 된 밥과 샬럿 사이엔 일종의 우정이 싹튼다. 밤마다 함께 술집을 돌아다니며 괴상한 노래방 이벤트에 참여하는 등 둘이 낯선 환경을 배회하는 장면은 심오한 실존적 일탈의 상징으로 보인다. 둘은 각각 인생의 길을 어떻게 찾아야 할지 모른다. 갓 스물이 넘은 샬럿은 대학에서 철학을 전공했고 신혼생활 중이지만 학사 학위로 뭘 해야 할지, 그렇게 행복하지만은 않은 결혼생활을 어떻게 이어나갈지 알 길이 없다. 샬럿 앞에 놓인 인생은 헐렁거리는 옷처럼 너무 커 보일 뿐이다. 반면 쉰을 조금 넘은 밥은 집과 아내, 아이들이 있고 영화배우로서 화려한 경력을 쌓으며 탄탄대로를 걷고 있지만 정작 그는 자신이 열정적으로 하는 일이 없다고 생각한다. 촬영장에서 광고 문구를 매번 '좀 더 강렬하게(more intensity)' 외쳐달라는 주문을 받을 때면 의욕 상실은 더 심해진다. 밥의 인생은 샬럿의 인생과 달리 너무 꽉 끼는 옷 같다. 그래서 카펫 색상을 고르는 자잘한 문제조차 답하지 못할 정도로 여유가 없다.

밥의 공허한 감정 상태는 조금은 서글퍼 보인다. 매번 새로운 목표를 향해 악착같이 일하지만 뭔가 불만스럽다. 원하는 것은 이미 다 이룬 것 같고 무슨 새로운 도전을 해야 할지도 모르겠다. 하지만 굳이 스스로 의문을 제기하지는 않는다. 그는 속절없이 흐르는 시간을 원망하거나 예전 결정을 후회하지도 않는다. 그저 심각한 권태감 속에서 감정적으로 메말라 있는 듯하다. 그의 빛나는 인생에는 확실히 깊은 금이 갔고 화려한 광채는 사라졌다. 밥의 인생은 '낙이 없어' 보인다. 그럼 이런 무미건조한 느낌은 무엇을 의미하며 어디에서 나올까? 이 실존적 황무지가 지닌 회갈색의 감정은 중년에 어느 정도나 영향을 끼칠까?

―

더 이상 처음은 없다

인생이 무미건조하고 음울해졌다는 느낌이 드는 이유는 아마 어른의 삶에는 틀에 박힌 일만 반복되기 때문일 것이다. 그러면 결국에는 지루한 감정이 들 수밖에 없다. 밥이 아무리 엄청난 명성을 얻고 큰 대가를 받을 일을 소개받더라도 시간이 지나면 그저 똑같은 일의 반복으로만 여겨질 것이다. 이런 느낌은 때로 우리의 일상을 기습하기도 한다. 예를 들어 아침에 식탁에 앉아 커피를 마신다고 하자. 문득 방 안의 풍경이 눈에 들어온다. 익숙한 가구와 그릇은 물론 그릇 안에 담긴 말린 허브까지. 그러다 출근용 가방을 보면서 문득 깨닫는다. 모든 일이 이렇게 몇 년씩 계속되는 걸까? 언젠가 새로운 일이 벌어지기는 할까?

일정 나이가 지나면 인생은 사실상 반복되는 일상으로 가득하다. 평일에는 항상 같은 업무, 토요일에는 장보기, 일요일에는 범죄 시리즈물 시청하기. 일 년에 한 번씩 돌아오는 생일, 친척들과 함께하는 여름휴가와 크리스마스. 모든 것이 반복된다. 인생 경험이 쌓이면 (바라건대) 더 노련해지고 자주적인 삶을 사는 대신, 언제까지고 일상을 되풀이할 뿐이다. 처음 겪는 일은 드물다.

첫 키스, 첫 사랑, 첫 여행, 첫 섹스, 첫 월급, 부모님으로부터의 독립, 첫 자녀 등 중년은 이미 거의 모든 처음을 거친 뒤다. 직장생활은 말할 것도 없다. 의사에게 환자의 병력은 고객 포트폴리오와 다름없고 교사에게 학부모 면담은 몇 분이면 끝나는 일이다. 미용실의 고객은 독창적인 머리 모양을 해달라고 하지만 미용사에게는 이미 예전에 해본 스타일일 뿐이다. 모든 것이 반복된다니 너무 따분하지 않은가?

하지만 자세히 들여다보면 전부 반복되는 건 아니다. 처음 겪는 일이 절반쯤 지나갔다고 해서 우리 인생에서 첫 경험이 완전히 사라진 것은 아니고 오히려 시기별로 또 다른 첫 시작이 찾아온다. 나이 들어 처음으로 친구를 잃거나 부모님을 병원에 모시고 가거나 이혼 서류에 도장을 찍는 등 전혀 기쁜 일이 아니더라도 말이다. 힘든 경험과 어려운 결정은 우리 존재를 더 깊이 있게 만든다. 하지만 세상에 우울과 슬픔 없는 삶은 없다는 걸 알면서도 그런 감정이 드는 '처음'을 원하지는 않는다. 우리는 '수직적 긴장', 즉 아직 오지 않은 일에 대한 호기심과 기대가 가득한 열정을 원할 뿐이다.[3]

물론 새로운 모험을 찾는 사람은 언제나 뭔가 새로운 일을 찾아낼 것이다. 최소한 여가활동이나 휴가지 결정, 교육 문제에서는 언제든 삶을 다양하게 긍정적으로 만들어나갈 수 있지 않을까? 얼음 수영, 채식, 명상, 협소 주택으로의 이사, 오토바이 질주 등 주변의 중년이 시도하는 경험들을 생각해보자. 직업을 갖고 독립하여 가정을 꾸리고 돈을 버는 등 외부의 강요에서 자유롭지 못한 젊은 시절과 달리, 나이가 들면 스스로 적극적인 계획을 세우고 용감하게 시도하려는 노력을 기울인다면 새로운 시작을 할 수 있다. 마흔, 쉰, 예순이 되어서까지 반복되는 삶이 지루하다면 여기서 벗어나기 위해 스스로 독창적인 자극을 찾게 되는 것이다.

하지만 꼭 그래야 할까? 첫 시작이 주는 마법 같은 힘은 확실히 좀 과대평가되지 않았나? 세상의 많은 일은 경험을 통해 풍부하고 심오해진다. 최소한 시간이 흐를수록 영향력이 강력해진다. 그게 중년에 맛볼 수 있는 큰 즐거움 아닐까. 사람들은 나이가 들수록 자기 취향을 더욱 잘 알게 되는 경우가 많다. 내가 어떤 근무 환경에서 능력을 최대한 발휘할 수 있는지, 나의 강점은 무엇인지, 얼마나 휴식이 필요한지, 단체 여행이 나와 맞는지 등 스스로 어떤 일을 소중하게 여기고 충만함을 느끼는지 비로소 알게 된다. 그렇게 시간을 들여 이미 좋은 것을 찾았는데 어째서 더 나은 것을 계속 찾아야 하는 걸까?

인생을 풍요롭고 즐겁게 만들려면 지속적으로 시간을 투자해야 한다. 처음 겪는 일시적 경험이 짜릿할 수는 있다. 하지만 우정 같은 건 오래 이어질수록 더 깊어진다. 악기를 능숙하게 연주할수록 음악 활동이 더 재미있어지고, 재료와 요리법을 많이 연습할수록 요리가 더 즐거워지며, 카드놀이는 요령에 익숙할수록 더 흥미롭지 않은가. 반복되는 일이 나쁘고 지루한 것만은 아니고 오히려 어떤 활동이나 타인과의 관계를 전반적으로 파악하기 위한 필수 조건이 되기도 한다.[4] 특히 자신과 타인을 대할 때 풍부한 경험과 잠재력을 최대한 발휘할 수 있다는 점에서 중년은 인생 최고의 시기다.

하지만 안타깝게도 이미 인생이 지루한 사람은 예전보다 카드놀이를 더 잘하거나 일이 좀 더 손에 익었다고 해서 위안을 얻지는 못한다. 이런 무미건조함을 극복하기 위해서는 첫 시작이 아무리 자극적이어도 장기적으로는 미지의 영역을 향한 끊임없는 모험이 오히려 지루하고 불안하지 않을지 의문을 가져야 한다. 사람들은 때로 새로운 일이나 모험에 따르는 흥분감이나 근질거리는 마음이 평온과 안정에 대한 갈망과 충돌하는 것을 느낀다. 당신이 불륜을 한다고 상상해보라. 모험을 한답시고 불륜 관계를 맺을 가치가 있을까? 불륜이 아무리 연애생활에 활력을 준다 해도 결국 장기적인 관계는 위태로워지고 가정처럼 확고한 지지 기반이나 보호막이 되지도 못한다.

중년에 동반자와의 관계에서 지루함을 느낀다면 이 감정은 그 관계가 견고하고 안정되었다는 증거일 것이다. 이를 깨달을 때 더 큰 평온과 안정감이 찾아온다. 이것이 바로 "머무를 자유"다. 철학자 에바 폰 레데커(Eva von Redecker)가 만든 이 말은 다른 집을 찾거나 특별히 사치스러운 삶을 좇거나 새 직장을 알아볼 필요가 없는 자유, 즉 우리가 누구이고 어디에 있든 그대로 머물 수 있는 자유를 가리킨다.[5]

이런 통찰이 만족스럽지 않을 수도 있다. 적어도 내 삶에 이것이 전부인지, 영원히 똑같은 일을 하는 것 외에 다른 것은 더 없는지 집요한 의문을 멈추지 못할 것이다. 삶이 무감각하고 권태롭다는 사람들의 허무함은 비 오는 날 집 안에서 온갖 놀이를 하고도 따분해하는 아이들의 지루함과는 다르다. 일상은 단조로운 느낌을 설명해주는 여러 이유 가운데 하나일 뿐, 사람들이 광채가 사라져버린 황무지에 갇혔다고 느끼는 이유를 설명하지는 못한다. 이들에게는 훨씬 더 실존적인 질문이 떠오른다. 바로 이 질문이다. 인생에 그림자가 드리워질 때 점점 쇠약해지는 내면과 서서히 죽어간다는 느낌으로부터 벗어나 어떻게 생기를 되찾을 것인가?

―

생기가 없는 삶

'생기', 즉 살아 있다는 느낌에는 여러 가지 함의가 있다. 사전적으로는 '죽은' 것의 생물학적 반의어로서 살아 숨 쉬며 주변 환경과 생화학적 교류를 한다는 뜻이다. 나아가 대화도 음악처럼 생기 있을 수 있다. 사람이 생생하게 얘기하거나 무언가에 열광하고 나면 아주 활기를 띨 수 있다. 이때 '생기'는 '살아 있다'는 단순한 생물학적 개념이 아니라 긍정적인 생각을 내포한 내면의 활기, 즉 생명력을 의미한다. 우리는 우리 내면이나 영혼이 죽었거나 살아 있음을 느낀다. 자신의 내면이나 영혼이 살아 있다고 느끼는 사람은 인생을 긍정적으로 바라보고 즐거운 에너지가 자기 안에서 기분 좋게 맥동하는 것을 인식한다.

1804년 발표된 프리드리히 횔덜린의 시「생의 절반」에는 이런 구절이 나온다. "장벽들은 / 말없이 차갑게 서 있을 뿐 불어오는 바람 속에 / 깃발들이 삐걱대네." 여기서는 이전 구절에 나왔던 백조가 물 위를 헤엄치고 들장미가 피어나던 황금빛 가득한 모습이 더는 보이지 않는다. 생기가 완전히 사라져버린 것이다.

이 구절에서 사라진 것은 긍정적인 삶의 기쁨이나 햇빛을 향해 손을 뻗는 즐거움만이 아니다. 뼈가 시릴 정도의 추위는 생기의 두 번째 특징인 역동성이 결핍되었음을 상징한다. 살아 있는 것은 정체되지 않고 계속 성장하여 세력을 넓히다가 결국 소멸하는 법이다. 횔덜린의 시에서 사라진 생기는 그와는 반대인 정체감, 즉 발전을 가로막는 장벽이란 상징으로 나타난다. 갑작스레 닥친 겨울은 미래에 대한 전망을 어둡게 하는 위기의 상징으로서 성장과 번영, 생기가 만들어지는 것을 방해한다. 시에서 환멸을 느끼는 서정적 자아는 황무지에 발이 묶여 모진 추위에 얼어 죽을 것을 두려워한다.

이런 정체감 또는 위축감은 무언가 억제된 상황에서 나타나곤 한다. 앞서 자유를 확대하는 잠재력이 있다고 했던 반복되는 일상과 확고한 기반이 때로는 발전을 저해할 수도 있다. 맹목적으로 소통하며 마찰 없이 돌아가는 잘 훈련된 팀 내에 이의를 제기하거나 규율을 바꾸려는 사람이 있다면 바로 제지당하는 것처럼 말이다. 정체감은 인생의 어느 시기에든 닥칠 수 있다. 하지만 특히 중년은 오랫동안 달성하려던 계획을 완성하거나 삶을 되돌아보며 실망하는 과정에서 정체감을 더욱 예민하게 받아들인다. 바로 이게 그 느낌이었구나 싶지 않은가? 사업의 파트너십, 외국에서의 새 출발, 연애 같은 우리 삶의 모든 면이 어쩐지 더 웅장하고, 더 다사다난하고, 더 화려할 것이라고 상상하지는 않았는가?

익숙함은 인생 경험이란 바람을 피해 안전한 곳에 있도록 일종의 '머무를 자유'를 주기도 하지만 반대로 모든 생기를 차단한 채 우리를 가둬버리는 지하 감옥이 되기도 한다. 한때 살고 싶던 인생의 틀에 더는 맞지 않게 변해버린 건 자신이다. 하지만 때로 우리는 무조건 붙들고 싶은 안전한 관계에 갇혀버리거나, 한정된 사회적 역할 또는 내면에 있는 모든 것의 초라한 모조품에 구속되어버린다.

예를 들어 빠듯한 생활비와 비좁은 집에도 불구하고 직장에 다니고 아이를 키우며 자신의 애정 관계도 잘 유지하는 커플이 있다고 하자. 아이작 로사의 소설 『행복한 결말(Glückliches Ende)』에 나오는 앙헬라와 안토니오는 사랑에 빠져 두 아이를 낳고 행복하게 살고 있다. 그런데 점점 쳇바퀴 도는 듯한 일상에 녹초가 되고 어느 순간 더는 상대방을 이해해줄 만한 기력이나 인내심이 사라진다. 그 자리엔 불신과 시기심이 자라난다. 중년이 된 앙헬라와 안토니오는 어쩌다가 이렇게 되었는지 필사적으로 묻는

설렘과 경이는 모두 어디로 갔을까

다. 자기도 모르는 사이에 진행된 사랑이란 감정의 침식, 상실, 각성과 환멸에 관해 둘은 번갈아 가며 이야기한다. 안토니오는 자신들에게 닥친 불행을 기대 수명이 늘어난 탓으로 돌리며 이렇게 말한다.

"아직 인생이 이렇게 한참 남았는데 영원히 같은 사람하고만 살 수는 없잖아. (…) 직장, 집, 통신업체, 머리 모양도 수천 번을 바꾸는데 인생에 영원한 건 없다면서 왜 사랑만 예외인지."

앙헬라는 안토니오에게 당당하게 대꾸한다.

"바로 그거야. 인생에서 영원한 건 아무것도 없으니까 우리에겐 고정적이고 확고한 기반이 되고, 서로 갈라져 흩어지지 않는 무언가가 필요한 거라고."[6]

하지만 안토니오는 이미 일어난 일은 돌이킬 수 없으며, 산산조각 나버린 사랑 역시 다시 온전한 하나로 결합하지 못한다고 생각한다.

식어가는 사랑, 침식하는 행복

앙헬라와 안토니오의 이야기에 많은 중년 부부가 공감할지 모른다. 사람들은 식어가는 사랑 이야기를 보통 개인적인 실패로 여긴다. 직업적 실망감도 마찬가지다. 사람들은 때로 힘차게 새 일을 시작했다가도 어느 순간 전부 집어치우고 다른 직업을 찾아간다. 그렇게 찾은 직업이 자기 이상에 딱 들어맞지 않아도 말이다. 예를 들어 어느 교사가 학생을 하나하나 살피고 개개인의 발전을 돕겠다는 마음으로 직장생활을 시작한다. 그러나 막상 생각만큼 학생을 세심하게 지도할 시간이 없는 데다 만연한 관료주의로 인해 학생 개개인을 격려하는 일은 애초에 불가능하다. 아니면 환자의 침대를 지키는 일이 얼마나 중요한지 알면서도 인력 부족으로 온 병실을 떠돌아야 하는 간병인을 떠올려보자.

21세기 일과 사랑이 형성되는 사회정치적 조건에 대한 연구에 따르면 발전과 성장의 여지를 주지 않고 사회 구성원이 타인과 사회의 요구에 소진되어버리는 사회구조 속에서는 사랑과 일에 대한 적극성을 잃어버리기 쉽다. '과거(과거의 기준이 모호하긴 하지만)'에는 인간관계를 관리하거나 자기 개성을 계발할 시간은 주어지지 않았고, 자기 계발은 낯선 개념이었으며, 인간관계는 낭만적 사랑보다는 사회적 안정이나 가정 형성에 목적이 있었다. 이와 반대로 요즘 우리는 애정, 직장, 인생 전반에 대해 너무 많은 걸 기대하고 있지 않은가? 우리가 젊은 시절 상상했던 호화롭고 방대하고 빛나는 삶과 인간 존재의 유한성 사이에는 깊은 간극이 있다.

그렇다면 행복은 우리가 기대했던 것보다 더 겸손하고 소소하고 미미한 게 아닐까? 앞서 소개한 마렌 아데 감독의 영화에서 아버지 토니 에드만은 어린 딸의 손을 잡고 버스 정류장에서 자문하던 기억을 떠올린다. "그게 정말 전부였을까?" 그는 나중에 돌이켜보고는 이렇게 말한다. "그래, 그게 전부였어." 언뜻 보기에 우리 삶은 종종 너무 평범하다. 하지만 우리가 찰나의 순간에 주의를 기울여 아이의 손을 잡고 있음을 느끼며 이런 배려의 몸짓 속에서 온전히 자신을 인지한다면 그게 전부가 될 수도 있다. 그것이 바로 평범한 일상에도 미미하게 빛나는 순간들이다.

신중하게 세상을 사는 사람도 때로는 자신이란 존재를 지극히 비관적으로 보는 관점에 휘둘릴 수 있다. 지금 자신이 처한 현실보다 더 많은 것을 바라며 살아왔음을 인정하는 것은 의심이 클수록, 변화가 어려워 보일수록 힘든 법이다. 다시 〈사랑도 통역이 되나요?〉로 돌아가서 나는 샬럿과 밥이 불행한 관계에서 벗어나기를, 밥이 자신에게 아무 의미 없는 광고를 그만 찍기를 바란다. 샬럿은 아직 젊고 창창하기에 비교적 쉽게 새로 시작할 수 있다(단순하게 그럴 수 있다면 말이다)고 생각한다. 반면 밥이 아내와 별거할 경우에는 수많은 문제가 생겨난다. 살림이나 가재도구를 어떻게 나누고 아이는 누가 돌보며, 노후 대비는 어떻게 하고 수년간 아내와 함께 맺어온 친구 관계는 어떻게 할까? 개는 누가 키우고, 누가 크리스마스를 아이들과 보내며, 부부의 추억이 함께 담긴 물건은 어떻게 처리할까? 밥은 재정 문제는 없을지 몰라도 직장이나 살림 문제는 어떻게 할 것인가? 불행한 관계에서 벗어나 영원히 혼자 남았을 때 그 인생이 과연 행복할지는 의문이다. 차라리 애정이 식은 관계를 유지하면서 안전한 집, 견고한 교우 관계, 온전한 가족을 갖는 편이 낫지 않을까? 아니면 반대로 발전, 역동성, 생기를 좇는 경향을 지니고 태어난 우리가 그저 정체감에 머무르고 마는 것이 더 슬픈 일일까? 당신의 생각은 어떤가.

지루함과 권태 앞에서 현명하게 대응하는 방법, 즉 문제를 덮고 기대치를 낮춰서 작은 행복에도 만족할지 아니면 저항하고 떠나가서 새로운 땅을 개척할지를 여기에서 바로 답하기는 어렵다.[8] 아쉽게도 이 문제에 대해 철학은 결정적인 조언을 하지 못한다. 하지만 정체감을 더 명확하게 이해하고 그 원인을 이해하는 것은 도울 수 있다.

결국 정체감의 원인은 모든 것을 이룬 인생의 고지에서 정처없이 헤매며 어디로 가야 할지 모르기 때문일 수도 있다. 혹은 우리 삶이 '회의가 들 정도로' 보잘것없어지고 꿈꾸던 미래를 실현하기에는 너무 짧아서, 모든 노력과 희망에 그만한 가치가 없었다는 실망감에서 비롯된 것일 수도 있다. 그렇다면 여기에서 또 다른 질문을 던져볼 수 있다. 우리가 정체감에서 벗어나 다시 성장하고 발전하게 하는 삶 혹은 좁은 의미에서 그런 활동, 관계, 생활 방식이 따로 있을까? 5장에서처럼 삶에 의미를 부여하는 조건으로서 어떤 일에 열정을 쏟을 수 있는 삶이 존재할까?

인생의 경외감을 느끼는 여덟 단계

우리는 때로 지루함도 환멸도 정체감도 아닌, '그게 정말 전부인지'를 묻는 쓰디쓴 질문에 직면한다. 예를 들어 나는 인생이 지루한 적이 거의 없었고 내가 시작한 일이나 정착한 곳에서 완전히 떠나고 싶었던 적도 없다. 1869년 콘라트 페르디난트 마이어가 「놓아버린 노」라는 시에서 묘사한 것처럼 행복한 가운데서도 단조로운 시간을 겪었고 완전히 침울한 나날도 경험해봤다. "나를 불쾌하게 하는 건 아무것도 없다! / 나를 기쁘게 하는 건 아무것도 없다! / 오늘도 고통 없이 흘러가는구나!" 이런 나날은 오히려 생기의 흐름에 어떤 파고도 일으키지 않으며, 이런 나날 속에서 우리는 자기 삶의 구경꾼인 것처럼 시간을 흘려보낸다. 여기에는 어떤 불행의 빌미도 보이지 않지만 그렇다고 뭔가 더 나아지지도 않으며 오히려 그 반대일 수도 있다.

이런 의기소침한 상태는 우리가 현재 삶에서 충분히 자유롭지 않다는 느낌 또는 앞으로 모든 것이 반복되리라는 두려움으로는 설명되지 않는다. 누군가는 자기 삶이 여러모로 만족스러워서 반복된다는 생각 자체가 별로 두렵지 않을 수 있다. 문제는 역동적인 하루를 보장하는 '삶의 광채'가 없다는 것이다. 이 경우 불만족이 도대체 어디서 오는 것인지 파악하기가 힘들어서 혼란스럽다. 생의 한가운데에서 수없이 밀려드는 질문에 답을 얻고 비로소 평온하게 대처할 수 있는 지금 우리는 당연히 기쁘고 행복해야 하지 않을까.

'삶의 광채'가 무슨 의미인지 알려면 어떤 순간이 지속적으로 행복하고 기억에 남는지, 그 기억을 몇 달, 몇 년 후에도 음미할 수 있는지 질문해야 한다. 심리학자 대커 켈트너(Dacher Keltner)는 삶에 생명력을 부여하는 순간들에 대해 수년간 연구해왔다. 삶에 생명력을 부여하는 순간은 우리가 끝마치거나 완성한 상황뿐 아니라 예기치 않은 뜻밖의 일을 해결하거나 무언가가 자연스럽게 우리를 충족시키거나 압도하는 상황을 가리킨다. 우리는 이런 순간에 실존적으로 감명받고 경외감을 느낀다. 영어에서 경외감을 뜻하는 awe란 단어는 황홀하고 경이롭고 압도적인 느낌, 즉 "세상을 이해하는 우리의 현재 견해를 초월하는 무언가 위대한 존재에 대한 느낌"을 내포한다.[9] 우리는 이런 압도감 속에서 자신을 잊고 순간에 몰입할 수 있다. 이때 우리는 타인에게 어떤 영향을 끼칠지, 우리 경험이 가치 있을지는 고려하지 않고 무조건 현재 감정에 충실하게 스스로를 내맡긴다.

켈트너는 놀라움과 경외감에 대한 광범위한 과학 연구를 진행했다. 그 결과 문화적 배경과 상관없이 사람들이 경외감을 느끼게 되는 여덟 가지 경이를 찾아낸다.[10] 첫째는 도덕적 아름다움이나 선함이다. 예상치 못한 상황에서 다른 사람들이 모두 외면할 때 누군가를 돕거나 심지어 자기 목숨을 걸고 시민으로서의 용기를 보일 때 우리는 경외심을 느낀다. 또는 기차역에서 사람들끼리 포옹하거나 아버지가 아이를 달래고 노부부가 서로를 의지하여 천천히 길을 건너는 모습 등에서 배려와 애정을 문득 자각하게 된다. 경외감을 느끼는 두 번째 순간은 감동을 주는 집단 경험이다. 예를 들어 스포츠 경기장과 콘서트장에서 파도타기를 하거나 함께 춤을 추고 교향곡의 마지막 음이 끝날 때까지 침묵을 지키다가 열광적으로 손뼉을 치는 것이다. 가수 루이스 카팔디가 공연 도중 투레트 증후군으로 경련을 일으키는 바람에 노래를 못 하게 되자 관중이 대신 끝까지 노래를 부른 라이브 콘서트 영상이 있다. 전 세계에 깊은 감동을 선사한 이 영상은 두 번째 경이의 대표적 사례다. 세 번째 유형의 경이는 강하게 내리치는 번개, 화산 폭발, 별이 뜬 맑은 밤하늘, 안개 낀 바다 등 자연의 신비로운 모습을 경험하는 일이다. 이런 경험은 많은 이에게 "인생의 불가사의"로서 심지어 종교적 경험에 비견되기도 한다.[11]

켈트너는 사람을 매료시키는 음악을 네 번째 경이로, 숨을 멎게 만드는 조형 예술을 다섯 번째 경이로 분류한다. 여섯 번째 경이는 어떤 의식이나 명상, 미사 중에 일어나는 영적, 종교적 체험인 '기적'을 포함한다. 이런 체험 중에 인간은 뭔가 거대한 존재를 느끼며 감명을 받는다. 일곱 번째로 많은 사람이 자녀의 탄생을 경이로운 일로 느끼고 사랑하는 사람이 평화로운 죽음을 맞는 모습을 보면서도 같은 느낌을 받는다. 여덟 번째는 켈트너가 '현시(epiphany)'라고 부르는 현상이다. 이는 과학 공식을 증명하거나 블랙홀을 발견하거나 새로운 아이디어를 내서 무언가를 완전히 다른 시각으로 보거나 이해하게 하는 심오한 깨달음의 순간이다. 이런 '현시'는 일상에서 우리 모두에게 갑자기 닥칠 수 있다. 예를 들어 대화에 깊이 빠져들어 갑자기 대화의 맥락을 이해한다거나 예전에 단 한 번도 생각하지 못한 새로운 관점이 열려 식견이 크게 넓어지는 사례가 이에 해당한다.

이런 '삶의 경이'는 인간 존재를 다층적이고 풍요롭게 만들어준다. 켈트너의 연구에 따르면 모든 사람이 경험을 똑같은 정도로 받아들이지는 않지만 경이로운 순간들이 존재에서 완전히 사라진다면 행복도 삶의 의미도 덜 느끼게 된다고 한다. 아무리 삶 자체가 좋고 기본 욕구가 충족되고 삶이 자유롭다고 해도 우리 자신이나 우리 열망보다 더 큰 것에 압도당해 경외심이나 놀라움을 느끼지 못한다면 결국 언젠가는 삶의 광채가 사라진다는 것이다.

놀라움의 능력을 상실하는 사람들

놀라움은 철학적으로 흥미로운 감정이다. 다른 감정과 달리 놀라움은 인간과 유인원만이 가진 감정이다.[12] 18세기 윤리철학자 애덤 스미스(Adam Smith)는 놀라움(surprise)이 '아주 새롭고 유일무이한 것'에 대한 반응이자 '추억 저장소에도 비슷한 것이 전혀 없는' 기억이라고 말한다.[13] 이런 경험의 특성은 뚜렷한 신체 반응과 함께 나타난다는 것이다. 바로 '빤히 바라보고', 때로는 '눈을 굴리며', 숨을 꾹 참고, '심장이 부풀어 오르는' 느낌이 바로 그것이다. 흔히 '소름이 돋는 순간'이라고 할 때의 모습이다.

이런 신체 증상은 미국의 현대철학자 제시 프린츠(Jesse Prinz)가 말한 놀라움의 세 분류와도 관련 있다.[14] 첫 번째 분류는 감각 본성에 따른 놀라움이다. 신비롭고 장엄한 것은 우리를 옴짝달싹못하게 하고 눈을 크게 뜨게 하며 귀를 쫑긋하게 한다. 두 번째 분류는 우리의 인지와 관련 있다. 우리가 놀라는 이유는 과거 경험에 비추어 현재 일어나는 일이 무엇인지 이해하지 못하기 때문이다. 그래서 겁먹을 때와 비슷하게 심장이 빠르게 뛰고 숨이 멈추기도 하고 '와!' 또는 '오!'와 같은 소리가 나온다. 마지막 세 번째 놀라움은 '영적인' 것과 관련 있다. 영적으로 감명받은 사람들은 절을 하듯 고개를 숙이거나 하늘에서 계시라도 받듯이 하늘을 올려다본다. 경외심에 충만한 사람은 자신과 외부세계의 경계가 사라진다고 느끼며 심지어 자신이 다른 피조물, 대지, 하늘과 연결되었다고 느끼기까지 한다.

에드먼드 버크(Edmund Burke)는 1757년 발표한 『숭고와 아름다움의 관념의 기원에 대한 철학적 탐구』에서 아름다운 것을 볼 때 우리를 충족시키는 좋은 느낌과 강력하고 모호하고 장엄한 것을 관찰하고 인식할 때 우리를 덮치는 경외감을 구분한다.[15] 우리는 아름다운 것들을 인식하고 분류할 줄 알며, 이마누엘 칸트의 말처럼 "전적으로 위대한 것"[16] 뒤에 있는 심연을 알아차릴 때도 있다. 이 심연을 알아차리는 것은 대커 켈트너의 설명처럼 실존적 감각에 의해 놀라워하거나 경외감을 느낀다는 뜻이다. 이는 무언가에 압박당하거나 극심한 두려움에 빠지는 감각이 아니라 거대한 것 앞에서 스스로 작아지는 느낌이다. 이렇게 작아지는 느낌은 현재 벌어지는 거대한 사건의 목격자로서 자신을 사건의 일부로 느끼게 함으로써 현상학적으로 더 높은 차원에 이르게 한다.[17] 예를 들어 커다란 나무 아래에 서 있을 때, 신비한 경험을 할 때, 명상을 할 때, 혼자서 춤을 추거나 음악에 집중할 때 이런 느낌이 들 수 있다. 이 느낌을 혼자 겪더라도 생동하는 세상과 연결되어 있다는 느낌을 확실하게 받는다. 자신이 세상과 분리되거나 단절되었다고 느끼지 않고 세상의 일부라고 느끼는 것이다.

이 시점에서 경외감의 특징이 무엇이고[18] 이것이 놀라움과는 어떻게 구별되는지[19] 철학적으로 논의할 필요는 없다. 오히려 나는 경외감이 놀라움의 특정 범주에 속한다고 생각한다. 인간이란 존재를 빛나게 하는 광채의 한 측면으로 이해하는 것이다.

그런데 왜 중년기에는 이런 경외심 섞인 놀라움이 흔들리는 걸까? 우리가 놀라움을 잃은 탓에 삶에서 생기가 사라지고 무미건조해진 것일까?

사람들이 나이 들면서 놀라움과 호기심을 일으키는 능력을 잃어버리는 것은 당연해 보인다. 아이들은 하늘을 나는 열기구, 놀이공원에서 불을 삼키는 묘기를 하는 사람, 와플 과자 속의 파란색 아이스크림 등 아주 작은 일에도 능숙하게 열광한다. 아이는 믿어지지 않는 발견을 한 즉시 소리를 지른다. "저기 좀 봐요!" 이유는 단 한 가지다. 많은 것이 아이에겐 완전히 새롭고, 이해가 가지 않으며, 흥분되기 때문이다. 게다가 어른보다 몸이 작은 아이가 느끼는 세상은 더 거대하고 압도적일 수 있다.

4장에서 언급했던 특정 나이대를 특징짓는 자질에 따르면, 세상을 놀랍고 감동적으로 인지하는 능력은 확실히 어린 시절을 소중하게 만들어주는 자질이다. 온전하고 안전한 보호를 받는 환경에서 자라나 세상을 경험하는 아이라면 놀이터 가는 길에 마주친 달팽이, 해변의 큰 파도 소리, 시장터 한가운데에서 반짝이는 크리스마스트리 등 세상은 아무리 봐도 싫증이 나지 않는 경이로운 일투성이다.[20] (다만 아이가 느끼는 놀라움은 낭만적으로 미화된 부분이 있다. 왜냐하면 아이의 경험에는 달콤한 황홀감은 물론 불안한 혼란도 있기 때문이다. 아이들은 많은 것을 이해하지 못하기 때문에 그저 놀라워한다. 그렇기 때문에 자신보다 강한 어른이 해석하는 대로 세상을 보게 된다.)

세월이 흐르면 대다수 아이는 세상을 인지하고 느끼는 자신만의 특별한 방식을 잃어버린다. 어느 순간 많은 것이 더는 새롭지 않기 때문이다. 가끔 사소한 일에도 어린아이처럼 열광적으로 반응하고 놀라워하는 어른을 보면 우리가 어린 시절에 놓쳐버린 소중한 것을 품은 듯해서 부럽기도 하지만 때로는 너무 순진해 보인다.

플라톤과 소크라테스의 말처럼 진리와 지식에 대한 탐구는 놀라움과 호기심에서 시작된다. 철학도 놀라움에서 시작된다. 17세기 철학자 르네 데카르트(René Descartes)는 놀라움을 "인간이 새로운 것을 봤을 때 가장 먼저 보이는 열정이므로 모든 열정 중 첫 번째"라고 했다.[21] 인간은 설명할 수 없는 것에 놀라움을 느끼고는 더 자세히 연구하고 탐구한다. 놀라워할 줄 모르는 사람은 아둔한 존재로 남는다. 성인이라면 그저 놀라워하는 것에서 멈추지 말고 놀라움을 점차 이해와 깨달음에 녹여 넣어야 한다. 그러지 않으면 놀라움에 "사로잡혀서" 중요한 것과 그렇지 않은 것의 차이를 알 수 없게 된다.[22]

데카르트는 놀라움을 극복해야 한다고 말했는데 이는 놀라움의 구체적인 원인이나 대상, 즉 원칙상 미루어 판단할 수 있는 설명이나 지식의 격차에 관한 것이므로 이를 '인식론적 놀라움'이라고 할 수 있다.[23] 놀라움은 우리가 앞으로도 무언가를 설명하지 못하거나 설명할 수 없다고 여길 때까지만 지속된다. 예를 들어

전화기나 사람의 눈이 어떻게 작동하는지는 관련 도서를 조금만 찾아보면 알 수 있다. 따라서 전화기와 사람의 눈이 놀랍다고 생각하진 않을 것이다.

예상되는 것, 평범한 것, 익숙한 것의 경계를 뛰어넘는 현상에 대한 놀라움은 굳이 설명하지 않아도 우리를 매혹하고 깊은 인상을 남긴다. 이런 "평가적 놀라움"[24]은 어떤 숭고하고 놀랍고 예기치 않은 것에 대한 이해 부족보다는 오히려 어떤 것의 구체적 가치에 대한 이해 때문에 생긴다. 예를 들어 우리는 우주가 무한히 크다는 사실과 지구의 생명체가 상상할 수 없을 만큼 많다는 사실을 깨닫고는 감탄을 금치 못한다. 우리는 어머니가 아이를 무덤에 묻을 때 보여준 품위 있는 모습에 놀라워한다. 직감적으로 그 과정이 얼마나 비통한지 알기 때문이다. 격한 몸싸움에서 공격자에게 맞서는 사람의 용기가 얼마나 대단한지 알기 때문에 우리는 전율한다. 요한 세바스티안 바흐의 음악은 일단 이해한 뒤에야 경외심을 갖고 귀 기울이게 된다. 그가 작곡한 푸가의 정확성, 악상을 다시 받아들이고 새로 변형해서 작품에 내재한 연결고리를 만들어내는 방식은 설명 없이는 이해하지도, 놀라워할 수도 없다. 앞서 켈트너가 말했던 삶의 경외심을 느끼는 여덟 번째 경이인 '현시'는 때로 심오한 지식의 결과물이다. 이런 경외심은 그때까지 숨겨진 연결고리를 이해하면서 생긴다. 그리고 사람은 이렇게 갑작스레 분명히 드러난 가치에 깊이 감명받는다.

더구나 오직 평가적 놀라움에만 제시 프린츠가 놀라움의 필수 요소로 언급한 세 가지 관점이 들어 있다. 우리가 무언가를 단정적으로 이해하지 못한다는 인지적 관점, 우리 몸에 소름이 돋는 신체적 관점, 깊이를 알 수 없는 거대하고 숭고한 것을 만났을 때 순수하게 이성적으로 이해하지 못하는 영적인 관점이다. 수전 울프가 말하는 의미 있는 삶, 즉 주관적인 충만함과 객관적인 매력이 만나는 삶이란 개념을 떠올리면 방금 언급한 평가적 놀라움 및 경외심과 일맥상통한다는 걸 알 수 있다. 더 거대한 무언가를 향해 삶이 열리면 우리는 거기에서 그 깊이와 의미를 얻는다. 몇 주에 한 번씩 감동적인 음악회에 가거나 두메산골로 떠나는 것 말고도 객관적으로 가치 있는 일에 부지런히 참석하여 '삶의 경이'에 기여한다면 더 의미 있는 존재로 거듭날 수 있다는 뜻이다.

열려 있는 상태

우리는 이제 어린아이가 아니다. 당연히 아이가 세상을 보는 방식으로는 놀라워할 수 없다. 우리가 지닌 광채를 잃을 때의 문제점은 이런 아이의 방식을 잃는다는 게 아니다. 생의 한가운데에서 우리는 다른 혹은 더 나은 방식으로 놀라워할 준비가 되어 있다. 경외심이나 놀라움의 순간은 강요로는 얻을 수 없고 개방된 분위기에서만 생기는 것이다(항상 생긴다는 말은 아니다). 대다수의 사람은 이런 사실을 잘 안다. 예를 들어 친구와 함께 미술관에 가는 길에 다퉜다고 해보자. 가슴속에 친구를 향한 비난의 말과 바로잡고 싶은 다짐이 가득한 상태에서 미술관에 도착했다면 그런 사람에게 그림이 지닌 아름다움이나 장엄함이 와 닿을 리는 없다. 그래서 놀라움에는 주변 세상이 건네는 말에 열려 있는 자세나 수용하는 태도가 필요하다. 그런 자세나 태도가 없다면 세상은 그저 침묵하는 존재일 뿐이다.

이런 개방성에는 시간적 요소와 태도의 요소가 모두 들어 있다. 시간적 요소는 우리가 시간을 들여 어떤 경험에 몰입함으로써 그 효과를 느껴야 한다는 뜻이다. 몸은 영화관 안에 있지만 머릿속으로는 제때 영화가 끝나서 잠을 제대로 자고 다음 날 기차 시간에 맞출 수 있을지, 그래서 중요한 모임에 무사히 참석할 수 있을지를 생각하고 있다면 영화의 내용은 전혀 눈에 들어오지 않을 것이다. 특히 정신없이 일상을 보내고 업무를 처리하면서 가정과 일, 두 마리 토끼를 다 잡으려고 애써야 하는 중년이라면 진정한 여가를 즐길 여유가 거의 없다. 거기에 부모님을 부양하는 일마저 겹치면 오히려 여가 시간을 줄여야 한다. 돌아보면 내 지인 중에는 주말에 장거리 여행을 떠나는 사람이 아무도 없다. 주중에 못한 일을 주말에 해치워야 하기 때문이다.

심리학자 알렉산드라 프로인트가 버킷 리스트 효과(bucket list effect)[25]를 연구한 것도 그래서였다. 그의 연구에 따르면 35~60세인 많은 사람이 집안일이나 업무에 치여서 모든 것을 잊을 만한 시간 자체가 없다. 지하실에서 오래된 철도 모형을 꺼내 보거나 전자 피아노를 치거나 정원을 가꾸는 등의 취미생활은 은퇴 후로 미루기 일쑤다. 취미생활을 하기보다는 일찍 잠자리에 들거나 술 한잔하는 것을 더 선호한다.

놀라움과 경외감을 느끼려면 둘째, 개방적 태도가 필요하다. 예를 들어 등산을 하는 경우 우리는 압도적인 풍경에 감탄할 수도 있지만 그저 열량 소모량을 확인하거나 사진 찍을 장소만 찾아볼 수도 있다. 강연을 들을 때도 새로운 세계가 열리는 느낌에 감격할 수도 있지만 탁자 밑에서 몰래 이메일을 확인하다가 동료가 중요한 일을 또 망쳤다는 사실에 분노할 수도 있다. 이처럼 우리는 똑같은 순간 앞에서 찬란함을 경험할 수도 있고 아예 무감하고 어리석고 진부한 순간을 경험할 수도 있다. 중요한 건 자신의 태도를 다스리는 방식이다.

선불교에서는 '초심(初心·beginner's mind)'을 중시한다. 이 마음의 특징은 개방성과 공평성이다. 그렇다고 모든 것을 처음 보고 겪는 것처럼 순진하게 대하라는 의미는 아니다. 우리 기대와 완전히 다른 경험을 할 가능성을 열린 태도로 받아들이라는 뜻이다. 4장에서는 자신을 진지하게 받아들이되, 자신의 삶과 노력을 너무 심각하게 생각하지 않는 아이러니의 기술과 거리두기 능력에 대해 알아봤다. 우리는 거리두기를 통해 이때껏 보고 알고 당연시하던 세상과 그 안의 대상에서 한 걸음 물러날 수 있다. 여기서 놀라움은 목적과 분리된 채 세상과 그 실상을 인지할 수 있는

공간을 만드는 태도, 즉 실천이 된다.[26]

　우리에게 어린아이보다 성숙한 놀라움이 나타나기 어려운 이유는 기대 때문이다. 확실한 기대가 지금 여기에서 일어나는 경이를 받아들이지 못하게 하는 것이다. 최근 나는 음악회에 갔었다. 촛불로만 조명을 밝힌 교회당에서 합창단이 고전 성가를 불렀다. 분위기는 신비로웠고 수많은 사람이 경청했다. 그런데 내 뒤에 앉은 여성이 자기 옆자리에 앉은 사람에게 음악회가 자기 생각과 너무 다르다면서 작년에 했던 음악회가 훨씬 좋았다고 불평하는 것이 아닌가. 그러고는 음악회 중간에 자리에서 일어나더니 한껏 실망한 표정으로 교회당을 떠났다. 다른 사람의 얼굴에는 놀라움과 경외감이 가득했는데도 그 여성에게는 와 닿지 않았던 모양이다. 기대가 실망으로 바뀌면서 여성은 훌륭한 분위기에 완전히 몰입할 수 없었던 것이다.

　성인이 세상과 놀라움으로 관계 맺는 일을 훼방 놓는 요소가 하나 더 있다. 바로 '몰입'이다. 경외심과 놀라움을 느끼려면 스스로 감동해야 하고 그러려면 통제권을 어느 정도 포기해야 한다. 특히 중년이 되면 많은 사람이 자신을 통제하고 마음을 다잡는 법을 아주 잘 익히게 된다. 인생에서 성공한, 의지가 강한 사람이라면 그런 식으로 자기 약점을 드러내지 말아야 한다고 여긴다. 하지만 이렇게 자신을 감추고 숨기고 무장해버리면 그 무엇도 우리에게 다가와 마음을 움직일 수 없다.

　독일 작가 오이겐 루게의 소설 『카보 데 가타(Cabo de Gata)』

에는 능동적 행동에서 수동적 방관으로 태도를 바꾸는 것이 어떤 변화를 가져오는지 보여주는 좋은 사례가 있다.[27] 소설의 주인공인 작가는 중년으로 그리 큰 성공을 거두진 못했다. 그는 베를린의 집에서 퇴거 통보를 받은 뒤에 해먹과 연습장 몇 권만 챙겨서 길을 떠난다. 그리고 우연히 스페인 남부의 어촌 마을에 도착한다. 일인칭 화자는 깊은 절망에 빠져 있다. 그는 근본적 의미가 무엇인지 모르는 위기에 사로잡혀 있다. 딱히 언급할 만한 일도 없이 우울한 몇 주가 흘러간다. 그는 이곳저곳을 돌아다니면서 무의미한 메모만 끼적이며 시간을 무심히 흘려보낸다. 그러다 고양이 한 마리를 만난다. 고양이는 남자의 숙소까지 따라온다. 그는 고양이에게 밥을 챙겨주기 시작한다. 이 일은 고양이가 한동안 사라지기 전까지 그에게 중요한 일과가 된다. 고양이가 사라진 초반엔 남자가 고양이를 찾아 나선다. 시간이 흐를수록 그는 고양이가 다시 오길 바라며 한없이 기다린다. 그러다 문득 고양이가 다시 오지 않는 이유를 깨닫는다.

내가 고양이가 오길 바랐기 때문에 고양이가 오지 않은 것이다. 내가 고양이를 찾았기 때문에 고양이를 발견하지 못한 것이다. 내가 무언가를 줄곧 하고 있기 때문에 아무 일도 일어나지 않는 것이다. 그건 내가 항상 무언가를 할 수 있다고 믿었기 때문이다. 어떤 일이 내게 달려 있다고 여전히 확신했기 때문이다. 구원을 강요할 수 있다고 내가 여전히 바랐기 때문이다.[28]

설렘과 경이는 모두 어디로 갔을까

남자가 바라던 구원은 고양이가 돌아오는 것이었다. 그 소망은 남자가 기다림을 멈추고 나서야 실현된다. 화자는 이 경험을 인간과 고양이의 관계를 넘어서는 일종의 메시지로 이해한다. 이는 작가와 글쓰기의 관계에도 적용된다. 결국 머릿속에서 세밀한 묘사와 재치 넘치는 생각이 떠오르길 기다리는 시간은 초조하기만 하다. "원대한 계획, 거대한 틀, 어조는 꾸며낼 수 없다. 그게 뭔지 이해한다고 해도 마음대로 되는 일도 아니다."[29] 남자는 결론 내린다. 이런 결론은 남자의 마음에 들 수도 있고 아닐 수도 있다.

루게의 소설은 인간이 세상 속에서 행동하는 주체이자 세상을 받아들이는 입장으로서 세상과 관계 맺고 있음을 은유한다. 우리는 다음 일을 찾으려고 주변을 둘러보길 멈추고 나서야 비로소 우리에게 벌어질 일들에 주의를 기울일 수 있다.[30]

이쯤에서 누군가는 이의를 제기할 수 있다. 새삼 놀라움, 경외감, 황홀함을 추구할 필요가 없다고 주장할 수도 있다. 풍요로운 후기 자본주의 사회는 감동이 적어서 문제가 아니라 오히려 감동이 지나친 과잉 상태이기 때문이다. 인생의 어느 시기라도 마찬가지다. 독일 사회학자 안드레아스 레크비츠의 말처럼 놀라움은 우리 시대의 특정 기호가 되었다. 사람들은 소셜 미디어에서 대놓고 대성통곡하고 개인의 비참한 상황을 전시한다. 출산이나 결혼처럼 가장 친밀한 순간을 공개하고 번쩍이는 필터를 입힌 휴가 사진을 게시해둔다. "세상에!" 내지는 "우와!" 같은 표현이 중요한 가치가 있는 것처럼 보인다. "주인공은 스스로 매력적이고 신뢰할 만한 사람으로 비치길 바라면서 다른 사람에게 영향을 받고 영향을 주길 갈망한다."[31]

이렇게 공개적인 놀라움은 관심을 추구하는 일에 가깝다. 어느 집단에서 소속감을 느끼고 열정을 공유하며 똑같이 "완전히 소름 돋는"[32] 일을 찾는 것이다. 놀라움은 다른 사람이 박수받을 만하다고 여기는 화려한 일이 아니라 우리 스스로 반향을 얻는 내면의 놀라움에 대해 느껴야 한다. 우리는 다른 사람들과 함께 이런 고요한 방식으로 놀라움을 느낄 수 있다. 켈트너가 말한 두 번째 삶의 경이를 생각해보면 이는 대개 집단으로 경험하게 된다. 그렇다고 이런 경험을 굳이 말로 표현하고 '좋아요'로 증명해 보일 필요는 없다. 오히려 이 경험은 감정을 조용히 공유하기만 해도 그 가치를 인정받는다.

놀라움을 느낄 여유가 없으면 삶은 참으로 단조롭고 따분할 것이다. 스코틀랜드 작가 알 케네디의 소설 『춤으로의 초대(Looking for the Possible Dance)』에서 나이 든 아버지는 어린 딸에게 이렇게 경고한다.

"너는 어른이 되어 어떤 것을 이해하고 무언가를 하면서 네가 하는 일이 중요하다고 생각하겠지만 절대 그렇지 않단다. 살아 있다는 게 중요해. 그 외의 모든 것은 시간 낭비야."

아버지는 종종 하늘을 올려다보면 모든 것을 보고 겪은 달이 보인다고 말한다. 그러고는 무엇이 정말 중요한지 기억해낸다.

"내게 남은 제한된 시간 속에 나는 그저 살아 있고만 싶을 뿐이다. 다른 모든 건 중요하지 않다."[33]

Chapter
7

우리는 살아 있기에 길을 잃는다

절대 길을 잃지 않는다는 건
살아 있지 않다는 뜻이다.[1]

_리베카 솔닛

우리의 내면은 지도상의
미답지(未踏地)가 아닌가?[2]

_헨리 데이비드 소로

겨울에는 라이 나이르 호수가 완전히 고요해진다. 여기저기서 새가 날카롭게 우는 소리만 들릴 뿐, 두꺼운 눈과 얼음으로 덮인 호수는 원래 이곳의 풍경을 아는 사람만 알아볼 수 있다. 광활한 흰 대지는 사람의 발길이 닿지 않은 채 크로스컨트리 스키 코스와 겨울 하이킹 코스만이 가장자리에 줄지어 나 있다. 이 계절에는 해가 빨리 지기 때문에 낮 동안에도 혹한이 이어진다. 본연의 색이 거의 사라진 눈 덮인 나무는 거대한 설인(雪人)처럼 묵묵히 서 있다. 늪지 주변에 튀어나온 거친 바위와 눈 쌓인 진회색 산허리와 돌출부에 쌓인 눈이 어우러져 흑백 대리석 무늬처럼 보인다.

　　언젠가 나는 내 삶의 고지를 떠날 것이다. 내가 남긴 중년의 흔적은 세월이란 바람이 지워버릴 것이고 그 위를 새로운 부식토가 덮을 것이다. 나의 휴식처에는 다른 사람이 찾아와 머물 것이고 덤불 부근을 배회하던 내 모습은 무성해진 숲과 새로 싹트는 양치식물, 블루베리 덤불에 가려질 것이다. 언젠가 나와 비슷한 질문과 희망 그리고 의구심을 품은 사람들이 내 자리에 있으리라 생각하면 위안이 된다. 인간 존재는 해결하는 게 아니라 그저 살아갈 뿐이다.

삶이여, 기꺼이 다시 한 번

이 책을 쓰는 내내 나는 철학자 버트런드 러셀(Bertrand Russell)이 1969년 자서전 도입부에 쓴 문장을 떠올렸다. 나는 오래전부터 이 문장을 깊이 새겼다. 러셀은 거의 백 세에 죽기 직전 이 글을 썼다.

> 단순하지만 너무나도 강한 세 가지 열정이 내 삶을 지배했다. 바로 사랑에 대한 갈망, 지식에 대한 탐색, 그리고 인류의 고통에 대한 견딜 수 없는 연민이다. 이 열정은 마치 거대한 바람처럼 공포의 바다 위 종잡을 수 없는 항로에서 나를 여기저기로 몰아대며 절망의 문턱까지 이끌어갔다.

인생은 때로 우리를 뒤헝클어놓고는 우리 안에서 타오르는 갈망 사이에서 갈등하게 한다. 우리는 때로는 주눅 들어, 때로는 대담하게, 때로는 절망 속에서 앞으로 나아간다. 그러나 러셀은 절망에 대한 유쾌한 균형점도 이야기한다. 그는 예찬하다가도 감추게 되는 사랑의 감정이나 인생의 비밀을 드러내고 싶은 갈망을 말한다. 자서전의 서문은 단순한 문장으로 끝난다.

> 이것이 나의 삶이었다. 나는 그것이 살아갈 가치가 있다고 생각했

다. 만약 기회가 주어진다면 기꺼이 다시 한번 살겠다.[3]

 이 구절은 지금도 놀랍다. 젊은 시절의 나는 러셀이 과학 난제를 해결하고 다른 사람을 돕고 싶어 하는 만큼이나 낭만적인 사랑을 열망했다는 사실에 충격받았다. 러셀은 훌륭한 철학자이자 수학자로서 20세기 가장 영향력 있는 지식인 중 한 명이었다. 생전에 그는 이미 유명한 과학자였고 1950년에는 노벨문학상을 받기도 했다. 그러면서도 열성적 평화주의자로서 당시의 전쟁을 강하게 비판하는 논평을 냈고 공개적으로 핵무기에 반대하여 일부에게 악평을 듣기도 했다. 나는 특히 러셀이 자신의 주장에 관해 쉴 새 없이 글을 쓰던 것에, 그러니까 그의 지적 책임감에 매료되었다.

 중년인 지금은 러셀의 서문에 있는 또 다른 부분, 기회가 있다면 인생을 기꺼이 한 번 더, 그것도 무조건 살겠다는 결론에 감동하게 된다. 러셀의 인생이 언제나 모순 없이 순탄했던 것이 아닌데도 그는 항상 새로운 도전을 두려워하지 않고 앞으로 나아갔다. 시의적절하지 않거나 위험한 상황에도 자신의 이상을 옹호하기 위해 목소리를 높였고 그 결과까지도 감수했다. 뉴욕시티칼리지는 러셀의 교수 임용을 철회하라는 대중의 압박을 받았다. 러셀이 기독교계의 성 윤리를 반대하며 동성 커플의 평등권을 주장한다는 것이 이유였다. 그래도 러셀은 자기 삶을 다시 산다면 피하고 싶은 것에 대해 함구했다. 그가 기꺼이 살아볼 만한 가치가 있다고 여긴 것에는 그의 인생을 충만하게 해준 수많은 것들만이 아니라 심연 그 자체까지 포함되었다.

　당연히 러셀은 자신에게 두 번째 인생이 허락되지 않을 것을 알았고, 자신에게 남은 날이 얼마 없다는 사실도 잘 알았다. 그가 풍요로운 삶과 천천히 이별해야 했듯이, 나 역시 나중에 인생을 돌아볼 때 모든 것을 받아들이고 내 인생이 선사한 충만함을 소중하게 여기길 바란다. 중년에 언제나 이렇게 할 수 있는 건 아니다. 때로는 충만함이 나를 짓누르는 짐처럼 느껴져서 숨을 골라야 할 때가 있다. 찬란한 순간을 응시하고 감명을 받을 여유조차 주어지지 않을 때도 있다. 오늘만큼은 좀 더 평온한 하루를 보내겠다고 마음먹은 것이 몇 번이던가? 수많은 일의 결과가 확정된 지금에야 젊은 시절 다르게 결정했더라면, 타인의 요구에 따르려고 애쓰기보다 내 능력을 더 믿었더라면 내 인생이 어떻게 흘러갔을지 되새김하곤 한다.

　하지만 내 인생에 그런 굴곡이 없었더라면, 결국 내가 내린 결정들이 없었더라면 지금의 나는 없었다. 지금은 과거의 내가 용기가 없거나 길을 잃었다고 생각하지만 당시에는 그런 사실을 알기 어려웠고 통찰할 수도 없었다. 우리가 내리는 결정은 더는 맞지 않거나 마음에 들지 않는 옷을 입었다 벗는 것과는 다르다. 인생의 결정은 우리를 크게 변화시키고 새로운 기회를 열어주는 대신 또 다른 기회를 영원히 차단해버린다. 그렇지만 대안적인 존재 방식이나 인생행로를 숙고하는 일은 무의미하지 않다. 특정 선택지를 포기해야 했던 후회의 그림자 속에는 침묵할 수 없는 갈망이 숨어 있다. 이 갈망이 충분히 강해지면 언젠가 자신만의 길을 개척하게 될 것이고, 갈망을 실현할 공간이 필요해질 것이다. 중년인 내 앞에는 아직 충분한 여유 공간이 있다. 나는 여전히 확실히 알려지지 않은 새로운 풍경에 발을 들여놓길 기대한다.

혼돈의 골짜기 너머로

지난 세월을 돌아보니 실망과 고통, 절망 가운데도 가끔 좋은 점이 있었다는 사실을 깨닫게 된다. 버트런드 러셀은 네 번 결혼했는데 그중 세 번의 결혼생활을 유지하지 못했다. 심지어 그가 "천국의 축소판" 같은 사랑을 찾았다고 서문에 썼어도 그가 이별을 가볍게 생각했다고는 보지 않는다. 러셀도 '다른 사람처럼' 후회하고 자기 자신이나 두려움과 고군분투한 일이 있을 것이다. 그가 자신만의 길을 가기 위해 치른 대가는 컸다. 자기 가족을 어떻게 먹여 살려야 할지 막막했던 시기도 있었다.

괴테는 1777년 발표한 유명한 시에서 말한다.

신들은, 무한한 존재인 신들은

그들이 가장 좋아하는 이에게 모든 것을

모든 기쁨을, 무한한 존재는
모든 고통을, 무한한 존재는 완전히 준다.

이 말이 맞지 않는가? 인생은 매끈하게 잘 닦여 있지 않고, 질서정연하게 정리된 책장도 아니다. 오히려 우리는 매번 "혼돈의 골짜기"[4]에 빠진 자신을 발견한다.

일생의 절반을 지나 우리가 겪는 고통의 심오한 의미를 언제나 명료하게 알 수는 없고 대개는 나중에 돌이켜봤을 때나 드러난다. 좀 더 나이 들어서 좀 더 멀리서 지나온 길을 돌아볼 때 과거를 통찰하고 어떤 섭리가 작용했는지 깨닫게 된다. 러셀이 생의 마지막에 보인 유화적 태도는 이미 노인인 그가 과거와 씨름하는 일은 소용없고 그저 자신의 삶을 받아들이는 도리밖엔 없다고 여겼기 때문일 것이다. 그러면 지금껏 깊이 간직해온 꿈, 쓰디쓴 실망, 커다란 희망을 어떻게 처리할까? 그냥 이 상태에 머물까, 아니면 떠날까? 하던 일을 계속할까, 아니면 다시 한번 새 출발을 해볼까?

이런 질문에 답하긴 어렵다. 중년은 위기의 순간에 취약하고 나는 이 책에서 위기의 다양한 측면을 이해하려고 노력했다. 오십을 넘기면 여생이 얼마 남지 않았다는 무서운 깨달음, 더 용기 있고 단호하게 자신의 길을 가지 못했다는 후회, 모든 것을 성취하고도 바로 그 이유로 황량한 고원에서 정처 없이 헤매는 기분, 자기 인생에서 아무것도 제대로 할 줄 모르면서 인생이 지루하고 재미없다고 느끼는 사례를 살펴보았다.

중년은 역설로 가득한 동시에 인생 최고의 시기다. 운이 좋으면 많은 것을 성취했을 것이고 바라건대 성숙해졌을 것이며 삶과 자기 자신에 대해서도 정통하게 된다. 잘하면 필요하고 소중한 존재가 되었을 것이고 대개는 아직도 건강하다. 돌아보면 지금 이 순간보다 극적일 때도 별로 없었고 이제 자신이나 삶을 그리 비관적으로 볼 필요도 없다. 하지만 모두가 항상 자신의 인생 시기를 자기가 갈망하던 풍경 속의 고원으로 느끼진 않으며, 많은 사람이 실존적 불안과 두려움에 괴로워한다.

이런 역설 덕분에 우리는 과거와 현재와 미래가 연결되어 있고 그런 불안과 두려움도 해결할 수 있음을 알게 된다. 특히 중년의 우리는 과거보다 인생을 여러모로 검증하고 노련해진 덕분에 자신을 더 잘 알고 자신에게 중요한 것을 파악할 능력이 있다. 대부분의 사람은 늘 과거에 상상했던 미래의 모습과 가치 있다고 여기는 현재의 이상 사이에서 자기 삶을 비교하게 된다. 그리고 현재 자신이 처한 이 혼란스러운 지형을 '탐구'[5]하기 시작한다. 이 과정에서 더는 이루지 못하거나 자신에게 부적합한 것들에 작별을 고해야 하므로 고통스러울 수 있다. 하지만 이를 통해 자신에게 정말 중요한 것이 무엇인지, 오랫동안 인생을 충만하게 만들어주는 일이 무엇인지 더 분명하게 알게 되면 인생 후반부를 결연하게 살아갈 수 있을 것이다.

길을 잃었음을 받아들이기

인생의 절반을 지나 오히려 애매한 상황에 놓인 채 깊은 무력감을 느낄 수도 있다. 한때 계획한 일이 틀어졌거나 목표를 모두 이뤄버렸거나 이제 더는 자신에게 맞지 않는 길을 걷고 있을 수도 있다. 지금껏 살아온 인생이 우리를 생의 한가운데에서 더는 앞으로 나아가지 못하게 만들고, 우리는 광활한 평원에서 갈 곳을 잃고 멈추어 있다. 제임스 볼드윈이 말한 "혼란스러운 지형"이자 과거 지도 제작자가 테라 인코그니타(terra incognita), 즉 미지의 영역이라고 부른, 우리에게 전혀 알려지지 않은 풍경 속에 놓인 것이다. 그럼 이제 어떻게 해야 하나? 우리는 길을 더는 모른다.

루트비히 비트겐슈타인은 자신을 모른다는 통찰을 모든 철학적 문제의 기본으로 봤다.[6] 철학에서 문제에 접근한다는 것은 어떤 선입견도 버리고 모든 것을 의심하며 어떤 상황이 완전히 달라질 수도 있는지를 늘 물어야 한다는 것이다. 대상, 주장, 논제를 비틀고 뒤집어서 그 반대 역시 옳은지 묻는 것이 철학의 기본 사고다. 자기 삶을 낯설게 바라본다는 것은 가치관, 의무, 목표를 불빛에 비춰서 드러나게 하고, 빈틈은 없는지 두드려보고, 돌멩이 하나하나를 뒤집어보는 등 자신의 토대가 흔들리는 것을 허용하는 일에 비유할 수 있다. 철학적 문제에서 극단적 회의는 더 정확하고 확고한 지식을 얻고 비판으로부터 자신을 방어하는 데

쓸모가 있다. 인생도 마찬가지다. 실존적 질문에 직면했을 때 혼란 속에서 자신을 잃고 쓰러져 있다면, 그것은 위기에서 더 확실하고 안전하게 빠져나기기 위해 도리어 아주 깊이 침잠하는 과정일 뿐이다. 단테가 『신곡』에서 말했듯, 숲속에서 길을 잃는 것은 결국 일인칭 화자의 정화와 궁극적 구원을 위한 전제 조건이기도 하다.

19세기 미국의 작가이자 철학자이자 자연과학자인 헨리 데이비드 소로(Henry David Thoreau)는 스물여덟 살에 숲속 오두막으로 들어간다. 그는 혼란의 시기에 어떻게 살아야 할지, 자기 삶에 정말 중요한 것이 무엇인지 답을 얻고자 했다. 그의 저서 『월든』에는 답을 얻기 위한 실험들이 자세히 묘사되어 있다. 그는 뉴잉글랜드 매사추세츠주의 작은 마을 콩코드에서 멀지 않은 월든 호숫가의 소박한 통나무집에서 2년간 살았다. 자신이 결정하고 자연과 조화를 이루며 자급자족하는 삶은 소로에게 중요한 체험이었다. 그는 이렇게 썼다.

> 내가 숲속으로 들어간 이유는 깨어 있는 삶을 살기 위해서였다. 삶의 본질적인 사실만을 직면하고 그로부터 교훈을 얻을 수 있는지 알아보고 내가 숨을 거둘 때 깨어 있는 삶을 살지 않았다고 후회하지 않기 위해서였다. (…) 나는 깊이 있는 삶을 통해 삶의 정수를 모두 빨아들이고 싶었다.[7]

소로는 혼란에 스스로를 맡길 준비가 되어 있었다. 이는 곧 문명화된 시민의 삶을 의미하는 모든 확실성으로부터 거리를 두겠다는 소로의 의지였다. 그에게 삶은 자신을 잃고 또 새로이 찾을 준비가 되어 있는 것을 뜻했다.

우리가 길을 잃기 전까지, 다시 말해 세상을 잃어버리기 전까지 우리는 자신을 찾기 시작할 수 없기 때문이다.[8]

작가인 리베카 솔닛은 저서 『길 잃기 안내서』에서 탐색과 발견이 무엇인지 규명하면서 자신을 "잃어버리는" 것이 인생에서 자신을 "찾는" 가장 현명한 방법이라고 말한다.[9] 영어 단어 'lost(독일어로 이 단어는 '길을 잃다'와 '잃어버리다'라는 두 가지 뜻이 있다)'는 고대 노르드어 'los'에서 유래했다. 이 노르드어에는 '군대를 해산한다'는 의미가 있다. 병사들이 대형에서 떨어져 나와 집으로 돌아가는 모습, 더 넓은 세상과 휴전을 맺는 모습이 상상된다.[10] 자기 인생에서 길을 잃고 실존적으로 자신을 상실할 준비가 된 사람은 모든 전투 행위를 그만두고 내면의 무기를 내려놓은 채 자신에게 긴급한 질문에 항복해야 한다. 지금까지 살아온 삶이 이제 더는 적합하지 않은가? 새로운 시도를 하거나 다른 방향으로 나아가야 할 것 같은가? 아니면 자신의 얕은 관심사를 넘어서는 일에 전력을 다하기 위해 개인적인 계획이나 목표와 조금 거리를 두고 싶은가?

산이나 사막, 숲을 걷다가 길을 잃었을 때 당황하지 말고 길을 잃었다는 사실을 받아들이면 오히려 더 잘 대처할 수 있다. 미로에서 어떻게든 빨리 출구를 찾으려고 우왕좌왕하는 사람은 오히려 탈진하고 만다. 아이들이 야생에서 성인보다 오래 생존하는 것은 길을 잃었다는 사실을 빨리 인지하고 도움을 기다려야 한다는 점을 알기 때문이다. 그렇게 기다리는 동안 아이는 주변 환경을 둘러보고, 물이 흐른 흔적을 찾아내고, 동굴이나 먹을 만한 것을 찾는다. 상황을 받아들이고 주변을 둘러보는 것이 곤경에 처했을 때 필사적으로 거기서 빠져나오려 시도하는 것보다 훨씬 현명한 선택지로 보인다.[11]

이를 중년의 위기에 대입해보면 어떨까? "집에 있으면서도 길을 잃는 기술"[12]을 습득하고 실천하는 것이다. 더는 갈 길을 모른다는 사실을 받아들이는 것은 언젠가 새로운 풍경을 향해 발을 내디딜 때 조금은 덜 해로운 곳으로 나아갈 수 있다는 의미다. 헨리 데이비드 소로는 "우리 자신의 내면은 지도상의 미답지가 아닌가?"라고 묻는다. 진정한 도전은 "정부 소유의 배를 타고서 폭풍과 추위를 뚫고 선원 500명과 함께 수천 마일을 항해"하며 세계를 탐험하는 것이 아니다. 자신의 내면, "자신의 더 높은 위도", "나만의 바다, 자아의 대서양과 태평양"을 탐험하는 것이 바로 도전이다. "내면에 있는 신대륙과 신세계를 발견하는 콜럼버스가 되는 것"이다.[13]

이것이 인생의 한가운데 놓인 우리의 도전이다. 어릴 때는 분별력 있는 어른이 되기 위해 자신의 주변 환경에서 독립하고 자신의 배경을 헤쳐 나가야 하는 과제가 주어진다. 반면에 노년에는 자기 삶을 개관해볼 수는 있지만 더는 무작정 새로운 일에 뛰어들진 못한다. 하지만 인생에서 가장 자유로운 시기인 중년은 다르다. 비로소 인생의 고지에 다다라 풍부하게 쌓인 경험을 활용하고 새로운 여유를 만끽할 수 있다. 물론 하필이면 일이 너무 많이 쏟아져서 이때가 정말 자유로운 시기인지 의심스러울 수도 있다. 그러나 이 순간, 우리는 거리두기의 기술과 인생 경험과 스스로 쟁취하고 습득한 주체성을 가지고 자신 있고 대담하게 충만한 삶 속으로 뛰어들 수 있지 않을까?

한동안 나는 내 삶을 내면에서 지도처럼 펼쳐놓고 지형을 연구하는 공상에 빠지곤 했다. 내가 지나온 언덕과 계곡, 내가 걸어온 길을 생각하면서 흔적을 따라 그리곤 했다. 내 삶이 녹아든 풍경에는 아직 많은 부분이 손대지 않은 기회로 남아 있다. 내가 다른 삶을 살았더라면 가능했을 길을 전부 가보는 건 불가능하다.

지도 제작자는 미개척 지역을 '미지의 영역' 또는 '잠자는 미녀(sleeping beauties)'라고 부르며 지도에 하얗게 표시한다.[14] 나는 내 인생에서 '잠자는 미녀'가 있는 곳을 몇 군데 더 가볼 수 있으리라는 생각이 마음에 든다. 그곳은 앞으로 내가 탐색할 인생행로 근처에 있으며 곧 활기 넘치는 색으로 물들 것이다. 모든 갈림길에서는 결정을 내려야 하며 이때 여러 가지 다른 기회는 후회와 함께 놓아줄 수밖에 없다는 것을 나는 잘 안다. 이것이 내가 생각하는 자유의 총체적 개념이다. 낙석처럼 떨어지는 일상의 파편에 떠밀리지 않고 의연하게 내 인생에서 갈 길을 가는 것이다.

- **감사의 말**

오랫동안 내 인생에 함께해준 친구들에게 고마움을 전하고 싶습니다. 특히 라엘 후바허와 코린네 엘세너에게 고맙습니다.

이 책을 쓰도록 중요한 자극을 주고 나를 격려해준 볼프람 아일렌베르거, 크리스토프 바움베르거, 홀가 바우만, 페터 샤베르, 에바 베버-구스카르, 막달레나 호프만에게 고맙습니다. 내 삶을 풍요롭게 만들어준 여러 친구의 우정에 감사합니다.

많은 아이디어를 제공해준 수잔네 보스함머, 우리가 협력하게 되어 기뻤습니다. 당신 덕분에 철학이 얼마나 재미있는지 알게 되었습니다. 나는 당신에게 마시멜로 한 봉지 말고도 많은 것을 빚지고 있습니다. 슈테판 리데너, 소중한 조언과 나를 먹여 살린 철학적 대화에 감사드립니다. 당신과 멀리 떨어져 살게 된 이후 예전이 그리워지네요. 당신이 어디서든 매를 찾길 바랍니다. 고마워요, 마르쿠스 후펜바우어. 당신이 아니었으면 나는 인생의 광채에 관해 생각조차 해보지 못했을 거예요.

에를랑겐 자유 대학에 나를 초청해준 베아트리체 리에네만과 에바 오주크에게 감사드립니다. 나를 환대해주고 함께 내 생각을 논의할 수 있어서 좋았습니다. 에를랑겐에서 머물 집을 내어

주고 성수 디스펜서, 오토바이에 대한 이야기를 비롯하여 내 견문을 넓혀준 게르하르트 에른스트에게 감사드립니다. 고마워요, 크리스티안 자이델. 에를랑겐에서 다시 만나 기뻤습니다. 인생의 충만함에 대한 당신의 성찰은 제게 정말 귀중한 가치가 있었습니다.

스위스 라디오와 SRF 방송에서 창의성 기금을 조성해 제가 긴 휴식기를 가질 수 있도록 해주었습니다. 고맙습니다. 여름에 긴 휴식기를 같이 지원해준 자선단체 '슈테른슈툰덴'의 동료들에게도 감사드립니다. 또한 취리히 박물관의 친절한 열람실 직원들과 그 외 그곳에서 일하는 모든 분에게 감사드립니다. 거의 마주친 적은 없지만 여러분의 집중력 높은 업무 덕에 나도 동기부여가 되었습니다. 니콜라 슈타이너, 문학관에서 글을 쓰고 생각하며 나와 커피 마실 시간을 내주어 고맙습니다. 안나 엥글러, 자유로운 글쓰기 시간을 지켜줘서 고맙습니다.

무엇보다 원고 출간 심사 과정에서 꼼꼼하게 점검해준 플로리안 케슬러에게 고맙습니다. 친절하게 격려해주고 기발한 아이디어를 줘서 고마워요. 마찬가지로 초고를 꼼꼼하게 살펴봐준 마르타 분크와 케르스틴 토르바트에게 고맙습니다. 이 책에 민음을 보여주고 집필 기간에도 대화를 나눠준 미하엘 갭에게 고맙습니다.

그리고 마지막으로 우리 아이들과 장 다니엘에게 진심으로 고마운 마음을 전합니다.

주

1장

1 Dante Alighieri (1963): *Die Göttliche Komödie*, Erster Gesang, Verse 1-3, 47. Die Rechte an der deutschen Übersetzung von Ida und Walther von Wartburg liegen beim Manesse Verlag, Zürich, in der Penguin Random House Verlagsgruppe GmbH.
2 Lindsey Mead (Hg.(2019): *On Being 40(ish)*. *Fifteen Writers on the Prime of Their Lives*, New York: Simon & Schuster, xvi (Übers.: BB).
3 Margriet de Moor (1991): *Erst grau dann weißdann blau*, München: dtv, 182.
4 다음에서 인용했다. Daniel Jacob Levinson (1979): *The Seasons of a Man's Life*, New York: Knopf, 250 (Übers.: BB).
5 다음을 참조하라. Alexandra M. Freund und Johannes O. Ritter (2009): Midlife Crisis. A Debate, in: *Gerontology* 55, 582-591, hier: 583. Pasqualina Perrig-Chiello (2024): *Own your Age*, Weinheim: Beltz, 17.
6 절대 수치는 통계상 기대 수명에 따라 달라진다. 인간이 오래 살수록 첫 졸업, 가족 구성, 부모의 사망 등 인생을 결정하는 사건은 미뤄지며 이는 특히 인생 단계의 시간상 위치에 영향을 끼친다.
7 더 많은 예시와 심리적 분류는 다음을 참조하라. Pasqualina Perrig-Chiello (2024): *Own your Age*, Weinheim: Beltz, 71 ff.
8 John Williams (2018): *Stoner*, München: dtv, 229. 나는 키어런 세티야의 책을 읽으면서 이 멋진 소설을 재발견했다. 이 소설 역시 중년을 다루고 있다. 세티야의 다음 책을 참조하라. (2019): *Midlife Crisis. Eine philosophische Gebrauchsanweisung*, Berlin: Insel.
9 Simone de Beauvoir (1982): *Der Lauf der Dinge*, Reinbek bei Hamburg: Rowohlt, 621.
10 Lew Tolstoj (2019): *Meine Beichte*, Berlin: Insel, 42.

11 Elliott Jaques (1965): Death and the Midlife Crisis, in: *The International Journal of Psychoanalysis* 46, 502 – 514.
12 다음을 참조하라. Alexandra M. Freund und Johannes O. Ritter (2009): Midlife Crisis. A Debate, in: *Gerontology* 55, 582 – 591.
13 전 세계 여러 지역에서 다양한 나이대의 사람을 대상으로 신체적, 정신적 평온함에 관한 설문조사를 실시한 결과가 널리 알려져 있다. 다음을 참조하라. David G. Blanchflower und Andrew J. Oswald (2008): Is well-being U-shaped over the life cycle?, in: *Social Science & Medicine* 66 (8), 1733 – 1749. 비판적 분류에 관해서는 다음을 참조하라. https://statmodeling.stat.columbia.edu/2010/12/26/age_and_happine/ (마지막 접속일: 2024. 2. 25.).
14 Jessica Grose (2023): This Isn't What Middle Age Was Supposed to Look Like, in: *The New York Times* (2023. 3. 14.).
15 이에 관해서는 다음을 참조하라. Kieran Setiya (2019): *Midlife Crisis. Eine philosophische Gebrauchsanweisung,* Berlin: Insel, 19 – 22.
16 Susanne Schmidt (2018): Midlife-Crisis. Die feministischen Ursprünge eines chauvinistischen Klischees, in: Michael Hagner und Christoph Hoffmann (Hg.): *Nach Feierabend. Materialgeschichten,* Zürich: Diaphanes, 179 – 197.
17 Pasqualina Perrig-Chiello (2024): *Own your Age,* Weinheim: Beltz, 9.
18 인생 행로를 계단식으로 나누고 자연스럽게 구부러지는 호선으로 그리거나 구체적인 단계가 연달아 조화롭게 이어지는 형식으로 구분하는 것은 고대부터 이어져온 오랜 전통이다. 기원전 6세기 아테네 정치가 솔론은 사람이 7년 단위로 자연스럽게 거쳐야 하는 삶의 단계를 10개로 나누었다. 그리고 수십 년이 흐른 뒤 피타고라스는 인생을 계절에 비유해 4단계로 구분했다. 그런가 하면 히포크라테스는 인생의 7단계를 설명하고, 수세기 후 셰익스피어는 희곡「뜻대로 하세요」에 따라 인생은 무대에서처럼 7막에 걸쳐 다양한 역할이 주어지는 것이라고 말했다. 인도에서 가장 오래된 경전인『베다』에 따르면 인생은 4단계이고 단계별로 주어진 의무가 있다. 개인의 복지 보장을 현재보다 더 가정에 위임했던 사회에서는 규격화된 인생 행로가 각 세대의 책임 여부를 결정하는 데 중요한 역할을 한다. 이에 관해서는 다음을 참조하라. Eva Birkenstock (2008): *Angst vor dem Altern? Zwischen Schicksal und Verantwortung,* Freiburg/München: Karl Alber, 24 – 31.
19 Bernice L. Neugarten (1996): The Young-Old and the Age-Irrelevant Society, in:

Dail A. Neugarten (Hg.): *The Meanings of Age. Selected Papers*, Chicago: University of Chicago Press, 34 – 46.

20 이에 관해서는 다음을 참조하라. Alexandra M. Freund, Jana Nikitin, Johannes O. Ritter (2009): Psychological Consequences of Longevity. The Increasing Importance of Self-Regulation in Old Age, in: *Human Development* 52 (1), 1 – 37, v. a. 5 ff.

21 Susan Sontag (2024): Zweierlei Maß. Altern ist nicht gleich Altern, in: dies.: *Über Frauen*, München: Hanser, 7 – 48.

22 이에 관해서는 다음을 참조하라. Claudia Bozzaro (2014): Das Leben als Ernstfall. Der individuelle Lebensvollzug im Horizont der verrinnenden Zeit, in: *Zeitschrift für Praktische Philosophie* 1 (1), 223 – 252.

23 이에 관해서는 다음을 참조하라. Mark Schweda (2014): Ein Jegliches hat seine Zeit. Altern und die Ethik des Lebensverlaufs, in: *Zeitschrift für Praktische Philosophie* 1 (1), 253 – 300, v. a. 292.

24 Holmer Steinfath (2020): Zeit und gutes Leben, in: *Zeitschrift für philosophische Forschung* 74 (4), 493 – 513, hier: 494.

25 Holmer Steinfath (2020): Zeit und gutes Leben, in: *Zeitschrift für philosophische Forschung* 74 (4), 493 – 513, hier: 495. Vgl. dazu auch den Schwerpunkt Altern, Ethik und menschliche Zeitlichkeitin: *Zeitschrift für Praktische ilosophie* 1 (1) von 2014, herausgegeben von Mark Schweda und Claudia Bozzaro, 167 – 358.

26 이에 관해서는 다음을 참조하라. David Velleman (2015): Well-Being and Time, in: ders.: *Beyond Price. Essays on Birth and Death*, Cambridge: Open Book Publishers, 141 – 173.

27 John Williams (2018): *Stoner*, München: dtv, 229.

28 예외 사례가 두 가지 있다. Christopher Hamilton (2009): *Middle Age*, London/ New York: Routledge, Kieran Setiya (2019): *Midlife Crisis. Eine philosophische Gebrauchsanweisung*, Berlin: Insel. 특히 키어런 세티야의 책은 내게 많은 영감을 제공하고 활성화해주었다. 5장에서 세티야의 사상을 주제로 다룰 것이다.

29 예를 들어 다음을 보라. Nadine Mooren (2023): *Leben im Alter. Eine philosophische Untersuchung zur Frage nach dem guten Leben*, Frankfurt a. M.: Klostermann; Frances Kamm (2020): *Almost Over. Aging, Dying, Dead*, Oxford: Oxford University Press; Ottfried Höffe (2019): *Die hohe Kunst des Alterns. Kleine Philosophie des guten Lebens*,

München: C. H. Beck; Wilhelm Schmid (2014): *Gelassenheit. Was wir gewinnen, wenn wir älter werden*, Berlin: Insel; Ludwig Hasler (2019): *Für ein Alter, das noch was vorhat. Mitwirken an der Zukunft*, Zürich: Rüffer & Rub; Heinz Rüegger (2023): *Lebenskunst des Alterns. Gerontologische und theologische Aspekte*, Zürich: TVZ.

30 예를 들어 다음을 참조하라. Johannes Drerup und Gottfried Schweiger (2024): *Was ist eine gute Kindheit?*, Stuttgart: Reclam, oder Alexander Bagattini und Colin Macleod (Hg.) (2016): *The Nature of Children's WellBeing. Theory and Practice*, Berlin: Springer.

31 낸시 S. 제커는 저서 『중년의 편견 끝내기. 노년의 새로운 가치(Ending Midlife Bias. New Values for Old Age)』에서 거의 모든 철학사가 중년을 다룬다고 말한다. 왜냐하면 철학에서 다루는 의문이나 논의가 중년에 치중되어 있기 때문이다. 그러나 제커의 주장은 노년기와 성년기 초반과 달리 중년기에 특정 철학적 의문이 새롭게 제기된다는 사실을 무시하고 있다. 다음을 참조하라. Nancy S. Jecker (2020): *Ending Midlife Bias. New Values for Old Age*, Oxford: Oxford University Press.

32 Ludwig Wittgenstein (1960): *Philosophische Untersuchungen*, §123, Frankfurt a. M.: Suhrkamp, 302.

33 C. G. Jung (2012): *Briefe* I: 1906–1945, herausgegeben von Aniela Jafféin Zusammenarbeit mit Gerhard Adler, Edition C. G. Jung, Ostfildern: Patmos, 175 f. (Brief vom 15.12.1933).

34 Hannah Arendt (1998): *Vom Leben des Geistes. Das Denken – Das Wollen*, München: Piper, 175.

2장

1 Ronald Dworkin (1993): *Life's Dominion. An Argument about Abortion and Euthanasia*, London: Harper Collins, 199 (Übers.: BB).

2 Marina Benjamin (2020): *Zwischenzeiten. Vom Verstehen der Wechseljahre*, Berlin: Arche: 129.

3 Albert Camus (1956): *Der Mythos von Sisyphos. Ein Versuch über das Absurde*, Hamburg: Rowohlt, 17.

4 Elliott Jaques (1965): Death and the Midlife Crisis, in: *The International Journal of Psychoanalysis* 46, 502–514, hier: 506, 다음을 인용했다. Kieran Setiya (2019): *Midlife Crisis. Eine philosophische Gebrauchsanweisung,* Berlin: Insel, 125.
5 Irvin Yalom (2010): *In die Sonne schauen. Wie man die Angst vor dem Tod überwindet,* München: btb.
6 Leo Tolstoi (1992): *Der Tod des Iwan Iljitsch,* Stuttgart: Reclam, 55.
7 Leo Tolstoi (1992): *Der Tod des Iwan Iljitsch,* Stuttgart: Reclam, 19.
8 이 논증에 관한 개요는 다음을 참조하라. Héctor Wittwer (2020): *Philosophie des Todes,* Stuttgart: Reclam, sowie Thomas Ramge (2023): *Wollt ihr ewig leben? Vom Fluch der Unsterblichkeit und Segen der Biotechnologie,* Stuttgart: Reclam.
9 Bernard Williams (1978): Die Sache Makropulos. Reflexionen über die Langeweile der Unsterblichkeit, in: Héctor Wittwer (Hg.) (2014): *Der Tod. Philosophische Texte von der Antike bis zur Gegenwart,* Stuttgart: Reclam, 261–293.
10 이런 사고 과정에 대한 해석은 다음에서도 찾아볼 수 있다. Dieter Birnbacher (2017): *Tod,* Berlin/Boston: De Gruyter, 53.
11 Julian Barnes (2011): *Nichts, was man fürchten müsste,* München: btb, 61.
12 관련 실험이나 철학적 근거에 관해서는 다음을 참조하라. Adrian Daub (2021): *Was das Valley denken nennt. Über die Ideologie der Techbranche,* Frankfurt a. M.: Suhrkamp.
13 Odo Marquard (1994): Zeit und Endlichkeit, in: ders.: *Skepsis und Zustimmung. Philosophische Studien,* Stuttgart: Reclam, 45–58, hier: 49.
14 우리에게 주어진 터무니없이 짧은 수명에 관해서는 다음을 참조하라. Thomas Nagel (1971): The Absurd, *The Journal of Philosophy* 68 (20), 716–727, 특히 717.
15 동물도 죽음을 이해할 수는 있다. 어떤 종이 죽은 동족을 한동안 돌보려 애쓰거나 자기 죽음을 앞두고 무리를 떠나기 때문이다. 이에 관한 예는 다음을 참조하라. Thomas Macho (2022): *Warum wir Tiere essen,* Wien: Molden. 하지만 동물은 유한한 목숨을 인지하고 어떤 성찰을 하진 않는다.
16 Michel de Montaigne (1969): Philosophieren heißt Sterben lernen, in: ders.: *Essais,* 1. Buch, 19. Kapitel, 52–62, Stuttgart: Reclam. 요즘에는 매일 다섯 번씩 메시지를 보내 언젠가 자기가 죽는다는 사실을 상기시키는 'We croak(독일어로 '우리는 비참하게 죽는다')'라는 불편한 이름을 가진 앱이 있다.
17 자살은 죽는 시점을 직접 정하기 때문에 조금 다르다.

18 죽음에 대해 이렇게 완전한 무지는 소크라테스가 『변론』에서도 이미 주제로 다룬 바 있다. 소크라테스는 죽음이 뭔지 모르기 때문에 죽음을 두려워하는 것은 비합리적이라고 했다. 우리는 죽음이 가장 큰 재앙이라고 생각하지만 어쩌면 죽음은 좋은 것일 수도 있다. 다만 우리는 그 사실을 모를 뿐이다.

19 자신의 마지막을 생각할 때 사람을 속이는 수법에 관해서 다음을 참조하라. Samuel Scheffler (2013): *Death and the Afterlife*, New York: Oxford University Press, 85 f., Thomas Nagel (1986): *The View from Nowhere*, New York: Oxford University Press, 223-231.

20 Julian Barnes (2011): *Nichts, was man fürchten müsste*, München: btb, 136.

21 Epikur (1980): Brief an Menoikeus, in: ders.: *Briefe, Sprüche, Werkfragmente*. Übersetzt und herausgegeben von Hans-Wolfgang Krautz, Stuttgart: Reclam, 41-51, hier: 45.

22 이는 루트비히 비트겐슈타인도 마찬가지다. "죽음은 인생의 사건이 아니다. 죽음은 경험할 수 없다." In: ders. (1984): *Tractatus logicophilosophicus*, 6.4311, Werkausgabe Band I, Frankfurt a. M.: Suhrkamp, 84.

23 박탈에 대한 논증은 특히 다음도 마찬가지다. Thomas Nagel (1970): Death, in: *Nous* 4 (1), 73-80. 마흔여덟 살에 뇌종양으로 투병하다가 사망한 작가 볼프강 헤른도르프는『일과 구조』(일기 형식으로 블로그에 쓴 글을 묶어 작가 사후 책으로 출간했다-옮긴이)를 쓰면서 죽음을 앞둔 삶에 대한 인상 깊은 기록을 남긴다. 헤른도르프는 자신의 상황을 갑작스레 덮쳐온 잔인한 통찰로 요약한다. "나는 다시는 사랑에 빠지지 않을 것이고 아무도 나와 사랑에 빠지지 않을 것이다." Wolfgang Herrndorf (2015): *Arbeit und Struktur*, Reinbek: Rowohlt Taschenbuch Verlag, 106.

24 Christoph Schlingensief (2010): *So schön wie hier kanns im Himmel gar nicht sein! Tagebuch einer Krebserkrankung*, München: btb, 188.

25 Lukrez (1991): *Von der Natur der Dinge*, München: dtv, 170-180.

26 Vladimir Nabokov (1964): *Sprich, Erinnerung, sprich. Wiedersehen mit einer Autobiographie*, Reinbek b. Hamburg: Rowohlt, 17.

27 Ronald Dworkin (1993): *Life's Dominion. An Argument about Abortion and Euthanasia*, London: Harper Collins, 199 (Übers.: BB).

28 Martin Heidegger (1963): *Sein und Zeit*, §52, Tübingen: Niemeyer, 259, 각주 1 역시 참조.

29 Martin Heidegger (1963): *Sein und Zeit*, §53, Tübingen: Niemeyer, 262.

30 Martin Heidegger (1963): *Sein und Zeit*, §53, Tübingen: Niemeyer, 266. 이 구절에 대한 유용한 해석은 다음을 참조하라. Héctor Wittwer (2014): Einführung, in: ders. (Hg.): *Der Tod. Philosophische Texte von der Antike bis zur Gegenwart*, Stuttgart: Reclam, 7 – 30, hier: 24 – 28.

31 Héctor Wittwer (2014): Einführung, in: ders. (Hg.): *Der Tod. Philosophische Texte von der Antike bis zur Gegenwart*, Stuttgart: Reclam, 7 – 30, hier: 27.

32 이런 인지는 평범한 것이 아니고 모두가 공유하지도 않는다. 일례로 이마누엘 칸트는 자기 자신과 자신의 삶에서 무언가를 창조해내야 한다고 여겼다.

33 Martin Heidegger (1963): *Sein und Zeit*, §53, Tübingen: Niemeyer, 266.

34 이에 관해서는 다음을 참조하라. Claudia Bozzaro (2014): Das Leben als Ernstfall. Der individuelle Lebensvollzug im Horizont der verrinnenden Zeit, in: *Zeitschrift für Praktische Philosophie* 1 (1), 223 – 252, hier: 246 f. Siehe auch: dies. (2014): *Das Leiden an der verrinnenden Zeit*, Stuttgart–Bad Cannstatt: Frommann–Holzboog.

35 비판은 다음을 참조하라. Dieter Birnbacher (2017): *Tod*, Berlin/Boston: De Gruyter, Kapitel 6.1.

36 이에 관해서는 다음을 참조하라. Holmer Steinfath (2020): Zeit und gutes Leben, in: *Zeitschrift für philosophische Forschung* 74 (4), 493 – 513, hier: 496.

37 이것이 무엇을 의미하는지 다음에서 자세히 보여준다. François Jullien in: ders. (2017): *Ein zweites Leben*, Wien: Passagen Verlag. 나는 이 사상에 관해 4장에서 다시 다룰 깃이디.

38 Odo Marquard (1994): Zeit und Endlichkeit, in: *Skepsis und Zustimmung. Philosophische Studien*, Reclam: Stuttgart, 45 – 58, hier: 49.

39 Odo Marquard (1994): Zeit und Endlichkeit, in: *Skepsis und Zustimmung. Philosophische Studien*, Reclam: Stuttgart, 45 – 58, hier: 49.

40 Giovanni Maio (2014): Schwangerschaft auf Abruf? Warum Social Egg Freezing nicht der richtige Weg ist, in: *Imago Hominis* 21 (1), 12 – 16, hier: 14.

41 Thomas Rentsch (2014): Werden zu sich selbst: Das Altern und die Zeitlichkeit des guten Lebens, in: *Zeitschrift für Praktische Philosophie* 1 (1), 301 – 326, hier: 322.

42 L. Annaeus Seneca (1978): Von der Kürze des Lebens, in: ders.: *Vom glückseligen Leben*, Stuttgart: Alfred Kröner, 90 – 118.

43 L. Annaeus Seneca (1978): Von der Kürze des Lebens, in: *Vom glückseligen Leben*,

Stuttgart: Alfred Kröner, 90 – 118, hier: 101.
44 다음을 참조하라. Thomas Ramge (2023): *Wollt ihr ewig leben? Vom Fluch der Unsterblichkeit und Segen der Biotechnologie*, Stuttgart: Reclam, 50 – 52.
45 Eva von Redecker (2023): *Bleibefreiheit*, Frankfurt a. M.: Fischer, 81.
46 Sören Kierkegaard (1964): Drei Reden bei gedachten Gelegenheiten, in: ders.: *Gesammelte Werke, 13. und 14. Abteilung*, Düsseldorf/Köln: Diederichs, 178.
47 Dieter Birnbacher (2017): *Tod*, Berlin/Boston: De Gruyter, 133.
48 Ludwig Wittgenstein (1984): *Tractatus logicophilosophicus*, 6.4311, Werkausgabe Band I, Frankfurt a. M.: Suhrkamp, 84.

3장

1 Hilary Mantel (2016): *Von Geist und Geistern*. Aus dem Englischen von Werner Löcher-Lawrence ©2016 DuMont Buchverlag, Köln, 29.
2 Non, je ne regrette rien. Text von Michel Jacques Pierre Vaucaire. Music von Charles Gaston Dumont. ©Semi Societe. Courtesy of Chappell Musikverlag GmbH. 이 샹송은 에디트 피아프가 최초로 녹음하고 발표했다.
3 Ingeborg Bachmann (1978): Das dreißigste Jahr, in: dies.: *Werke*, zweiter Band: *Erzählungen*, München/Zürich: Piper, 94 – 137, hier: 94.
4 Ingeborg Bachmann (1978): Das dreißigste Jahr, in: dies.: *Werke*, zweiter Band: *Erzählungen*, München/Zürich: Piper, 94 – 137, hier: 96.
5 Ingeborg Bachmann (1978): Das dreißigste Jahr, in: dies.: *Werke*, zweiter Band: *Erzählungen*, München/Zürich: Piper, 94 – 137, 94 f.
6 이에 관한 사실을 규명하는 다음 연구를 참조하라. David Epstein (2019): *Range. Why Generalists Triumph in a Specialized World*, New York: Random House.
7 1949년 베르톨트 브레히트의 시 「지각」에 해당 구절은 이렇게 쓰여 있다. "우리 뒤에는 태산 같은 수고가 있고 / 우리 앞에는 수고로운 평야가 있다."
8 이 점은 사회과학 분야에서도 확인된다. 이에 관해서는 다음을 참조하라. Pasqualina Perrig-Chiello (2024): *Own your Age*, Weinheim: Beltz, 또는 Alexandra M. Freund und Johannes O. Ritter (2009): Midlife Crisis. A Debate, in: *Gerontology* 55, 582 – 591.

9   David Velleman (2015): Well-Being and Time, in: ders.: *Beyond Price. Essays on Birth and Death,* Cambridge: Open Book Publishers, 141-173, insbes. 156.

10 Hilary Mantel (2016): *Von Geist und Geistern,* Köln: DuMont, 29. 우리를 괴롭히는 유령 이미지는 문학에서 회고적 후회를 나타내는 은유로 널리 쓰인다. 예를 들어 다음을 참조하라. Henry James: *Die Gesandten.* Sherwood Anderson in *Winesburg, Ohio.* 이에 관한 분석은 다음을 참조하라. Janet Landman (1993): *Regret. The Persistence of the Possible,* New York: Oxford University Press, 80.

11 Benedictus de Spinoza (2010): *Die Ethik. Schriften, Briefe,* übersetzt von Carl Vogl, Teil IV, 54. Lehrsatz, Stuttgart: Kröner, 238.

12 Friedrich Nietzsche (1999): *Menschliches, Allzumenschliches. Ein Buch für freie Geister,* 2. Band, II.323. Kritische Studienausgabe, herausgegeben von Giorgio Colli und Mazzino Montinari, München: De Gruyter, 695.

13 다음 역시 마찬가지다. Rüdiger Bittner (1992): Is It Reasonable to Regret Things One Did?, in: *The Journal of Philosophy* 89 (5), 262-273.

14 Susanne Boshammer (2020): *Die zweite Chance. Warum wir (nicht alles) verzeihen sollten,* Hamburg: Rowohlt, 106.

15 Rüdiger Bittner (1992): Is It Reasonable to Regret Things One Did?, in: *The Journal of Philosophy* 89 (5), 272 (Übers.: BB). 비트너는 후회가 비합리적이라는 스피노자의 기본 논제를 공유하는 한편, 스피노자의 주장을 발전시켜나간다.

16 Benedictus de Spinoza (2010): *Die Ethik. Schriften, Briefe,* übersetzt von Carl Vogl, Teil IV, 54. Lehrsatz, Stuttgart: Kröner, 238.

17 상세한 철학적 분석은 다음을 참조하라. R. Jay Wallace (2013): *The View from Here. On Affirmation, Attachment, and the Limits of Regret,* Oxford: Oxford University Press, 16. 심리적 분류에 관해서는 다음을 참조하라. Landman (1993): *Regret. The Persistence of the Possible,* New York: Oxford University Press.

18 이 점은 철학적으로 논란의 여지가 있다. 일례로 버나드 윌리엄스는 우리 행동이 나쁜 결과를 초래할 때 후회하는 것은 언제나 적절하다는 논제를 지지한다. 고의로 아이를 차로 치지 않았어도 우리가 사고에 관여했으므로 후회할 근거가 된다. 후회하지 않는 사람은 자신과 자신이 한 일을 동일시하는 대신 자신이 저지른 일과 거리를 둔다. 윌리엄스에게 이 같은 거리두기는 자기 신체 일부를 잘라내는 일이나 마찬가지다. 후회하지 않는 사람은 행동을 포기하는 것이다. 다음을 참조하라. Bernard Williams (1981): Moral Luck, in: ders.: *Moral Luck. Philosophical Papers*

1973-1980, Cambridge: Cambridge University Press, 20 – 39.
19 '주체적 후회(agent regret)'와 '단순 후회(mere regret)'의 차이는 다음을 참조하라. Bernard Williams (1981): Moral Luck, in: ders.: *Moral Luck. Philosophical Papers 1973 – 1980*, Cambridge: Cambridge University Press, 20 – 39, hier: 27 ff.
20 미국 시인 로버트 프로스트는 1915년 「가지 않은 길」에서 이런 갇혀버린 상황을 아름답게 묘사했다.
21 버나드 윌리엄스는 이것을 다음에서 구별한다. Widerspruchsfreiheit in der Ethik(1978): *Probleme des Selbst*, Leipzig: Reclam.
22 이에 관해서는 다음도 참조하라. Kieran Setiya (2019): *Midlife Crisis. Eine philosophische Gebrauchsanweisung*, Berlin: Insel, 72 – 77.
23 James Baldwin, 다음을 인용했다. Janet Landman (1993): *Regret. The Persistence of the Possible*, New York: Oxford University Press, 93 (Übers.: BB).
24 이에 관한 전형적인 예시는 다음을 참조하라. Alain Ehrenberg (2008): *Das erschöpfte Selbst. Depression und Gesellschaft in der Gegenwart*, Frankfurt a. M.: Suhrkamp. Barry Schwartz (2006): *Anleitung zur Unzufriedenheit. Warum weniger glücklicher macht*, Berlin: Ullstein.
25 Sylvia Plath (2005): *Die Glasglocke*, Frankfurt a. M.: Suhrkamp, 85.
26 Sylvia Plath (2005): *Die Glasglocke*, Frankfurt a. M.: Suhrkamp, 103.
27 Rüdiger Safranski (2021): *Einzeln sein. Eine philosophische Herausforderung*, München: Hanser, 111.
28 Geshe Shawopa, 다음을 인용했다. Oliver Burkeman (2022): *4000 Wochen. Das Leben ist zu kurz für Zeitmanagement*, München: Piper, 138.
29 이에 관해서는 다음을 참조하라. Robert E. Goodin (2012): *On Settling*, Princeton: Princeton University Press, 30. Ganz ähnlich Rüdiger Safranski (2021): *Einzeln sein. Eine philosophische Herausforderung*, München: Hanser, 111. 다음도 참조하라. Susanne Beyer (2021): *Die Glücklichen. Warum Frauen die Mitte des Lebens so großartig finden*, München: Blessing, 16. 베이어는 오직 결정을 통해서 삶이 '견고한 윤곽'을 얻는다고 썼다.
30 다시 말해 스스로 비난할 때는 결정할 당시 알지 못했던 이유를 끌고 오면 안 된다. 이 관점에 대해서는 다음을 참조하라. Paddy McQueen (2017): When Should We Regret?, in: *International Journal of Philosophical Studies* 25 (5), 608 – 623.
31 물론 누군가 자신의 지식과 양심에 따라 최선을 다해 행동했는데 나중에야 자신이

끔찍한 일에 한몫했다는 사실을 깨닫는 극단적인 사례도 있다. 버나드 윌리엄스는 이러한 경우에도 우리가 불행의 원인에 관여했으므로 후회할 근거가 된다고 봤다. 이에 관해서는 다음도 참조하라. Bernard Williams (1981): Moral Luck, in: ders.: *Moral Luck. Philosophical Papers* 1973–1980, Cambridge: Cambridge University Press, 20–39, hier: 27 ff.

32 다음을 참조하라. Laurie A. Paul (2021): *Was können wir wissen, bevor wir uns entscheiden? Von Kinderwünschen und Vernunftgründen*, Stuttgart: Reclam.

33 다음을 참조하라. Orna Donath (2016): *#regretting motherhood. Wenn Mütter bereuen*, München: Knaus.

34 이 연구는 곳곳에서 격한 논쟁을 불러온다. 이에 관해서는 다음을 참조하라. Christina Mundlos (2015): *Wenn Mutter sein nicht glücklich macht: Das Phänomen Regretting Motherhood*, München: mvg Verlag, sowie Barbara Bleisch und Andrea Büchler (2020): *Kinder wollen. Über Autonomie und Verantwortung*, München: Hanser, 67 f.

35 다음을 참조하라. Laurie A. Paul (2021): *Was können wir wissen, bevor wir uns entscheiden? Von Kinderwünschen und Vernunftgründen*, Stuttgart: Reclam.

36 다음 역시 마찬가지다. Paddy McQueen (2017): When Should We Regret?, in: *International Journal of Philosophical Studies* 25 (5), 608–623.

37 Ingeborg Bachmann (1978): Das dreißigste Jahr, in: dies.: Werke, zweiter Band: *Erzählungen*, München/Zürich: Piper, 94–137, hier: 95.

38 Laurie A. Paul (2021): *Was können wir wissen, bevor wir uns entscheiden? Von Kinderwünschen und Vernunftgründen*, Stuttgart: Reclam.

39 Aly Juma (2018): The Regret Minimization Framework. How Jeff Bezos Made Decisions, https://alyjuma.medium.com/the-regret-minimization-framework-how-jeff-bezos-made-decisions-4d5a-86deaf24 (마지막 접속일: 2024. 2. 14).

40 비판에 관해서는 다음도 참조하라. John Danaher (2019): The Wisdom of Regret and the Fallacy of Regret Minimisation, https://philosophi-caldisquisitions.blogspot.com/2019/01/the-wisdom-of-regret-and-fallacy-of.html (마지막 접속일: 2024. 2. 14).

41 예를 들어 다음을 참조하라. Bronnie Ware (2015): *5 Dinge, die Sterbende am meisten bereuen. Einsichten, die Ihr Leben verändern werden*, München: Goldmann. 2016년에 같은 작가의 다른 책이 출간된다. *Leben ohne Reue. 52 Impulse, die uns daran erinnern,*

was wirklich wichtig ist, München: Goldmann.
42 Harald Welzer (2021): Nachruf auf mich selbst. Die Kultur des Aufhörens, Frankfurt a. M.: S. Fischer.
43 Leo Tolstoi (1965): Der Tod des Iwan Iljitsch, Stuttgart: Reclam, 77.
44 Leo Tolstoi (1965): Der Tod des Iwan Iljitsch, Stuttgart: Reclam, 83.
45 존 스튜어트 밀은 자유에 대한 도전 과제와 긴장감을 이렇게 설명한다. (1974): Über die Freiheit, Stuttgart: Reclam, Kapitel 3.
46 다음을 참조하라. Henrik Ibsen (1998): Nora (Ein Puppenheim), Leipzig: Reclam. 이에 관해 다음도 참조하라. Monika Betzler und Barbara Bleisch (Hg.) (2015): Familiäre Pflichten, Einleitung, Frankfurt a. M.: Suhrkamp, 9–53. 또한 노라의 내면적 갈등에 관한 훌륭한 견해를 참조하라. Stanley Cavell (2010): Cities of Words. Ein moralisches Register in Philosophie, Film und Literatur, übersetzt und eingeleitet von Maria-Sibylla Lotter, Zürich: Chronos, 279–296.
47 이에 관해서는 다음을 참조하라. R. Jay Wallace (2013): The View from Here. On Affirmation, Attachment, and the Limits of Regret, Oxford: Oxford University Press, 16.
48 이에 관해서는 다음의 성찰을 참조하라. Jonathan Lear (2022): Imagining the End. Mourning and Ethical Life, Cambridge MA: The Belknap Press of Harvard University Press, 74 f.
49 이에 관해서는 다음을 참조하라. Justin F. White (2017): Revelatory Regret and the Standpoint of the Agent, in: Midwest Studies in Philosophy XLI, 225–240, v.a. 237 f. Carla Bagnoli (2000): Value in the Guise of Regret, in: Philosophical Explorations 3 (2), 169–187.
50 이에 관해서는 다음을 참조하라. Janet Landman (1993): Regret. The Persistence of the Possible, New York: Oxford University Press, 16.
51 다음을 참조하라. Jean-Martin Büttner (2018): Die Liebenden und die Toten, in: TagesAnzeiger (2018. 09. 01).
52 R. Jay Wallace (2013): The View from Here. On Affirmation, Attachment, and the Limits of Regret, Oxford: Oxford University Press, 185.
53 아밀리 옥센버그 로티는 우리가 너무 후회에 몰두하면 후회가 과도해진다고 경고한다. Amélie Oksenberg Rorty (1980): Agent Regret, in: dies. (Hg.): Explaining Emotions, Berkeley: University of California Press, 489–506, hier: 501.
54 Daniel Schreiber (2021): Allein, Berlin: Hanser Berlin, 92.

4장

1 1964년 10월 28일, 한나 아렌트와 귄터 가우스의 대화 프로그램 'Zur Person (영어로는 'to person'정도로 번역된다-옮긴이)'(마지막 접속일: 2024. 2. 27). 이 대화록은 다음에서 볼 수 있다. https://www.rbb-online.de/zurperson/interview_archiv/arendt_hannah.html (마지막 접속일: 2024. 2. 27.)
2 Zuza Speckert (2023): Gespräch mit Philippe Chappuis alias Zep, in: *NZZ am Sonntag Magazin* (2023. 8. 20), 5.
3 Theodor W. Adorno Archiv (Hg.) (2003): *Adorno. Eine Bildmonographie*, Frankfurt a. M.: Suhrkamp, 205.
4 So verabschiedet sich Roger Federer von der Tenniswelt, in: TagesAnzeiger (2022), https://www.tagesanzeiger.ch/roger-federer-ruecktritt-wortlaut-so-verabschiedet-sich-federer-ich-habe-jede-minute-mit-euch-geliebt-484467368099 (마지막 접속일: 2024. 2. 24.)
5 Ian McEwan (2020): *Erkenntnis und Schönheit. Über Wissenschaft, Literatur und Religion*, Zürich: Diogenes, 106.
6 Simone de Beauvoir (1982): *Der Lauf der Dinge*, Reinbek bei Hamburg: Rowohlt, 621.
7 Simone de Beauvoir (1982): *Der Lauf der Dinge*, Reinbek bei Hamburg: Rowohlt, 621.
8 Thomas Mann (1960): *Der Tod in Venedig und andere Erzählungen*, Frankfurt a. M.: S. Fischer, 61.
9 Thomas Mann (1960): *Der Tod in Venedig und andere Erzählungen*, Frankfurt a. M.: S. Fischer, 61.
10 2018년 당시 출생증명서를 기준으로 예순아홉 살이던 네덜란드인 에밀 라텔반트의 사례를 보자. 그는 의사들에게 신체 나이가 마흔다섯 살이라는 사실을 확인받고 자신의 생년월일을 공식적으로 수정해달라고 요구한다. 그러면서 라텔반트는 공문서상 이름과 성별은 바꿀 수 있지 않으냐는 예시를 든다. 그럼 나이를 수정 못 할 이유는 무엇인가? 이에 관해서는 다음을 참조하라. Nadine Mooren (2023): *Leben im Alter. Eine philosophische Untersuchung zur Frage nach dem guten Leben*, Frankfurt a. M.: Klostermann, 11 und 31 f. 23쪽 이후에는 우리의 나이에 관한 공공연한 불확실성을 주제로 논의한다.

11 여러모로 원래 나이보다 젊다고 느끼는 걸 장점으로 본다. 연구에 따르면 주관적인 나이가 적으면 대개 더 건강하다. 그런가 하면 본래 나이보다 더 늙었다고 생각하는 사람은 신체가 더 빨리 노화하고 기대 수명도 짧다. 여기서 자신이 젊다고 생각하는 사람은 운동을 더 많이 하고 미래를 낙관적으로 보며 새로운 것을 배우고 싶어 한다는 사실이 명백해진다. 이에 관한 개요는 다음을 참조하라. David Robson (2018): The age you feel means more than youractual birthdate, in: *BBC online*, https://www.bbc.com/future/article/20180712-the-age-you-feel-means-more-than-your-actual-birthdate (마지막 접속일: 2024. 1. 31.)

12 실비아 보벤첸 역시 노화를 "건강의 연속적 재앙"과 "밝은 이야기"라는 "두 가지 극단적인 버전으로 설명할 수 있다"고 한다. 다음을 참조하라. (2008): *Älter werden. Notizen*, Frankfurt a. M.: Fischer, 104.

13 다음을 참조하라. Aristoteles (2021): *Rhetorik*, übersetzt und herausgegeben von Gernot Krapinger, Buch II, Abschnitt 14, Stuttgart: Reclam, 118.

14 Platon: *Politeia*, Buch VII, 540 b - c. 여기서 언급한 아리스토텔레스와 플라톤의 전성기에는 자유인으로 태어난 남성만이 해당한다. 여성과 노예의 발전 잠재력은 별로 좋지 않다. 어차피 이 근거가 타당성이 없다면 이제 와서 더 설명할 가치도 없다. 이에 관해 고대의 나이에 관한 이미지를 참조하라. Eva Birkenstock (2008): *Angst vor dem Altern?, Zwischen Schicksal und Verantwortung*, Freiburg/München: Alber, 19 - 54.

15 '에우다이모니아'란 단어를 번역하긴 쉽지 않다. 아리스토텔레스는 뜨거운 여름철 시원한 호수에 뛰어들거나 산책 후에 배가 고파 샌드위치를 먹는 주관적으로 행복한 상태보다 더 큰 의미를 염두에 두었을 것이다. 철학자 엘리자베스 앤스콤(Gertrade Elizabeth Magaret Anscombe)은 1958년 발표한 논문에서 '에우다이모니아'를 '인간의 번영하는 삶(human flourishing life)'으로 적절하게 번역한다. 이 표현을 통해 인생을 식물이 만개하고 전성기를 맞이하는 것에 비유한 아리스토텔레스의 해석도 명확해진다. '에우다이몬'적인 삶을 통해 우리는 스스로 가장 훌륭한 형태로 성장하며 온전히 충만해질 수 있다. 다음을 참조하라. G. E. M. Anscombe (1958): Modern Moral Philosophy, in: *Philosophy* 33 (124), 1 - 19.

16 이런 맥락에서 철학에서는 쾌락주의적 재화와 대비되는 '완벽주의적'재화를 말한다. 완벽주의에 대한 옹호는 다음을 참조하라. Thomas Hurka (1993): Perfectionism, Oxford: Oxford University Press. 좋은 삶에 대한 다양한 이론 논쟁은 다음을 참조하라. James Griffin (1986): *WellBeing*, Oxford: Clarendon

Press.
17 '프로네시스'라는 단어도 번역하기 쉽지 않다. 이 단어를 '현명함'이라고 표현하면 이 덕목의 결론을 끌어내는 성질을 강조하는 것이다. '윤리적 통찰'이라고 표현하면 개념의 윤리적 차원을 두드러지게 하고, '실행하는 지혜'라고 하면 행동 요소에 초점을 맞춘다. 이에 관한 개요는 다음을 참조하라. Magdalena Hoffmann (2010): D*er Standard des Guten bei Aristoteles. Regularität im Unbestimmten*, Freiburg i.Br.: Karl Alber Verlag, 112 ff.
18 Aristoteles: *Nikomachische Ethik*, 1138 b 22 f. 아리스토텔레스의 사상을 일관되게 이해하기엔 상당한 어려움이 있다. 이에 관해서는 여기에서 다루지 않겠다. 다만 다음을 참조하라. Ursula Wolf (1995): Über den Sinn der Aristotelischen Mesoteslehre (II), in: Aristoteles: *Die Nikomachische Ethik*, herausgegeben von Otfried Höffe, Berlin: Akademie Verlag, 81 – 108.
19 Aristoteles (2021): *Rhetorik*, übersetzt und herausgegeben von Gernot Krapinger, Buch II, Abschnitt 14, Stuttgart: Reclam, 117 f.
20 Aristoteles (2021): *Rhetorik*, übersetzt und herausgegeben von Gernot Krapinger, Buch II, Abschnitt 13, Stuttgart: Reclam, 115 – 117.
21 더불어 우리 인생 단계의 특수성에 대한 무분별함은 아리스토텔레스와 같은 목적론적 접근법에만 해당하지 않는다. 낸시 S. 제커는 좋은 삶, 상호 존중, 인간의 존엄성에 관한 철학적 사고의 많은 부분에 '중년기 편향(midlife bias)'이 있다고 말한다. 현재 통용되는 학설은 오로지 거의 자율적이고 합리적이며 독립적인 개인을 위주로 한다. 나반 우리는 인생의 대부분을 약하고 의존적인 존재로서 본래의 의미에서 자율적인 특성을 가지지 못하고 있다. 그래서 노년에 좋은 삶을 살기 위해 바꾸려는 부분이 있다. 다음을 참조하라. Nancy S. Jecker (2020): *Ending Midlife Bias. New Values for Old Age*, New York: Oxford University Press.
22 예를 들어 다음을 참조하라. Johannes Drerup und Gottfried Schweiger (2024): *Was ist eine gute Kindheit?*, Stuttgart: Reclam, oder Alexander Bagattini und Colin Macleod (Hg.) (2016): *The Nature of Children's WellBeing. Theory and Practice*, Berlin: Springer. 필리프 아리에스는 저서 『아동의 탄생』(1960)를 통해 일찍이 유년기를 다룬 몇 안 되는 인물 중 하나다.
23 예를 들어 루트비히 하슬러는 노년기를 긍정적으로 본다. Ludwig Hasler (2019): *Für ein Alter, das noch was vorhat. Mitwirken an der Zukunft*, Zürich: Rüffer & Rub; Otfried Höffe (2019): *Die hohe Kunst des Alterns. Kleine Philosophie des guten Lebens*,

München: C. H. Beck; Odo Marquard (2021): *Endlichkeitsphilosophisches. Über das Altern*, Stuttgart: Reclam.

24 다음을 참조하라. Ciceros Cato maior auch Eva Birkenstock (2008): *Angst vor dem Altern? Zwischen Schicksal und Verantwortung*, München: Karl Alber, 37–49.

25 이 생각은 예를 들어 다음에서 찾을 수 있다. Michael Slote (1982): *Goods and Virtues*, Oxford: Clarendon Press, v. a. Kapitel 2. 특히 노년기 특유의 가치관에 관해서는 다음을 참조하라. Nancy S. Jecker (2020): *Ending Midlife Bias. New Values for Old Age*, New York: Oxford University Press.

26 이에 관해 다음을 참조하라. Mark Schweda (2014): Ein Jegliches hat seine Zeit. Altern und die Ethik des Lebensverlaufs, in: *Zeitschrift für Praktische Philosophie* 1 (1), 253–300, hier: 276.

27 이 생각을 심각하게 받아들이면 미덕은 절대적 재화가 아닌 특정 인생 단계의 상대적인 재화와 관련된 걸로 비친다. 하지만 이 사실을 미덕이나 재화가 단지 취향의 문제 내지는 주관적 관심사라고 여기는 미덕 상대주의와 혼동해선 안 된다. 여기서 주장하는 점은 특정 덕목이 삶의 특정 단계와 관계 있는 덕목이라는 것이다. 우리가 스스로 발전하려면 단계별로 다른 요소가 필요하기 때문이다. 이에 관해서는 다음을 참조하라. Michael Slote (1982): *Goods and Virtues*, Oxford: Clarendon Press, 40 ff.

28 여기서 예외는 실용주의자들이다. 특히 존 듀이(John Dewey)가 그렇다. 이에 관해서는 다음을 참조하라. Michael Hampe (2017): *John Dewey: Erfahrung und Natur*, Berlin/Boston: De Gruyter.

29 이 개념은 야콥 그림에게서 유래한다. Rede über das Alter, in: Thomas Rentsch und Morris Vollmann (Hg.) (2020): *Gutes Leben im Alter. Die philosophischen Grundlagen*, Stuttgart: Reclam, 96–113, hier: 108.

30 Pasqualina Perrig-Chiello (2024): *Own your Age*, Weinheim: Beltz, 196.

31 힐데 도민은 이 문장을 자신의 연작시 「장미 한 송이에 기대어」(1957~59)에 썼다. 다음을 참조하라. Hilde Domin (1987): *Gesammelte Gedichte*, Frankfurt a. M.: Fischer, 111.

32 이에 관해서는 다음을 참조하라. Michel de Montaigne (1969): Über die Erfahrung, in: ders.: *Essais*, 3. Buch, 13. Kapitel, Stuttgart: Reclam, 359–375, hier: 362.

33 발터 벤야민이 쓴 「경험」이라는 짧은 글을 참조하라. 1913년 벤야민은 스물한 살에 이 글을 썼다. 어른도 한때는 어릴 때가 있었고 부모를 믿지 않은 적도 있으며

인생을 통해 깨우쳐야만 했다는 경험을 써 내려간다. 그리고 이들은 선의에서 우러나오는 조언을 혹평한다고도 말한다. 이 글은 다음에서 읽을 수 있다. https://www.textlog.de/benjamin/essays/fruehearbeiten/erfahrung (마지막 접속일: 2024. 2. 20.)

34 인생을 누구나 자신만의 경험을 해봐야 하는 '실험'이라고 생각한 헨리 데이비드 소로의 글을 참조하라. Henry David Thoreau (2013): *Walden. Ein Leben mit der Natur*, München: dtv, 14.

35 이에 관해서는 다음을 참조하라. Harry Frankfurt (2007): Uns selbst ernst nehmen, in: ders.: *Sich selbst ernst nehmen*, Frankfurt a. M.: Suhrkamp, Erste Vorlesung.

36 회복탄력성, 즉 격동의 시기에 더 강인해질 수 있는 재능은 유아기의 경험, 유전 요인, 개인의 수단, 개인을 둘러싼 사회경제학적 환경이 결합한 결과다. 이에 관해 지침이 될 만한 다음의 연구를 참조하라. Boris Cyrulnik (2011): *Resilience. How Your Inner Strength Can Set You Free from the Past*, London: Penguin, und ders. (2007): *Mit Leib und Seele. Wie wir Krisen bewältigen*, Hamburg: Hoffmann und Campe.

37 다음에서도 역시 이 점을 서술한다. Michel de Montaigne (1969): Über die Erfahrung, in: ders.: *Essais*, 3. Buch, 13. Kapitel, Stuttgart: Reclam, 359-375, hier: 368.

38 이에 관해서는 폴 리쾨르의 연구 역시 참조하라. Michael Coors (2014): Die Zeit des menschlichen Lebens zur Sprache bringen. Altern und die narrative Refiguration der menschlichen Zeit durch Kalender, Generationenfolge und Spur, In. 1 (1), 327-350.*Zeitschrift für Praktische Philosophie*

39 Andreas Reckwitz (2012): *Die Erfindung der Kreativität. Zum Prozess der gesellschaftlichen Ästhetisierung*, Berlin: Suhrkamp.

40 Alain Ehrenberg (2004): *Das erschöpfte Selbst. Depression und Gesellschaft in der Gegenwart*, Frankfurt a. M.: Campus.

41 Leo Tolstoi (1965): *Der Tod des Iwan Iljitsch*, Stuttgart: Reclam, 77.

42 이에 관해서는 다음을 참조하라. Urs Hofer (2016): *Auf der Suche nach der eigenen Stimme. Stanley Cavells Philosophie als Erziehung von Erwachsenen*, Zürich: Chronos, 135-137.

43 이 관계성에 대한 상세한 규명은 다음을 참조하라. Dieter Thomä(2015): *Erzähle dich selbst. Lebensgeschichte als philosophisches Problem*, Frankfurt a. M.: Suhrkamp.

44 Dieter Thomä (2015): *Erzähle dich selbst. Lebensgeschichte als philosophisches Problem*,

주

Frankfurt a. M.: Suhrkamp, 169.
45 이에 관한 해리 프랑크푸르트의 기고문을 참조하라. (2007): *Sich selbst ernst nehmen*, Frankfurt a. M.: Suhrkamp. 다음도 참조하라. (2014): *Gründe der Liebe*, Frankfurt a. M.: Suhrkamp.
46 François Jullien (2020): *Ein zweites Leben*, Wien: Passagen, 93 f.
47 François Jullien (2020): *Ein zweites Leben*, Wien: Passagen, 30.
48 David Velleman (2008): Identification and Identity, in: Sarah Buss und Lee Overton (Hg.): *The Contours of Agency. Essays on Themes from Harry Frankfurt*, Cambridge: MIT Press, 91 – 123, hier: 91 – 94.
49 양립의 개념과 구상에 관해서는 다음을 참조하라. Beate Rössler (2017): *Autonomie. Ein Versuch über das gelungene Leben*, Frankfurt a. M.: Suhrkamp, Kapitel 2.
50 Ian McEwan (2010): *Solar*, Zürich: Diogenes, 321 f. 이에 관한 조언은 다음 덕분이다. Beate Rössler (2017): *Autonomie. Ein Versuch über das gelungene Leben*, Frankfurt a. M.: Suhrkamp, 59.
51 Beate Rössler (2017): *Autonomie. Ein Versuch über das gelungene Leben*, Frankfurt a. M.: Suhrkamp, 60.
52 Vladimir Jankélévitch (2012): *Die Ironie*, Frankfurt a. M.: Suhrkamp, 11.
53 공간과 위안의 연결 관계에 관해서는 다음을 참조하라. David van Reybrouck (2019): Ode an den Trost, in: ders.: *Oden*, Berlin: Insel, 117.
54 Vladimir Jankélévitch (2012): *Die Ironie*, Frankfurt a. M.: Suhrkamp, 31.
55 다음을 참조하라. Richard Rorty (1989): *Kontingenz, Ironie und Solidarität*, Frankfurt a. M.: Suhrkamp, Kapitel 4.
56 David Foster Wallace (2016): *Das hier ist Wasser / This is Water*, Köln: Kiepenheuer & Witsch, 9.
57 David Foster Wallace (2016): *Das hier ist Wasser / This is Water*, Köln: Kiepenheuer & Witsch, 10.
58 그러나 계급, 성별, 인종 등으로 인해 우리 경험의 폭이 달라지므로 아무리 노력해도 타인의 관점을 완전히 이해하기는 힘들다. 그래서 다른 사람의 말에 귀 기울이고 일단 열린 자세를 보이는 게 그 어느 때보다 중요하다. 이는 공정한 태도가 요구하는 사항일 뿐만 아니라 우리가 다른 관점을 배제할 때 놓쳐버리는 인식론적 자원의 문제이다. 이에 관해 지침이 될 만한 상세한 논의는 다음을 참조하라. Miranda Fricker (2023): *Epistemische Ungerechtigkeit. Macht und die Ethik*

des *Wissens*, München: C. H. Beck.
59 Vladimir Jankélévitch (2012): *Die Ironie*, Frankfurt a. M.: Suhrkamp, 11.
60 Theodor W. Adorno (1966): *Negative Dialektik*, Frankfurt a. M.: Suhrkamp, 24.

5장

1 John Stuart Mill (2011): *Autobiographie*. Übersetzt und herausgegeben von Jean-Claude Wolf, Hamburg: Felix Meiner, 108.
2 콤플리첸 영화사의 허가를 받아 마렌 아데 감독의 영화 〈토니 에드만〉(2016)에 나오는 빈프리드 콘라디의 마지막 독백 대사를 인용했다.
3 John Stuart Mill (2011): *Autobiographie*, Hamburg: Felix Meiner, 108.
4 이 장에서는 키어런 세티야의 저서 『어떡하죠, 마흔입니다: 흔들리지 않는 삶을 위한 마음 철학 수업』 중 5장의 내용을 위주로 설명한다. 내게는 '텔릭'과 '아텔릭'의 삶을 구별하는 세티야의 방식이 새로웠다. 세티야는 자신의 연구를 통해 중년을 보는 여러 견해를 다룬다. 특히 내가 죽음, 회한, 후회를 설명하면서 다른 철학 연구 결과를 깊이 있게 분석하는 것과 비슷한 방식이다.
5 Kieran Setiya (2019): *Midlife Crisis. Eine philosophische Gebrauchsanweisung*, Berlin: Insel Verlag, 10.
6 Lew Tolstoj (2010): *Meine Beichte*, Berlin: Insel, 27 ff.
7 Lew Tolstoj (2010): *Meine Beichte*, Berlin: Insel, 24.
8 이것을 구분하려면 다음을 참조하라. Markus Rüther (2023): *Sinn im Leben. Eine ethische Theorie*, Frankfurt a. M.: Suhrkamp, insbes. 14-18. 다음에서도 구분을 찾아볼 수 있다. Susan Wolf (2010): *Meaning in Life and Why it Matters*, Princeton: Princeton University Press.
9 Kieran Setiya (2019): *Midlife Crisis. Eine philosophische Gebrauchsanweisung*, Berlin: Insel Verlag, 32.
10 Kieran Setiya (2019): *Midlife Crisis. Eine philosophische Gebrauchsanweisung*, Berlin: Insel Verlag, 33.
11 다음을 참조하라. Kieran Setiya (2019): *Midlife Crisis. Eine philosophische Gebrauchsanweisung*, Berlin: Insel Verlag, 155 ff.
12 Arthur Schopenhauer (1977): *Die Welt als Wille und Vorstellung*, Erster Band, Viertes Buch, §57, Zürich: Diogenes, 390.

13 1909년 빌헬름 부쉬는 시 「절대 아니다」에서 이를 적절하게 표현한다. "그대가 갈망하며 찾던 것이 / 그대의 것이 되었네 / 그대는 승리에 취해 환호하네 / 나는 이제 드디어 평화를 얻었다!" 그러나 평화는 오래가지 못하고 쓰디쓴 깨달음이 곧 이어진다. "아, 친구여, 너무 거칠게 말하지 말게나 / 자네 혓바닥을 좀 자제하게 / 모든 소망은 실현되고 나면 / 그 즉시 아이를 얻는다네." 이 시에는 눈에 보이는 것보다 더 많은 것이 들어 있지 않은가?

14 Kieran Setiya (2019): *Midlife Crisis. Eine philosophische Gebrauchsanweisung*, Berlin: Insel, 159.

15 Kieran Setiya (2019): *Midlife Crisis. Eine philosophische Gebrauchsanweisung*, Berlin: Insel, 157.

16 이도 란다우는 이 현상을 "목표의 모순"이라고 하지만 이는 해결이 가능하다고 본다. 다음을 참조하라. Iddo Landau (2017): *Finding Meaning in an Imperfect World*, New York: Oxford University Press, Kapitel 11.

17 이 역시 마찬가지다. Antti Kauppinen (2021): Against Seizing the Day, in:*Oxford Studies in Normative Ethics* 11, 91–111, v. a. 99 ff., 더불어 다음도 보라. Iddo Landau (2017): *Finding Meaning in an Imperfect World*, New York: Oxford University Press, 149 ff.

18 이에 관해서는 다음을 참조하라. Antti Kauppinen (2021): Against Seizing the Day, in: *Oxford Studies in Normative Ethics* 11, 91–111.

19 마렌 아데 감독의 영화 〈토니 에드만〉에 나오는 빈프리드 콘라디의 마지막 독백 대사를 인용했다.

20 이에 관해서는 다음을 참조하라. Kieran Setiya (2019): *Midlife Crisis. Eine philosophische Gebrauchsanweisung*, Berlin: Insel, 166 f. 목적 없음에 관한 다음의 연구도 참조하라. Michael Hampe (2024): *Wozu? Eine Philosophie der Zwecklosigkeit*, München: Hanser.

21 Kieran Setiya (2019): *Midlife Crisis. Eine philosophische Gebrauchsanweisung*, Berlin: Insel, 170.

22 Kieran Setiya (2019): *Midlife Crisis. Eine philosophische Gebrauchsanweisung*, Berlin: Insel, 179.

23 Timo Reuter (2019): *Warten. Eine verlernte Kunst*, Frankfurt a. M.: Westend, 181.

24 Kieran Setiya (2019): *Midlife Crisis. Eine philosophische Gebrauchsanweisung*, Berlin: Insel, 171–180.

25 Pasqualina Perrig-Chiello, 다음을 인용했다. Anja Jardine (2020): In der Mitte des Lebens, in: NZZ (2020. 11. 09).
26 능력주의에 대한 분석과 비판은 다음을 참조하라. Michael J. Sandel (2020): *Vom Ende des Gemeinwohls. Wie die Leistungsgesellschaft unsere Demokratien zerreißt*, Frankfurt a. M.: Fischer.
27 다음도 참조하라. Iddo Landau (2017): *Finding Meaning in an Imperfect World*, New York: Oxford University Press, 153–158.
28 다음을 참조하라. Eva Weber-Guskar (2022): Sinn und Zeit. Zu zwei Dimensionen des guten Lebens, in: *Zeitschrift für philosophische Forschung* 76 (1), 5–26.
29 John Rawls (1979): *Eine Theorie der Gerechtigkeit*, Frankfurt a. M.: Suhrkamp, Kapitel 7, Abschnitt 63.
30 Margaret Urban Walker (1999): Getting Out Of Line: Alternatives to Life as a Career, in: dies. (Hg.): *Mother Time: Women, Aging, and Ethics*, Lanham: Rowman and Littlefield, 97–112.
31 Michael Slote (1982): Goods and Virtues, Oxford: Clarendon Press, 44. 요구하는 바가 너무 많은 인생 계획에 대한 비판은 다음을 참조하라. Holmer Steinfath (2023): Plans, Open Future and the Prospects for a Good Life, in: *Ethical Theory and Moral Practice*, https://link.springer.com/article/10.1007/s10677-023-10387-z (마지막 접속일: 2024. 2. 6.).
32 사회정의 이론가로서 존 롤스는 목표 달성이 개인의 노력에만 달려 있지 않고 우리의 행복은 오로지 우리만이 만들어내기 못한다는 점을 알고 있다. 오히려 롤스는 우리에게 불평등한 기회를 제공하는 사회 배경 조건이 우리를 행복하게 만들어준다는 사실을 인정한다. 개인의 인생이 행복해지기 위한 인생 계획의 의미에 대한 비판이 롤스가 인정하는 부분보다 더 심오하다. 우리의 계획 자체도 사회 조건 아래에 놓여 있다는 것을 인지해야 한다. 이 계획은 우리가 할 수 있다고 여기는 것, 계속 추구하는 것, 포기해야만 하는 것이다. 우리 주체성은 제한되어 있고 우리 역사는 홀로 써 내려가는 게 아니다. 잘하면 인생의 공동 저자 정도는 될 수 있다. 이에 관해서는 다음을 참조하라. Alasdair MacIntyre (1997): Der Verlust der Tugend, Frankfurt a. M.: Suhrkamp, Kapitel 15. 관련 논의에 관해서는 다음도 참조하라. Holmer Steinfath (2023): Plans, Open Future and the Prospects for a Good Life, in: *Ethical Theory and Moral Practice*, https://link.springer.com/article/10.1007/s10677-023-10387-z (마지막 접속일: 2024. 2. 6.).

33 이런 중간 입장에 관해서는 다음을 참조하라. Holmer Steinfath (2023): Plans, Open Future and the Prospects for a Good Life, in: *Ethical Theory and Moral Practice*, https://link.springer.com/article/10.1007/s10677-023-10387-z (마지막 접속일: 2024. 2. 6.); Antti Kauppinen (2021): Against Seizing the Day, in: *Oxford Studies in Normative Ethics* 11, 91 – 111; Charles Larmore (2008): The Idea of a Life Plan, in: ders.: *The Autonomy of Morality*, Cambridge: Cambridge University Press, 246 – 271.

34 Lew Tolstoj (2010): *Meine Beichte*, Berlin: Insel, 81.

35 삶의 의미에 관한 질문이 생긴 지는 아주 오래되었다. 특히 최근에는 삶의 의미에 관한 논의가 활발하다. 이에 관한 수전 울프의 질문 외에도 다음을 참조하라. Thaddeus Metz (2013): *Meaning in Life. An Analytic Study*, New York: Oxford University Press.

36 Susan Wolf (2010): *Meaning in Life and Why it Matters*, Princeton: Princeton University Press, 10 ff.

37 이에 관해서는 다음도 참조하라. Iddo Landau (2017): *Finding Meaning in an Imperfect World*, New York: Oxford University Press, 8.

38 Susan Wolf (2010): *Meaning in Life and Why it Matters*, Princeton: Princeton University Press, 13 – 18.

39 Susan Wolf (2010): *Meaning in Life and Why it Matters*, Princeton: Princeton University Press, 18 – 25.

40 수전 울프는 자신의 저서 2부에서 이 비판을 다룬다. 다음을 참조하라. Susan Wolf (2010): *Meaning in Life and Why it Matters*, Princeton: Princeton University Press, 39 ff.

41 Jonathan Haidt: Comment, in: Susan Wolf (2010): *Meaning in Life and Why it Matters*, Princeton: Princeton University Press, 92 – 101, hier: 92 – 93. 이에 관해 낚시가 의미 있는 활동이 된다는 이도 란다우의 저서를 참조하라. (2017): *Finding Meaning in an Imperfect World*, New York: Oxford University Press, 58 – 59.

42 조너선 하이트의 논평에 대한 수전 울프의 답변을 참조하라. Susan Wolf (2017): *Finding Meaning in an Imperfect World*, New York: Oxford University Press, 58 – 59.

43 Susan Wolf (2010): *Meaning in Life and Why it Matters*, Princeton: Princeton University Press, 126.

44 Susan Wolf (2010): *Meaning in Life and Why it Matters*, Princeton: Princeton

University Press, 124. 다음도 참조하라. Iddo Landau (2017): *Finding Meaning in an Imperfect World,* New York: Oxford University Press, 18.

45 Hannah Arendt (1998): *Vom Leben des Geistes. Das Denken – Das Wollen,* München: Piper, 175.

46 Erik H. Erikson (1973): *Identität und Lebenszyklus. Drei Aufsätze,* Frankfurt a. M.: Suhrkamp. 이에 관해서는 다음도 참조하라. Pasqualina Perrig-Chiello (2024): *Own your Age,* Weinheim: Beltz, 29 ff.

47 시몬 드 보부아르는 저서『노년』에서 인생의 후반기에 다다르면 '한껏 몰입'하는 활동이 중요하다고 강조한다. 노년의 목표는 '최대한 관계를 맺어가는 정당한 인생'이 되어야 한다. 관련 참고 사항과 관련 논의는 다음을 참조하라. Nadine Mooren (2023): *Leben im Alter. Eine philosophische Untersuchung zur Frage nach dem guten Leben,* Frankfurt a. M.: Klostermann, 143–146.

48 Antti Kauppinen (2021): Against Seizing the Day, in: *Oxford Studies in Normative Ethics* 11, 91–111, hier: 103 ff.

49 Irvin Yalom (2010): *In die Sonne schauen. Wie man die Angst vor dem Tod überwindet,* München: btb, 94.

50 심지어 사무엘 셰플러는 우리 이후에도 다른 사람들이 계속 존재하는 다음 세계가 있다는 견해가 근본적인 의미가 있다고 본다. 수많은 계획이 지속되지 않으면 무의미할 뿐이다. 어째서 암 치료제를 찾는가? 지구상에서 인류의 삶이 지속되지 않는다면 예술 작품을 보존하고 교회를 복원하며 나무를 심는 일은 의미가 없지 않을까? 다음을 참고하라. Samuel Scheffler (2013): *Death and the Afterlife,* Oxford/ New York: Oxford University Press.

51 John Stuart Mill (2006): *Utilitarianism/Der Utilitarismus,* Englisch/Deutsch, Stuttgart: Reclam, 43.

6장

1 Katja Oskamp (2023): *Marzahn, mon amour. Geschichten einer Fußpflegerin,* Berlin: Suhrkamp, 12. ©Hanser Berlin in der Carl Hanser Verlag GmbH & Co. KG, München.

2 A. L. Kennedy (2001): *Einladung zum Tanz,* Göttingen: Steidl, 12.

3 Peter Sloterdijk (2012): *Du mußt dein Leben ändern. Über Anthropotechnik*, Berlin: Suhrkamp.
4 반복되는 일, 습관, 오래 지속되는 유대의 가치에 관해서는 다음을 참조하라. Robert E. Goodin (2012): *On Settling*, Princeton: Princeton University Press, Kapitel 4.
5 Eva von Redecker (2023): *Bleibefreiheit*, Frankfurt a. M.: Fischer.
6 Isaac Rosa (2021): *Glückliches Ende*, München: Liebeskind, 39.
7 애정 관계에 대한 관점은 다음을 참조하라. Eva Illouz (2018): *Warum Liebe endet. Eine Soziologie negativer Beziehungen*, Berlin: Suhrkamp; 가족, 일, 부족한 시간에 관해서는 다음을 참조하라. Teresa Bücker (2022): *Alle_Zeit. Eine Frage von Macht und Freiheit*, Berlin: Ullstein.
8 이것은 페터 슈트라서의 멋진 에세이 제목이기도 하다. Peter Strasser (2020): *Umdrehen und Weggehen. Eine Ethik der Abwendung*, Wien: Braumüller Verlag.
9 Dacher Keltner (2023): *Awe. The New Science of Everyday Wonder and How It Can Transform Your Life*, New York: Penguin Press, 7 (Übers.: BB).
10 Dacher Keltner (2023): *Awe. The New Science of Everyday Wonder and How It Can Transform Your Life*, New York: Penguin Press, 10–28.
11 이에 관해서는 다음을 참조하라. Ronald Dworkin (2014): *Religion ohne Gott*, Berlin: Suhrkamp, oder Niklaus Brantschen (2022): *Gottlos beten. Eine spirituelle Wegsuche*, Ostfildern: Patmos.
12 침팬지도 놀랄 수 있다는 영장류 동물학자 제인 구달의 발언은 다음에 인용되었다. Jesse Prinz (2013): How wonder works, Aeon.co (마지막 접속일: 2024. 2. 26.)
13 Adam Smith (2023): *Philosophische Schriften*, 출간과 후기는 다음을 참조하라. Norbert Paulo, Berlin: Suhrkamp, 11.
14 다음을 참조하라. Jesse Prinz (2013): How wonder works, Aeon.co (마지막 접속일: 2024. 2. 26.).
15 Edmund Burke (1989): *Philosophische Untersuchung über den Ursprung unserer Ideen vom Erhabenen und Schönen*, Hamburg: Meiner.
16 Immanuel Kant (1968): *Kritik der Urteilskraft*, Zweites Buch: Analytik des Erhabenen, §, B81/A80, Darmstadt: Wissenschaftliche Buchgesellschaft, 333.
17 다음을 참조하라. Eva Weber-Guskar (2016): The Emotion of Awe in the Experience of Art, in: Stefan Majetschak und Anja Weiberg (Hg.): *Ästhetik heute. Zeitgenössische Zugänge zur Ästhetik der Natur und der Künste, Beiträge des 39.*

Internationalen *Wittgenstein Symposiums,* Band XXIX, 254–256, sowie Dacher Keltner und Jonathan Haidt (2003): Approaching awe, a moral, spritual and aesthetic emotion, in: *Cognition and Emotion* 17 (2), 297–314.

18 미적인 경외감이 아름다움을 느끼는 것과 질적으로 다른지, 아니면 양적으로만 다른지는 의견이 분분하다. 다음을 참조하라. Eva Weber-Guskar (2016): The Emotion of Awe in the Experience of Art, in: Stefan Majetschak und Anja Weiberg (Hg.): *Ästhetik heute. Zeitgenössische Zugänge zur Ästhetik der Natur und der Künste, Beiträge des 39. Internationalen Wittgenstein Symposiums,* Band XXIX, 254–256.

19 놀라움에 대한 포괄적인 개념, 이념 역사적 분석은 다음을 참조하라. Nicola Gess (2019): *Staunen. Eine Poetik,* Göttingen: Wallstein.

20 아이들이 이제 더는 자유롭게 놀지 못하고, 자연에 접근하는 일이 허용되지 않으며, 어릴 때부터 성과를 내야 한다는 심리적 압박을 받으므로 이런 여유를 갖지 못하는 현실을 안타까워하는 일이 많다. 다음을 참조하라. Dacher Keltner (2023): *Awe. The New Science of Everyday Wonder and How It Can Transform Your Life,* New York: Penguin Press, 230.

21 Nicola Gess (2019): *Staunen. Eine Poetik,* Göttingen: Wallstein, 35.

22 Nicola Gess (2019): *Staunen. Eine Poetik,* Göttingen: Wallstein, 36 f.

23 이 개념에 관해서는 다음을 참조하라. Nicola Gess (2019): *Staunen. Eine Poetik,* Göttingen: Wallstein, 35.

24 '인식론적 놀라움'의 반의어로 대개 '미적 놀라움'을 사용한다. 나는 이 용어가 대커 켈트너가 언급한 경외감과 놀라움을 모두 아우르지는 못한다고 생각한다.

25 Alexandra Freund (2020): The bucket list effect: Why leisure goals are often deferred until retirement, in: *American Psychologist* 75 (4), 499–510.

26 다음을 참조하라. Sophia Vasalou (2015): *Wonder. A Grammar,* New York: State University Of New York Press sowie Nicola Gess (2019): *Staunen. Eine Poetik,* Göttingen: Wallstein, 158 f.

27 이 부분은 다음의 충고 덕분이다. Niklaus Brantschen (2022): *Gottlos beten. Eine spirituelle Wegsuche,* Ostfildern: Patmos.

28 Eugen Ruge (2013): *Cabo de Gata,* Reinbek bei Hamburg: rororo, 161.

29 Eugen Ruge (2013): *Cabo de Gata,* Reinbek bei Hamburg: rororo, 178.

30 이는 사회학자 하르트무트 로사가 최근 몇 년간 "반향"이라는 사회학적 개념으로 압축해낸 문학적 표현을 좀 더 풀어 썼다. 예를 들어 다음을 참조하라. Hartmut

Rosa (2019): *Resonanz. Eine Soziologie der Weltbeziehung*, Berlin: Suhrkamp.
31 Andreas Reckwitz (2019): *Die Gesellschaft der Singularitäten. Zum Strukturwandel der Moderne*, Berlin: Suhrkamp, 17.
32 무엇보다 이것은 공공연히 연출된 놀라움을 숙달된 솜씨로 세밀하게 분석한 소피 파스만의 저서 제목이기도 하다. 다음을 참조하라. Sophie Passmann (2021): *Komplett Gänsehaut*, Köln: Kiepenheuer & Witsch.
33 A. L. Kennedy (2001): *Einladung zum Tanz*, Göttingen: Steidl, 11 – 12.

7장

1 Rebecca Solnit (2020): *Die Kunst, sich zu verlieren. Ein Wegweiser*, Berlin: Matthes & Seitz, 19.
2 Henry David Thoreau (1999): *Walden. Ein Leben mit der Natur*, München: dtv, 346.
3 Bertrand Russell (2000): Prologue. What I have Lived for, in: ders.: *Autobiography*, London/New York: Routledge, 9 (Übers.: BB).
4 해당 이미지는 다음에서 빌려왔다. Friedrich Dürrenmatt (1989): *Durcheinandertal*, Zürich: Diogenes.
5 James Baldwin, 다음을 인용했다. Daniel Jacob Levinson (1979): *The Seasons of a Man's Life*, New York: Knopf, 250 (Übers.: BB).
6 Ludwig Wittgenstein (1960): *Philosophische Untersuchungen*, §123, Frankfurt a. M.: Suhrkamp, 345.
7 Henry David Thoreau (1999): *Walden. Ein Leben mit der Natur*, München: dtv, 100 f.
8 Henry David Thoreau (1999): *Walden. Ein Leben mit der Natur*, München: dtv, 187.
9 이에 관해 다니엘 슈라이버는 다음과 같이 말하기도 했다. "사람은 때로 상실을 겪어봐야 한다고 나는 생각한다. 그렇게 비워내고 길을 잃어야 한다. 때로는 그래야만 자기 자신을 찾을 기회에 가 닿을 수 있다. 때로는 자신이 현실을 더는 알지 못한다고 시인해야만 비로소 있는 현실을 그대로 받아들일 수 있다." Daniel Schreiber (2023): *Die Zeit der Verluste*, Berlin: Hanser Berlin, 64.
10 다음을 참조하라. Rebecca Solnit (2020): *Die Kunst, sich zu verlieren. Ein Wegweiser*, Berlin: Matthes & Seitz, 11.

11 다음을 참조하라. Rebecca Solnit (2020): *Die Kunst, sich zu verlieren. Ein Wegweiser,* Berlin: Matthes & Seitz, 15.

12 Rebecca Solnit (2020): *Die Kunst, sich zu verlieren. Ein Wegweiser,* Berlin: Matthes & Seitz, 14.

13 Henry David Thoreau (1999): *Walden. Ein Leben mit der Natur,* München: dtv, 346 f.

14 Annie Dillard (2022): *Einen Stein zum Sprechen bringen,* Berlin: Matthes & Seitz, 42

옮긴이 박제헌	독일어 전문 번역가. 독일에서 중고등학교를 졸업하고 한국외국어대학교에서 독일어와 경영학을 전공했다. KBS, MBC 등 방송매체와 기업 등에서 방송영상 번역 및 문서번역, 그리고 전문통역가로 일했으며 현재 출판번역에이전시 글로하나에서 독일서 출판번역가로 활발히 활동하고 있다. 역서로는 『버려야 할 것, 남겨야 할 것』, 『차라투스트라는 이렇게 말했다』, 『변신·소송』 『볼 빨간 로타의 비밀(시리즈)』, 『명상 살인』, 『돈을 생각하다』, 『남에게 보여주려고 인생을 낭비하지 마라(쇼펜하우어 소품집)』, 『호모 엑스 마키나』 등이 있다.

인생의 절반을 지나면 누구나 철학자가 된다

초판 1쇄 발행 2024년 12월 6일

지은이 바르바라 블라이슈
옮긴이 박제헌

발행인 이봉주 **단행본사업본부장** 신동해
편집장 김예원 **책임편집** 정다이
디자인 디자인규 **교정교열** 윤정숙
마케팅 최혜진 이은미 **홍보** 허지호
국제업무 김은정 김지민 **제작** 정석훈

브랜드 웅진지식하우스
주소 경기도 파주시 회동길 20
문의전화 031-956-7362(편집) 02-3670-1123(마케팅)
홈페이지 www.wjbooks.co.kr
인스타그램 www.instagram.com/woongjin_readers
페이스북 www.facebook.com/woongjinreaders
블로그 post.naver.com/wj_booking

발행처 (주)웅진씽크빅
출판신고 1980년 3월 29일 제406-2007-000046호

한국어판 출판권 ⓒ(주)웅진씽크빅, 2024
ISBN 978-89-01-29068-3 03100

웅진지식하우스는 ㈜웅진씽크빅 단행본사업본부의 브랜드입니다.
저작권법에 의해 한국 내에서 보호를 받는 저작물이므로 무단전재와 무단복제를 금합니다.
이 책 내용의 전부 또는 일부를 이용하려면 반드시 저작권자와
㈜웅진씽크빅의 서면 동의를 받아야 합니다.

• 책값은 뒤표지에 있습니다.
• 잘못된 책은 구입하신 곳에서 바꾸어 드립니다.